Andrea Camilleri

Der vertauschte Sohn

Aus dem Italienischen
von Moshe Kahn

Fischer Taschenbuch Verlag

Veröffentlicht im Fischer Taschenbuch Verlag,
einem Unternehmen der S. Fischer Verlag GmbH,
Frankfurt am Main, August 2003

Lizenzausgabe mit freundlicher Genehmigung
des Verlags Klaus Wagenbach
Die italienische Originalausgabe erschien 2000
unter dem Titel ›Biografia del figlio cambiato‹
bei Rizzoli in Mailand
© 2000 RCS Libri S.p.A., Milano
Deutsche Ausgabe:
© Verlag Klaus Wagenbach, Berlin 2001
Satz: Pinkuin Satz und Datentechnik, Berlin
Druck und Bindung: Clausen & Bosse, Leck
Printed in Germany
ISBN 3-596-15720-X

»Luigi schreibt nur ziemlich selten, und ich finde keinen Frieden, weil ich weiß, daß sein Lebensweg mit Dornen gesät ist, aber ich sehe auch, daß es kein Hilfsmittel gibt, denn so ist nun einmal sein Wesen. Wieviel zufriedener wäre ich, wenn er weniger intelligent wäre und ein Leben der Lebenden führen könnte!«

Aus einem Brief der Mutter Luigi Pirandellos an die Tochter Lina, datiert »Porto Empedocle, 21. Januar 1889«.

Erster Teil

An einem farbigen Morgen des Monats September 1866 wurden der Adel, die Wohlhabenden, die Bürgerlichen, die Groß- und die Einzelhändler, die Herren mit Hut und die mit Schiebermütze, die Garnisonen und ihre Kommandanten, die Angestellten in den Büros, den Nebenbüros und Unterbüros der Behörden, die nach der Einigung Italiens wütender über Sizilien hereingebrochen waren als ein Heuschreckenschwarm, plötzlich und ziemlich unwirsch von einem grauenhaften Stimmengewirr, von Schüssen, Wagengerassel, schnaubenden Tieren, Laufschritten und Hilferufen aufgescheucht.

Drei- bis viertausend bewaffnete Bauern der Landstriche um Palermo, die zum großen Teil von ehemaligen Anführern militärischer Abteilungen des Garibaldinischen Feldzugs kommandiert wurden, stürmten die Stadt. Im Handumdrehen kapitulierte Palermo, fast ohne Widerstand: den Bauern schloß sich dann noch das einfache Volk an, und gemeinsam brachen sie einen Aufstand los, der zunächst unbezähmbar schien.

Doch nicht alle Bewohner von Palermo waren überrascht. Die ganze Nacht über waren diejenigen aufgeblieben und hatten Wache gehalten, die darauf warteten, daß sich ereignen würde, was sich ereignen mußte: die Priester in den Sakristeien, die Mönche und Nonnen in den Klöstern, ein paar nostalgische, reaktionäre Herren von Adel in ihren reichen Stadtpalais. Sie waren es, die diesen Aufstand ausgelöst hatten, den sie »republikanisch« nannten.

Die Sizilianer aber nannten den Aufstand, mit der Ironie, die oft auch noch ihre tragischsten Geschichten salzt, den der »Siebeneinhalb«, weil diese Erhebung siebeneinhalb Tage gedauert hatte. Und es soll daran erinnert werden, daß »Siebeneinhalb« auch ein harmloses, vergnügliches Kartenspiel ist, das sogar die Kleinen bei den weihnachtlichen Spielrunden mitspielen dürfen.

General Raffaele Cadorna – mit einer Kugel an langer Leine auf die Insel geschossen – schreibt an seine Vorgesetzten, daß der

Aufstand unter anderem aufgrund »der beinahe völligen Versiegung der Ressourcen des Öffentlichen Vermögens« entstehe, wobei dieses »beinahe« eine warme Windel ist, ein winziges bißchen Vaseline, um das grundlegende, das stillschweigend gemeinte Konzept einzuführen, daß, wenn die Ressourcen versiegt sind, dies ganz gewiß nicht die Schuld der Ureinwohner sei, sondern die einer unsinnigen Wirtschaftspolitik gegenüber dem Mezzogiorno Italiens.

Für Marchese Torrearsa hingegen, einen Mann der gemäßigten Rechten, sind die Gründe »in der gründlichen Demoralisierung der Massen« zu suchen.

Mazzini*, der diese Revolte zwar als »republikanisch« bezeichnete, war zu ihr bereits auf Distanz gegangen: ausgestattet mit einem feinen Gespür für alles, was nach Kirche und Klöstern roch, hatte er seit langem die Überzeugung gewonnen, daß es besser sei, sich von jedem Aufruhr fernzuhalten, der von Weihrauch umwölkt wird.

Aber »du kannst ihn drehen, wie du willst, es bleibt doch immer derselbe Kürbis«, sagt man bei uns in Sizilien. Und tatsächlich antwortet die Regierung mit dem einzigen Wort, das sie seit der Einigung für jeden Aufruhr im Süden anwendet, sei er gerechtfertigt oder nicht: Unterdrückung.

So kommen, wenn auch mit einiger Verspätung, die Truppen, um die Revolte zu unterdrücken. Zwar waren sie mit vernünftigen Waffen ausgestattet, das schon, aber ohne es zu wissen, schleppten sie eine Waffe mit sich, die furchtbarer war als Gewehre und Kanonen, eine schreckliche, eine unsichtbare Waffe.

Mit den Soldaten ging auf der Insel die Cholera an Land, die ihre Ansteckungsherde bereits in anderen Teilen Italiens hatte.

Bis zu diesem Augenblick war man in der Lage gewesen, durch strenge Hafenkontrollen die Übertragungsgefahr fernzuhalten, doch militärische Notwendigkeiten machten diese Kontrollen weniger unerbittlich. Tatsache ist, daß die Cholera im Gleichschritt

---

* Giuseppe Mazzini, freiheitlicher Publizist, *1805, †1872.

mit den Truppen vorwärtsdrängte, und auf der Insel fand sie Gelegenheit, sich spannen- und ellenweise auszubreiten: von Oktober 1866 bis August 1867 fanden ungefähr fünfundfünfzigtausend Menschen den Tod.

Dieses Zusammentreffen inspirierte den einen und anderen genialen antiunitarischen Aktivisten auf goebbelsche Weise. Man erfand das gleich für bare Münze gehaltene Gerücht, die Regierung selbst habe diese Ansteckung verbreitet, und zwar in der eindeutigen Absicht, die Sizilianer umzubringen, die den hohen Herren mit ihren Revolten und Forderungen gehörig auf den Geist gingen, und auch, weil, wenn die Erbschaftssteuer nur ein ganz klein wenig angehoben würde, diese Herren mit all diesen Toten einen schönen Batzen Steuergelder einnehmen könnten.

Ein Gutteil der Bevölkerung, die seit der Einigung eine gehörige Unzufriedenheit mit sich herumschleppte, glaubte an diese Version so fest, daß Nino Martoglio sich verpflichtet fühlte, eine zauberhafte Dialektkomödie zu schreiben, 'U Contra (Das Gegengift), mit einer genialen erfundenen Figur, Don Cosimo Ballaccheri, der hingegen erklärte, warum die Regierung überhaupt nichts damit zu tun habe und seine eigene schrullige Theorie über diese Angelegenheit darlegte.

Die Reichen, die Wohlhabenden, die Adeligen verschwanden innerhalb von so kurzer Zeit von der Insel, wie es einundfünfzig Jahre später nicht einmal die Revolution in Rußland fertiggebracht hatte: einige von ihnen landeten gar in London oder in Konstantinopel. Wer nicht das nötige Kleingeld hatte, um sich davonzumachen, mußte gezwungenermaßen zurückbleiben und sich durch Dörfer und Städte schlagen, unter der ständigen Bedrohung einer Ansteckung.

Wer Bekannte hatte, brachte Frau und Kinder in Häuser von Bauern oder Freunden auf dem Land. Wer dagegen das Glück hatte, ein Landhaus sein eigen zu nennen, war dort verhältnismäßig sicher.

Ein Ort

An der Südküste Siziliens gibt es eine Ortschaft, die heißt Porto Empedocle. Bevor sie eine eigenständige Gemeinde wurde, war sie ein Ortsteil von Girgenti (Agrigent), die sogenannte »Borgata Molo« (Mole-Vorstadt) mit annähernd dreitausend Einwohnern, die allesamt von den blühenden, lautstarken Handelsgeschäften im Hafen mit Schwefel, Salz, Weizen und anderem Getreide lebten, Erzeugnissen, die aus dem Inneren der Insel kamen.

»Unterort Molo«, so nannten ihn die Girgentaner, die die Autonomiebestrebungen dieses kleinen Ortsteils belächelten. Welcher, um es ganz offen zu sagen, sich von Girgenti einigermaßen unterschied, denn Girgenti hatte über sechzehntausend Einwohner, davon 237 Priester, 211 Mönche und 203 Nonnen. Die »Borgata Molo« hatte lediglich zwei Priester, keinen Mönch und keine Nonne.

Das letzte Wort in diesem ständigen Streit zwischen »Girgentanern« und »Marinisern« (das heißt den Bewohnern der Meeresortschaft) sprach Ferdinand II. in Person, welcher, per Königlichem Dekret, erlassen auf Ischia am 18. August 1852, festlegte, daß »mit dem 1sten Januar 1853 die Borgata del Molo von Girgenti von der Gemeindeverwaltung dieser Stadt losgelöst und ein eigenständiges Gemeinwesen mit eigener und unabhängiger Verwaltung bilden wird«. Dadurch wurde es notwendig, eine Liste der wählbaren Männer aufzustellen. Diese mußten mindestens zwei unverzichtbare Erfordernisse erfüllen: sie mußten lesen und schreiben können und in der Liste der Steuerzahler aufgeführt sein. Auf dreitausend Einwohner kamen siebzig Namen zusammen.

Und so entstand Porto Empedocle, zu Ehren des Philosophen und Arztes Empedokles, des Ruhms und des Stolzes von Akragas, wie Girgenti damals, in der griechischen Antike, genannt wurde.

An einer unvorteilhaften Stelle in die Welt zu treten, ist kein ausschließliches Vorrecht der Menschen. Auch ein Ortsteil entsteht nicht wie oder wo er es gerne hätte, sondern dort, wo aus dem einen oder anderen natürlichen Bedürfnis das Leben es verlangt. Und wenn zu viele Men-

schen, von derlei Bedürfnissen gezwungen, sich an dieser Stelle zusammenfinden und zu viele dort geboren werden und die Stelle zu eng ist, muß ein Ortsteil mit vielen Nachteilen entstehen. Wenn Nisia sich ausdehnen wollte, mußte es in die Höhe klettern, ein Haus über dem anderen, an den Mergelhängen des angrenzenden Hochplateaus, das, nur wenig hinter dem Ortskern, bedrohlich zum Meer hin abfällt. Frei und uneingeschränkt hätte der Ortsteil sich auf diesem weiten luftigen Hochplateau ausdehnen können; aber damit hätte er sich auch vom Meeresufer entfernt. Vielleicht würde man ja eines Tages ein Haus, notgedrungen dort oben hingebaut, unter dem Hut seiner Dachziegel und eingehüllt in den Schal seines Verputzes wie eine Ente zum Ufer hinunterwatscheln sehen. Denn da unten, am Ufer, da pulsierte das Leben.

So erzählt Pirandello in einer Novelle das Entstehen von Porto Empedocle, das er hier Nisia nennt. Und wirklich pulsierte hier das Leben, wenn der kleine Ort, wie man im *Dizionario topografico della Sicilia* von 1859 nachlesen kann, eine große Schwefelraffinerie und einen Telegrafen besaß, der Sitz zahlreicher ausländischer Konsulate war, sehr fortschrittlich wirkte und in ständiger Ausdehnung begriffen war.

Die Grenzlinie zwischen beiden Gemeinden längs der Küstenstraße wurde in Höhe der Mündung eines seit Urzeiten ausgetrockneten Flußbetts festgelegt, das ein Gemeindegebiet in zwei Teile zertrennte, das »'u Càvusu« oder auch »'u Càusu« hieß und so dicht von Bäumen bewachsen war, daß man denken konnte, es sei ein Wald.

Nun bedeutet im sizilianischen Dialekt sowohl »càvusu« als auch »càusu« das gleiche, nämlich: Hose. Und tatsächlich mußte diese durch das ausgetrocknete, ausgedörrte Flußbett in zwei Teile gespaltene Hochebene auf jemanden, der sich vom Meer her näherte, wie eine Hose gewirkt haben.

Und nun gehörte eine Hälfte dieses Càvusu zur neuen Gemeinde von Porto Empedocle und die andere zur Gemeinde von Girgenti.

Eines schönen Tages sagte sich ein Beamter des Einwohnermeldeamtes, es könne nicht angehen, ins Geburtsregister zu schreiben, daß das Kind eines Bauern in einer Hose zur Welt gekommen sei, und änderte das volkssprachliche »Càusu« in »Caos«.

Und seitdem heißt dieses Gemeindegebiet Caos.

Die Geburt

Signora Caterina Ricci Gramitto, verheiratet mit Stefano Pirandello, Schwefelhändler, bewohnt das große Haus in Porto Empedocle mit ihrer Erstgeborenen Rosolina (so getauft zu Ehren von Rosolino Pilo, dem General unter Garibaldi), kurz Lina genannt.

Als die Cholera ausbricht, ist Signora Caterina wieder schwanger und hat das Zimmer herrichten lassen, in dem schon Lina zur Welt gekommen ist und in dem nun auch das neue Kind das Licht der Welt erblicken soll.

Doch die Angst vor einer Ansteckung ist groß. Der Gatte bringt sie zusammen mit der Tochter in ein kleines Haus auf dem Land, das fast am Abhang des ausgetrockneten Flußbettes steht und von wo aus man das Meer sehen kann. Das Haus befindet sich genau an der Stelle, wo das Gemeindegebiet von Girgenti beginnt. Don Stefano ist kein häuslicher Typ: zum einen, weil er wirklich viel zwischen Palermo und den Schwefelminen im Inneren der Insel zu tun hat; zum anderen, weil er ein richtiger Mann ist, und ein richtiger Mann hält sich nicht in den Wänden seines Hauses bei Frau und Kindern auf.

Caterina leistet er vor allem abends und in der Nacht Gesellschaft, allerdings nur, wenn er kann. Einer seiner Brüder ist Junggeselle und hat keine familiären Verpflichtungen.

An schönen Vormittagen, wenn die Hausdienerin, eine Bäuerin aus der Umgebung, das Haus reinigt oder die Wäsche wäscht, geht Signora Caterina langsam die achthundert Meter, die das Haus von dem Steilhang trennen, unterhalb dessen sich der wie Kupfer schimmernde Strand und das Blau des Meeres ausdehnen.

Da steht eine jahrhundertealte Pinie, in deren Schatten ein flacher Stein aufgestellt worden ist, der als Sitz dient. Da verbringt

Signora Caterina ein paar Stunden, während Lina, die noch nicht laufen kann, zusammengekauert an ihrer Brust schläft. Um die Zeit zu verbringen, klöppelt sie, die Klöppelröllchen hat sie immer dabei. Wenn sie zurückkommt, hat das Hausmädchen schon den Tisch gedeckt und das Essen vorbereitet und möglicherweise auch bereits das Abendessen gekocht. Nach dem Mittagessen schläft sie ein bißchen. Dann kommt bei Einbruch der Dunkelheit, wenn sie die Lampen anzündet, der Bruder. Signora Caterina fühlt sich zuversichtlich: immerhin kann sie ein paar Worte wechseln. Die Schwangerschaft verläuft ruhig.

Sie weiß nicht, daß ihr Gatte Stefano sich aufgrund seines Herumreisens mit der Cholera angesteckt hat. Sie weiß es nicht, weil ihr Gatte es ihr nicht sagen will, und er hat auch alle Mitglieder der Familie seiner Frau schwören lassen, daß sie schweigen würden: er hat Angst vor dem Gefühlsausbruch seiner Frau, die ja zudem schwanger ist. Als er beim Ehemann einer ihrer Schwestern zu Gast ist, schickt Don Stefano ein paar kurze Zeilen an Caterina und gibt vor, in Palermo zu sein und von Geschäften völlig in Anspruch genommen zu werden.

Es mußte sich um eine leichtere Form der Erkrankung handeln, denn Don Stefano überlebte und war nach etwas über einem Monat sogar in der Lage, sich wieder auf den Beinen zu halten.

So präsentierte er sich eines Tages seiner Gattin. Allerdings hatte er nicht bedacht, daß die Krankheit seinen Körper ausgetrocknet und Veränderungen in seinem Gesicht nach sich gezogen hatte: als er vor sie hintrat, hätte Donna Caterina fast der Schlag getroffen. Und so, wie er plötzlich aufgetaucht war, hatte Don Stefano sich gleich am folgenden Tag wieder seinen Geschäften gewidmet. Fünf Tage später, gegen zwei Uhr nachts, wurde Donna Caterina vor der Zeit von Geburtswehen befallen.

In dieser Nacht schlief der Bruder im Haus, der, notdürftig angezogen und mit einer Lampe in der Hand, über die Felder eilte, auf der verzweifelten Suche nach einer Bäuerin, die als Hebamme helfen konnte. Zu dieser Nachtzeit jedoch hatte niemand den Mut, ihm die Haustüre zu öffnen. Als er gegen halb vier völlig verzweifelt heimkehrte, hatte seine Schwester ganz alleine einen Jungen zur Welt gebracht, ein Siebenmonatskind, während Töchterchen Lina glücklicherweise ungestört weitergeschlafen hatte.

Dem Kleinen wurde der Name Luigi gegeben.

Sobald er in der Lage ist zu verstehen (und das ist er schon bald), was die Mutter ihm erzählt, begreift der kleine Luigi, daß er an einem Ort und an einem Tag zur Welt gekommen ist, die anders waren, als man ursprünglich geplant hatte. Eine doppelte Niete.

Die Tatsache, daß er im siebten Schwangerschaftsmonat geboren ist, müßte in gewisser Hinsicht, wenn man einer Bauernweisheit Glauben schenken will, ein eindeutiges *signum individuationis* darstellen, ein Brandmal, wie bei Pferden. »Figliu settiminu/o diavulu o parrinu«, heißt es im Sizilianischen: Alternativen gibt es keine für ein Siebenmonatskind, entweder gehört es dem Teufel oder der Kirche.

Der nicht geplante Ort wird für Luigi später einmal Anlaß zu besonderem Stolz sein.

In einem Brief an einen Freund wird er schreiben:

Ich bin nämlich ein Sohn des Chaos; und das nicht im allegorischen Sinne, sondern tatsächlich, denn ich bin auf einem Landgut geboren, das in der Nähe eines dichten Waldes liegt, den die Bewohner von Girgenti in ihrem Dialekt Càvusu, Chaos, *nennen … eine dialektale Korrumpierung des ursprünglichen altgriechischen Wortes* Xáos …

Von Càvusu zu Caos und von Caos zu Xáos wird die Nobilitierung des Ortsnamens notwendig: »Namen sind die Folge von Dingen, aber Dinge sind auch die Folge von Namen«, wird Leonardo Sciascia einmal bemerken.

Die räumliche Niete dagegen verursacht bei ihm einige Sprach- und Ratlosigkeit, auch einige Zweifel, und das nicht aus dem lokalpatriotischen Grund, zufällig auf dem Gebiet von Girgenti geboren zu sein, statt auf dem von Porto Empedocle. Nein, keineswegs! Das Problem ist ein ganz anderes.

Es handelt sich um allgemein bekannte Beschreibungen, die wir hier aber durchaus noch einmal lesen wollen.

In einer Nacht im Juni stürzte ich wie ein Glühwürmchen unter eine

*große einsame Pinie in einem Landstrich mit sarazenischen Olivenbäu-
men, am Rande einer Hochfläche aus bläulichem Lehm, die sich über dem
afrikanischen Meer erhebt. Man weiß ja, wie Glühwürmchen so sind. Die
Nacht scheint ihr Schwarz gerade für sie auszubreiten, wenn sie, weiß
Gott wohin fliegend, da und dort für einen Augenblick ihre sehnsüchtig
blitzende grüne Lichtspur durch sie ziehen. Immer wieder fällt eines herab,
und dann sieht man gerade so ein bißchen diesen seinen grünen Lichtseuf-
zer zur Erde huschen, der so unerreichbar fern erscheint. So bin ich auch
in dieser Juninacht herabgefallen …*

Und daher:

*Ich glaube jedoch, für die anderen wird es eine Gewißheit gewesen sein,
daß ich dort und nicht anderswo zur Welt kommen mußte und daß ich
weder früher noch später geboren werden konnte, aber ich gestehe offen,
von all diesen Dingen habe ich mir noch keinen Begriff gemacht und werde mir wohl auch nie einen machen können.*

Ehrlich gesagt, glauben wir nicht, daß sich die Dinge so verhalten, wie Pirandello sie uns mitteilt: eine Vorstellung davon, weshalb sein *unfreiwilliger Aufenthalt auf Erden* von einer zweifachen
Spur gekennzeichnet worden ist, hatte er sich ganz fraglos gemacht.

Und wenn schon keine klare Vorstellung, dann doch wenigstens
die Feststellung eines Unbehagens.

*Aufgeschreckt aus dem Schlaf, vielleicht auf Grund eines Irrtums, und
in einem Durchgangsbahnhof aus dem Zug gezerrt. Nachtzeit; und ich
ohne alles Gepäck.*

Ich habe Mühe, mich von meiner Betäubung zu erholen …

*Ich stehe auf dem Bahnsteg, allein, in der Finsternis einer einsamen
Station; und weiß nicht, an wen ich mich wenden soll, um zu erfahren,
was mit mir geschehen ist, wo ich bin.*

Und dann: Warum als Mensch geboren werden, als fröstelnder,
verlorener Transitreisender?

*Man wird auf viele Weisen und in vielen Formen zum Leben gebo-
ren: Baum oder Stein, Wasser oder Falter … oder Frau, und nur ein einziges Mal und in dieser bestimmten Form, denn niemals waren zwei Formen identisch, und so für eine geringe Zeit, manchmal nur für einen Tag*

und auf einem äußerst kleinen Raum, während man um sich herum und unbekannt die ganze weite Welt hat, die riesige, undurchdringliche Leere der Existenz. Als Ameise wird man geboren, als Schnake, als Grashalm.

Tja. Und wieso nicht Vierbeiner?

Ich weiß, welche Anstrengung ich in manchen Augenblicken auf mich nehme, um mich lediglich auf zwei Pfoten zu halten. Glaub mir, mein Freund: wenn es der Natur nachginge, wären wir alle aus Neigung Vierbeiner. Das wäre das Beste! Bequemer, angenehm bedächtig, immer ausgeglichen … Wie oft würde ich mich hinwerfen und auf der Erde gehen wollen, so, mit aufgestützten Fingern, auf allen Vieren! Diese verdammte Zivilisation ruiniert uns! Vierbeiner, ich würde ein schönes wildes Tier sein; Vierbeiner, ich würde dir ein paar Tritte in den Bauch versetzen, wegen der Grobheiten und Ungereimtheiten, die du von dir gegeben hast; Vierbeiner, ich hätte keine Frau, keine Schulden, keine Sorgen.

Aber nun ist er eben als Mensch geboren, er ist klein, ein Junge, der den Namen Luigi trägt.

Die Milch

In der Zeit, als der kleine Luigi Muttermilch bekam, diktierte im Umland von Girgenti ein Ex-Sträfling das Gesetz, der in den Tagen der Landung Garibaldis befreit worden war. In seinem Einakter *Der andere Sohn* zitiert Luigi Pirandello ihn mit Vor- und Familiennamen, und so läßt er durch den Mund einer anderen Person, der alten Maragrazia, dessen Taten erzählen:

Sämtliche Gefängnisse sämtlicher Orte wurden geöffnet, mein junger Herr. Und Sie können sich kaum vorstellen, was für ein gewaltiger Zorn überall losbrach! Die gemeinsten Diebe, die gemeinsten Mörder, wilde, blutrünstige, wütende Bestien, die durch viele Jahre in Ketten so geworden waren! Unter diesen war einer: ein gewisser Cola Camizzi. Der schrecklichste von allen. Ein Anführer von Briganten. Der brachte die armen Geschöpfe Gottes um, einfach so, aus Lust, als wären es Fliegen. Um das Pulver auszuprobieren – sagte er –, um zu sehen, ob der Karabiner auch gut geputzt war. Der stürzte sich auf die Landstriche unserer Gegend …

Er hatte schon eine Bande aus Bauern zusammengestellt, aber damit war er noch nicht zufrieden, er wollte weitere, und er brachte jeden um, der ihm nicht folgen wollte.

Als die garibaldinische Grille vorüber ist, hört Cola Camizzi mit den aufsehenerregenden Bluttaten auf und verwandelt sich in einen gefürchteten Mafiaboß dieser Gegend. Er mordet zwar weiter, tut es aber in aller Heimlichkeit, lautlos, ohne Aufsehen zu erregen, wenn sich jemand seinem Willen widersetzt oder sich weigert, Schutzgeld zu bezahlen.

Kaum ist der kleine Luigi geboren, hat Don Stefano eine Schwefelmine gepachtet, die anfängt, Erträge abzuwerfen. Als er eines Tages nach Porto Empedocle zurückkehrt, wird er von Cola Camizzi gestellt. Die Straße ist, wie immer, auch in diesem Augenblick menschenleer, außer den beiden Männern gibt es niemanden, nicht einmal ein Hund streunt vorüber.

»Lieber Pirandello, um mit Schwefelminen Glück zu haben, braucht es …«, haute Cola ihn an und ließ seinen Worten eine vielsagende Bewegung folgen, indem er sich an den Hintern faßte.

Nardelli, Pirandellos Biograph, der diese Episode ausführlich erzählt hat, schreibt, daß Don Stefano »auf eine derart plump unliebenswürdige Kontaktaufnahme ohne viel Geplänkel reagierte«.

Wir glauben kaum, daß Don Stefano wegen mangelnder Liebenswürdigkeit seitens des ehemaligen Briganten und jetzigen Mafioso indigniert war und reagieren mußte. Vielmehr standen sich hier zwei Sizilianer gegenüber, Aug in Aug, und erfaßten ganz genau den unterschwelligen Diskurs eines jeden Satzes. Für Stefano Pirandello war absolut klar: es ging um eine Schutzgeldforderung.

Und er versetzte Cola einen solchen Schlag ins Gesicht, daß der zu torkeln anfing.

Cola war verwirrt und benommen, vor allem aber überrascht: noch nie hatte eine Menschenseele es gewagt, die Hand gegen ihn zu erheben. Und als wollte er ganz sichergehen, fragte er drohend:

»Eine Backpfeife? Für Cola Camizzi?«

»Eine? Hundert!« gab Don Stefano zur Antwort.

Er ließ ganze Salven von Backpfeifen und Faustschlägen links und rechts auf ihn niedergehen, unter denen Camizzi zur Erde stürzte und ein Gesicht wie ein weicher, gerade aus dem Backofen gehobener Brotlaib machte.

Ein paar Stunden später befand sich Don Stefano in seinem Schwefellager am Strand und besprach gerade mit einem Kunden, der mit Nachnamen Veronica hieß, den Preis für die Einlagerung einer bestimmten Menge Schwefels, da hörte er von ferne Schüsse aus einer Flinte. Er schickte einen der Lagerburschen, um nachzusehen, was los war. Kurz darauf kam der Bursche wieder zurück und berichtete, daß Cola Camizzi in der Nähe sei und seine Waffe ausprobiere.

Die ständige Kontrolle der Flinte mußte wohl ein fixe Idee des Mafioso gewesen sein, wenn Maragrazia in der bereits zitierten Dialogpassage erzählte, daß der Brigant gewöhnlich nur deshalb auf einen geschossen hätte, um auszuprobieren, ob seine Flinte noch gut funktionierte. Doch Stefano Pirandello hatte auch diesmal die Bedeutung der Probeübung durchaus begriffen. Ohne daß sein Kunde es bemerkte, nahm er den Revolver, den er immer im Gürtel bei sich trug, und steckte ihn in die rechte Jackentasche.

Es war sinnlos. Denn Camizzi war im Schutz der Schwefelhaufen gefährlich nahe an ihn herangekommen.

»Weg da! Weg da!« rief Camizzi, der offensichtlich wollte, daß der Kunde sich entfernte.

Der verzog sich. Dann geschah alles in Sekundenschnelle. Don Stefano hatte gerade noch Zeit, sich die Brust mit einem Arm zu schützen und sank, von zwei Kugeln getroffen, auf die Knie. Daraufhin warf Cola die Flinte weit weg und kam langsam auf Don Stefano zu, um ihn mit einem Revolverschuß zu erledigen.

Doch er beging einen Fehler. Der Bursche, der vorher geschickt worden war, um zu sehen, wer da geschossen hatte, bemächtigt sich nämlich der leeren Waffe, hält sie am Lauf fest und versetzt dem Mafioso von hinten einen gewaltigen Schlag auf den Kopf. Der wankt und macht sich davon. Don Stefano steht auf, ihm hinterher und feuert ein ganzes Magazin auf ihn ab. Dann kann er nicht mehr, er sinkt hin und verliert das Bewußtsein.

Blutend wird er nach Hause gebracht, der Arzt stellt zwei ernste Verletzungen fest. Eine Kugel hat den Knochen getroffen und die Sehnen der Hand zertrennt, mit der er das Herz geschützt hatte. Die andere hat die Brust durchbohrt und eine Rippe zerschmettert.

Von den beiden Verletzungen ist die an Hand und Arm die schwerere, man spricht sogar von Amputation. Doch die wird nicht nötig sein, allerdings wird Don Stefano aufgrund dieses Schußwechsels einen Finger nicht mehr gebrauchen können.

Beim Anblick der Szene, wie ihr Mann, am Arm von Freunden gestützt, nach Hause zurückgebracht wird und eine breite Blutspur hinter sich läßt, fühlt sich Signora Caterina erstarren.

Ihre Milch versiegt auf der Stelle.

Und so wird Luigino einer Amme anvertraut.

Die Geschichte soll noch zu Ende erzählt werden. Cola Camizzi, der auf Pirandellos Anzeige hin verhaftet worden war, wurde zu sieben Jahren wegen versuchten Mordes verurteilt. Doch als er nach Verbüßung seiner Strafe wieder nach Girgenti zurückkehren wollte, haben »Freunde« ihm geraten, es sei besser für ihn, seine Luft anderswo zu atmen: Don Stefano habe nämlich geschworen, ihn, sobald er ihn sehen würde, zu erschießen. Und Don Stefano galt als ein Mann, der sein Wort hielt. Cola verschwand aus girgentinischem Gebiet und tauchte in den fernen Schwefelminen eines gewissen Di Giovanni unter, und dort, schreibt Nardelli, »ging sein Leben in Düsternis zu Ende«.

Was versteht der kleine Luigi von den Worten der Mutter, als sie ihm die Geschichte seiner Geburt und seiner ersten Annäherung ans Leben erzählt?

Er versteht, daß er ein Siebenmonatskind war, geboren vor seiner Zeit, weil der Vater der Mutter entsetzliche Angst eingejagt hatte.

Er versteht, daß er nicht von seiner Mutter gesäugt werden

konnte, weil der Vater ihr noch einmal entsetzliche Angst eingejagt hatte.

Gewiß hat sich im elementaren Mechanismus des Kopfes des Kleinen ein Prinzip von Ursache und Wirkung herausgebildet: jedesmal, wenn der Vater seiner Mutter eine entsetzliche Angst einjagt, widerfährt auch ihm ein Unglück.

Ja, denn der Verlust der Muttermilch stellt ganz sicher eine Behinderung dar: »Großgezogen wird man nicht vom Vater / sondern durch die Brust der Mutter«, sagt ein sizilianisches Sprichwort.

Und er fragt sich möglicherweise, ob die Tatsache, daß der Vater ihn daran gehindert hat, mit dieser Milch groß zu werden, nicht ein Versuch war, ihm, Luigi, eine Familienidentität, eine Zugehörigkeit zu verweigern.

Und so fängt auch er an, vor dem Vater Angst zu bekommen.

Er schreibt, daß er als Kind sogar Schwierigkeiten hatte, mit der Mutter zu kommunizieren, obwohl er ein bewegendes Vertrauen in Worte hatte, *und bei meinem Vater kam es mir unmöglich vor, doch nicht etwa, während ich mich darauf vorbereitete, sondern im Augenblick des Sich-Beweisens, was meistens furchtbar endete.*

Der Vater, die Mutter

»Bei den Sizilianern ist das Zusammengehörigkeitsgefühl der Familie stark ausgeprägt. Der Vater übt die absolute, nicht in Frage stehende Herrschaft über sie aus; die Mutter besorgt das Haus, sie legt darin größtes Interesse an den Tag und gebietet über die Kinder, gewissermaßen stellvertretend für den Gatten, dem sie gehorcht und den sie liebt, auch wenn er es nicht verdient hat. An seiner Statt flößt sie den Kindern Liebe und Verehrung für ihn ein, nicht nur, weil er der Vater ist, sondern auch die Stütze des Hauses: ›Ein Haus ohne Mütze / ist schon bald ohne Stütze‹.« So schreibt Giuseppe Pitrè.

Ein Haus, in dem der Mann nicht herrscht (und der Mann wird

hier durch die Mütze, das heißt die sizilianische Schiebermütze symbolisiert), kann nur zusammenbrechen.

Noch 1945 hat Sebastiano Aglianò in einer glänzenden Arbeit über Sizilien geschrieben, daß »das Zusammenspiel in der Familie zwar instinktmäßig entsteht, doch nur selten von gegenseitigem Vertrauen, von *Freundschaft* zwischen den Ehegatten gestützt wird, was die Blutsbindung betonen könnte«.

Die Schiebermütze des Vaters von unserem kleinen Luigi ist im Haus immer gegenwärtig, und wohl erst recht dann, wenn er physisch nicht anwesend ist. Wie gesagt, Don Stefano ist selten oder nie zu Hause, er ist wegen seiner Handelsgeschäfte ständig in Sizilien unterwegs. Wenn er in den Heimatort zurückkehrt, zieht er es vor, seine freien Augenblicke außerhalb des Hauses mit Freunden zu verbringen. So ist es Brauch.

Die Gesellschaft des Mannes sind andere Männer, die der Frauen andere Frauen. Und so bemerkt Aglianò, daß »die Freunde des Ehegatten auch aufrichtige, herzliche Freunde der Gattin werden, ist äußerst selten«.

Don Stefano gibt kein Blut weiter, das immer schon Inselblut gewesen wäre. In gewisser Weise ist er nur ein halber Sizilianer, aber diese Hälfte genügt, um aus ihm einen hundertfünfzigprozentigen Sizilianer zu machen.

Die Pirandellos waren Ligurer, die im 18. Jahrhundert nach Sizilien gekommen waren und sich durch geschickten, umsichtigen Handel schon bald ein Vermögen erworben hatten.

Don Stefanos Vater Andrea war mit sechsundvierzig Jahren während einer Choleraepidemie gestorben. Er hatte Zeit, mit seiner sizilianischen Frau ganze vierundzwanzig Kinder zu zeugen, deren Zahl wohl noch gewachsen wäre, wenn der Tod die Fließbandproduktion nicht unterbrochen hätte.

Stefano war das achtzehnte Kind.

Als Andrea sich mit der Krankheit angesteckt hatte, wurde er im Haus des Erstgeborenen aufgenommen, der Felice hieß. Dem wurde sehr früh klar, daß sein Vater nicht überleben würde. In dem Maß, in dem die Kräfte des Vaters allmählich schwanden, rieben sich in seinem Kopf die Probleme, die mit der Erbschaft im Zusammenhang standen. Sie waren zwar reich, das schon, doch ein Erbe, das durch vierundzwanzig (einschließlich der Mutter) geteilt werden mußte, bedeutete Armut für alle.

Und so hatte er einen genialen Einfall.

Als der Vater gestorben war, machte er keinem Mitteilung davon. Statt dessen lief er von einem Rechtsanwalt zum anderen, von einer Notarskanzlei zur nächsten, um dafür zu sorgen, daß er den besten Teil überschrieben bekam. Ergebnis: vier Tage nach dem Tod (die Leiche befand sich immer noch in seinem Haus) erfuhren Andreas Frau und die anderen dreiundzwanzig Kinder auf einen Schlag zwei Dinge: das erste war, daß der Gatte der einen und der Vater der anderen in ein glücklicheres Leben eingegangen war, und das zweite, daß er ihnen keinen Cent hinterlassen hatte, alles war an Felice gegangen.

Stefano mußte sich also alleine durchkämpfen, und es gab Augenblicke von großem Reichtum und von wirtschaftlichen Engpässen. Ausgestattet mit starkem Temperament, mit Abenteuersinn, versehen mit körperlichem Mut, oftmals hart und voller Verachtung, hatte er in seinem Leben sieben Auseinandersetzungen mit der Schußwaffe und ein halbes Dutzend Duelle bestanden.

Gleich nach Garibaldis Ankunft auf Sizilien meldete er sich bei den garibaldinischen Freiwilligenverbänden. Er machte alle Schlachten mit, angefangen mit der an der Admiralsbrücke in Palermo und alle weiteren, und hatte sich, fünfundzwanzigjährig, bereits den Ruhm eines Helden erworben. In der Via Papireto in Palermo befand er sich völlig alleine und schutzlos im Kugelhagel der bourbonischen Füsiliere. Er bewegte sich nicht, er suchte keinen Schutz: unerschrocken schoß er zurück. Garibaldi wurde auf den mutigen jungen Mann aufmerksam, der sich in diesem irrwitzigen Scharmützel engagiert hatte, lief ihm selbst zu Hilfe und brachte ihn in Sicherheit.

Nach dieser Begebenheit trat Stefano den garibaldinischen Truppen dauerhaft bei und folgte dem General bis zur Schlacht bei Volturno. Zwei Jahre später war er am Aspromonte erneut an dessen Seite, wollte sich aber nicht gefangennehmen lassen und zog es vor, wieder nach Sizilien zurückzukehren.

Sein Waffenbruder und Freund (eine Freundschaft, die während der garibaldinischen Unternehmungen entstanden war) Rocco Ricci Gramitto, ein Girgentaner, ergab sich dagegen am Aspromonte lieber den Königlich Savoyischen Truppen. Er wurde nach San Benigno überführt, wo er sechs Monate Gefängnis verbüßte. Rocco war der zukünftige Schwager von Stefano.

Die Ricci Gramittos waren mit Sicherheit die antibourbonischste Familie im Girgentanischen.

Giovanni Ricci Gramitto war ein hervorragender Rechtsanwalt, einer der Organisatoren der Erhebungen von 1848 in Palermo, Separatist, Minister in der Regierung Ruggiero Settimo.

Als der König von Neapel die Macht wieder zurückerlangt hatte, wurde Giovanni Ricci Gramitto von der Amnestie ausgeschlossen und, mit Zustimmung des Herrschers, auf die Proskriptionslisten gesetzt. Jeglichen Vermögens beraubt, mußte er nach Malta fliehen. Er hatte vier Jungen (Francesco, Rocco, Vincenzo und Innocenzo) und drei Mädchen (Rosalia, Caterina und Adriana). Caterina, die zukünftige Mutter Luigi Pirandellos, war damals dreizehn Jahre alt. Kurz darauf folgte Giovannis Frau mit den Kindern ihm auf einer Tartane von Porto Empedocle aus ins Exil nach. Und Pirandello schreibt 1915 über diese Reise und die Zeit im Exil aufgrund der Erzählung der Mutter. Sie lebten von der Unterstützung eines Onkels, eines Bruders von Giovanni, der Kanonikus war, völlig gegenteilige Ideen vertrat und in der Kathedrale das *Te Deum* anläßlich der Rückkehr von König Ferdinand II. von Bourbon sang, und zwar am gleichen Tag, an dem Giovanni sich nach Malta aufmacht.

In Bùrmula auf Malta stirbt Giovanni im Alter von sechsundvierzig Jahren, aufgezehrt von der Verzweiflung und der Ferne von seiner heimatlichen Erde. Bevor er den letzten Atemzug macht, versammelt er an seinem Bett seine Frau und seine Kinder und läßt sie schwören, daß sie ihre ganze Kraft, ja sogar ihr Leben für die Befreiung von den Bourbonen einsetzen werden. Die Familie kehrt nach Sizilien zurück, der Onkel Kanonikus nimmt sie auf, erfährt wegen dieser Verwandten, die er liebt, Demütigungen und Hausdurchsuchungen, ohne sich jemals darüber zu beklagen. Außerdem hatten Giovannis Familienangehörige sich gleich darangemacht, Verschwörerisches vorzubereiten: Caterina nähte italienische Fähnchen, die sie in einem Kabuff unter der Treppe versteckte. Die gleichen Fähnchen, die ihr Bruder Vincenzo, der vom Onkel in ein Priesterseminar gesteckt worden war, aus dem er aber ausbüchste, bei sich trug, als er auf die bourbonischen Wachen in Girgenti losstürmte. Francesco und Rocco wurden Rechtsanwälte, auch ihre Ausbildung bezahlte der Onkel. Innocenzo schlug die militärische Laufbahn bei den Bersaglieri ein. Rocco und Vincenzo schlossen sich den Truppen von Rosolino Pilo an und folgten dann Garibaldi. Am Aspromonte nahm Rocco, der Leutnant unter Garibaldi war, den blutigen Stiefel seines Generals an sich und brachte ihn nach Girgenti.

Den schenkte er später Luigi Pirandello, der ihn wiederum dem Rathaus von Rom vermachte. Wie bereits gesagt, ergab sich Rocco Ricci Gramitto, anders als sein Freund Stefano Pirandello, den Königlichen Bersaglieri. Unter diesen war – und das mag wie eine schlechte Erfindung klingen – sein Bruder Innocenzo, der, dem militärischen Befehl gehorchend, auf seinen Bruder und auf dessen künftigen Schwager schoß. Als Donna Anna von dieser Geschichte erfuhr, wollte sie ihren Sohn Innocenzo lange Zeit nicht mehr sehen.

Rocco wurde in den ersten Oktobertagen des Jahres 1862 endlich freigelassen, kehrte nach Girgenti zurück und wurde dort triumphal empfangen. Bei dieser Gelegenheit trafen sich Rocco und Stefano nach der Schlacht am Aspromonte wieder, und so kam es, daß Stefano Pirandello und Caterina Ricci Gramitto sich zum ersten Mal begegneten.

Sein Enkel Stefano, Luigis Sohn, schreibt 1936:

»Er war schön, sie nicht, außer den Augen. Und außerdem kam sie sich im Alter von achtundzwanzig Jahren bereits wie eine alte

Jungfer vor. Ihre Jugend hatte sie dem Vaterland hingegeben. Als Stefano Hals über Kopf um ihre Hand anhielt, glaubte sie, er würde sich einen Scherz erlauben. Es war eine patriotische Ehe.«

Wenn irgendein Gegenstand, und war er auch von geringem Wert, für den man vermutlich im Ort keinen Ersatz bekam, beschädigt oder zerbrochen wurde, versank das ganze Haus in Trauer und tiefste Betroffenheit … Aber man mußte eben berücksichtigen, was jene Beschädigungen oder jener Bruch für den Mann bedeuteten: Er erblickte darin einen Mangel an Respekt, nicht etwa gegenüber dem Gegenstand, der wenig oder nichts wert war, sondern ihm gegenüber, ihm, der ihn gekauft hatte. Ob er geizig war? Nein, nicht einmal im Traum. Er war imstande, wegen irgendeiner Kleinigkeit, die ein paar Lire gekostet hatte, den halben Hausrat kurz und klein zu schlagen …

Doch genügte manchmal ein Nichts, ihn zu den wüstesten Ausbrüchen zu veranlassen. Vielleicht tat es ihm gleich darauf schon wieder leid. Er wollte oder konnte es jedoch nicht eingestehen. Das wäre ihm so vorgekommen, als hätte er sich erniedrigt oder geschlagen gegeben. Er wünschte, daß die anderen es errieten. Aber weil niemand in seinem Schrecken auch nur zu atmen wagte, schloß er sich für ganze Wochen in einen schwarzen, stummen Zorn ein.

Dies ist das Porträt von Francesco Ajala, einer Figur aus Pirandellos Roman *Die Ausgestoßene*. Nur, daß diese Figur keine Phantasiegestalt ist, sondern das Porträt des Vaters, und diese furchtbaren Zornesausbrüche sind nur die realistische Darstellung dessen, was bei ihm zu Hause vorgeht, bei diesem stattlichen cholerischen Vater. Der seine Kinder ganz sicher liebt, aber nicht weiß, wie er seine Liebe offen zeigen kann.

Der kleine Luigi ist feingliedrig, mager, nur seine Augen wachsen, er hat ein fieberndes Verlangen nach liebevoller Wärme, die ihm der hünenhafte brüllende Vater nicht geben kann. Und fast immer gerät sein kindlicher Glaube, *alles und jedes allen und jedem* mitteilen zu können, angesichts der granitenen Realität des Vaters ins Wanken und verliert sich.

Als Jugendlicher vertraut er seinen Freunden an, daß sein Vater für ihn *ein unverständlicher Mann* ist, einer, mit dem *man nicht vernünftig reden kann.*

Daher entwickelte sich zwischen ihnen weder eine Gefühlsäußerung noch die Möglichkeit einer vernunftbestimmten Beziehung.

So entsteht zwischen den beiden also schon in Luigis früher Kindheit das, was Gaspare Giudice eine »gläserne Mauer« nannte, eine Mauer, die »sich niemals auflöste, im Gegenteil, sie wuchs in Dicke und Höhe und wurde im Lauf der Jahre schließlich unüberwindbar«.

Die Erinnerung an das Dunkel

Eines Tages, als er etwa sechs Jahre alt ist und mit der Mutter spricht, beginnt der kleine Luigi ein Haus in Porto Empedocle zu beschreiben. Er erinnert sich an das Eßzimmer, das durch eine Trennwand mit zwei Bullaugen geteilt ist, hinter der sich das Zimmer der beiden Hausmädchen befindet. Er erinnert sich, daß eines Morgens zu einer bestimmten Stunde, als das Hausmädchen Filippa ihn auf den Armen trug, Finsternis aufzog, und es so dunkel wurde, daß eine Lampe angezündet werden mußte.

Das stimmte. In den ersten Februartagen des Jahres 1868 gab es eine Sonnenfinsternis.

Aber wie konnte sich der kleine Luigi nur daran erinnern, wenn er zu dieser Zeit gerade erst einmal knappe acht Monate alt war?

Durch etwas nicht Übereinstimmendes, nicht Logisches war sein Erinnerungsvermögen als neugeborenes Kind unauslöschlich geprägt worden: Wie konnte es geschehen, daß es am Tag so nachtschwarz wurde, daß man eine Lampe anzünden mußte?

Porto Empedocle, Girgenti

Die Orte seiner frühesten Kindheit sind zwei: Porto Empedocle und Girgenti. Porto Empedocle, dem er unterschiedliche Namen gibt, wird der Ort einiger seiner Novellen.

Doch zunächst: Wie sieht dieser Ort aus? Das beschrieb er in Versen:

> *Als sich auf diesem öden Glutsand*
> *wenige bescheidene Häuser erhoben,*
> *und mitten im Gedränge so*
> *vieler Karren aus dem alten Turm*
> *zur Tagesmühsal die kahlgeschorenen*
> *Gefangenen traten, schwere Ketten*
> *unter langem Rasseln mit sich schleifend,*
> *und beim Morgengrauen jeden Tags*
> *ein Ausrufer, Stolz im Gesicht, sonnen-*
> *verbrannt, an seine mächtigen Kiefer*
> *die haarige Hand hob und dreimal*
> *laut die Bekanntmachung ausrief:*
> *»O Männer des Meeres,*
> *kommt hinunter zum Hafen zur Arbeit!«*

Und er beschrieb es in Prosa:

Zwei Dutzend armselige Hütten zuerst, da unten am Strand, zwischen Gischt und Sand vom Wind gepeitscht, mit einem kurzen Anlegesteg aus leichtem Holz, heute Molo Vecchio genannt, und einem quadratischen, düsteren Kastell am Meer, in dem die zu Zwangsarbeiten verurteilten Sträflinge hausten; dieselben, die später, als der Schwefelhandel an Bedeutung gewonnen hatte, die beiden weiten Steinschüttungen des neuen Hafens gelegt hatten, zwischen denen die kleine Mole erhalten blieb, der dank des Damms die Ehre zuteil wurde, zum Sitz der Hafenkommandantur und des weißen Hauptleuchtturms erkoren zu werden. Da sich der Ort wegen einer unmittelbar hinter ihm sich erhebenden Hochebene nicht aus-

breiten konnte, dehnte er sich den schmalen Strand entlang aus; bis an den Rand der Hochebene haben sich die Häuser dicht und eng aneinander ja, fast aufeinander gedrängt. Die Schwefellager stapeln sich eines hinter dem anderen am Ufer entlang, und von morgens bis abends ist ohne Unterlaß das Rasseln der Karren zu hören, die mit Schwefel beladen von der Eisenbahnstation kommen, oder auch direkt von den umliegenden Schwefelgruben; ein nicht enden wollendes Durcheinander von barfüßigen Männern und Tieren, von auf den nassen Boden stampfenden nackten Füßen; das Spektakel streitender, fluchender, schreiender Stimmen zwischen dem Rattern und Pfeifen eines Zugs, der über den Strand rollt, bald auf die eine, bald auf die andere der beiden Molen zu, an denen immerzu etwas ausgebessert wird. Jenseits des östlichen Arms versperren die Lastkähne mit dem Segel auf Halbmast den Strand; am Fuß der Stapel befinden sich die Laufgewichtswaagen, auf denen der Schwefel gewogen und anschließend auf die Schultern der Träger – uomini di mare genannt – geladen wird, die barfuß und mit Leinenhosen bekleidet, mit einem Sack auf dem Rükken, der über den Kopf gestülpt und im Nacken zugebunden wird, bis zur Hüfte ins Wasser eintauchen und ihre Fracht bis zu den Kähnen schleppen; diese bringen dann mit aufgezogenem Segel den Schwefel zu den Handelsschiffen, die im Hafen oder außerhalb des Hafens vor Anker liegen.

»Sklavenarbeit, die einem an manchen Wintertagen das Herz zerreißt. Halb erdrückt von ihrer Last, mit dem Wasser bis zum Kreuz. Menschen? Tiere!«

In Porto Empedocle siedelt Pirandello etwa zehn seiner Novellen an, wobei er den Ort von Fall zu Fall »die Marina«, »Nisia«, »Vignetta«, »Porto Empedocle« nennt oder auch gar nicht benennt, ihn aber gleichwohl durch die wiederkehrende Topographie erkennbar macht, die aus einer Dreiecksbeziehung zwischen dem Meer, dem Friedhof auf dem Mergelhügel und dem Hügel selbst besteht.

Was einen auf Anhieb in diesen Novellen erstaunt, ist die immer wiederkehrende Zusammenstellung von Lauten, Stimmen und Farben.

Aus der Novelle *Die Tote und die Lebende (La morta e la viva)*:

Die Leute … standen herum, schreiend und unbeherrscht mit den Armen fuchtelnd.

Und noch einmal:

Die Menge … fing von der Tartane aus an zu schreien.

Und noch einmal:

Das Gebrüll von einem der Kais und das breite Gelächter.

Und wieder:

Er stürmte heran wie eine Furie, brüllend, und das ganze Volk bewegte sich nach hinten, nach vorne, und kreischte ringsum.

Oder aus der Novelle *Annas Weigerung*:

Und schon begann das Quietschen der mit Schwefel vollbeladenen Karren.

Oder:

Jeden Morgen, bei Tagesanbruch, weckten sie die dreifachen Rufe des Ausrufers.

Oder:

Nach so viel Höllenlärm.

Schreie, Stimmen, Flüche, Verwünschungen, Beleidigungen, Lachsalven. Aber nicht nur das. Es gibt auch intensive, obsessive Gerüche:

Aus *Der böse Geist (Lo spirito maligno)*:

Und ging herum … voller Lust und Begierde sog er den Duft von Teer und Pech ein. Betäubt vom Lärm der Ruderer und Lastenträger im Hafen … inmitten des muffigen Haufens fauliger, getrockneter Algen.

Aus der Novelle *Fräulein Boccarmè (La maestrina Boccarmè)*:

Sie hatte sich an den scheußlichen Geruch gewöhnt, der von der Öligkeit des eingeschlossenen Wassers ausströmte.

Oder auch:

Die anderen waren schon alle gegangen und ließen sie alleine zurück, und auf dem Strand nahm sie den Geruch des schwarzen Wassers stärker wahr.

Und dann das Meer, seine Klänge und Farben:

Das Meer war unruhig und trübe und schwoll an der einen und anderen Stelle, alles unter der Bedrohung eines von riesigen schwarzen Wol-

ken trächtigen Himmels. Die anschwellenden Wogen begannen, ineinander zu stürzen, und es wollte und wollte ihnen nicht gelingen sich zu brechen.

Nur ein kurzer giftender Schaum kochte an einem Uferstück strichweise hier und dort die Wellenkämme borstig auf ... Kurz darauf vertiefte der Himmel sich wie eine Höhle, und für wenige Augenblicke kam eine bestürzende, schreckenerregende Düsterkeit auf. An einzelnen Uferabschnitten jagten nacheinander rasche Windböen an den Strand und wirbelten Sand auf. Endlich brach der erste Donner los, wunderbar, und das war wie ein Signal für das Gewitter.

Unter den in Porto Empedocle angesiedelten Novellen gibt es zwei, die für das Verständnis des Menschen Pirandello von grundlegender Bedeutung sind. Die eine heißt *Fern* und gehört gewiß zu den dichtesten und gelungensten der gesamten Novellenliteratur. Sie stellt nicht nur eine *summa* aller Wahrnehmungen dar, die der Ort seiner frühesten Kindheit in ihm ausgelöst hat (in den er als Erwachsener zurückkehrt, in dem unseligen Versuch, an der Seite seines Vaters zu arbeiten), sondern ist vor allem, unter erzählerischem Aspekt, die Exposition für das, was Pirandello seinen *unfreiwilligen Aufenthalt auf Erden* genannt hat. Es reicht, nur auf den Umstand hinzuweisen, daß der Protagonist, der Schwede Lars Cleen, gezwungen ist, aufgrund einer Reihe von nicht gewollten und nicht gesuchten Ereignissen ein entfremdetes, aufgehobenes Leben an einem Ort zu führen, der nicht der seine ist.

Die andere Novelle heißt *Der vertauschte Sohn*, auf die wir noch ausführlich zu sprechen kommen werden. In dieser Novelle wird nicht ausdrücklich gesagt, daß sich die Begebenheit in Porto Empedocle zuträgt. Allerdings kann man dies aus vielfältigen Hinweisen und vor allem aus der absolut ortstypischen Art schließen, mit der die Hexen bezeichnet werden, die nächtens Wickelkinder oder auch wenig ältere vertauschen. Diese heißen »i donni«, was Pirandello mit *le donne* übersetzt, *die Frauen.*

Ich habe eine persönliche Erfahrung mit »i donni«: ich erinnere mich, daß, als ich zehn Jahre alt war, Freunde mich unter viel Geheimnistuerei zu einem kleinen, ganz sicher noch keine vier Jahre alten Jungen brachten, dem »i donni« das Schwänzchen umwikkelt hatten.

Über Girgenti, über dieses *sterbende Städtchen*, wird Pirandello allerdings lange und ausführlich schreiben. Dort siedelt er unter anderem den Roman *Einer nach dem anderen (Il turno)* an, einige Kapitel aus *Die Alten und die Jungen (I vecchie i giovani)* und zahlreiche Novellen, wobei er Girgenti unterschiedliche Namen gibt, unter anderem »Montelusa«.

Über sein Verhältnis zu Girgenti hat Leonardo Sciascia geschrieben:

»Pirandello wurde dort geboren … Dort verbrachte er seine Kindheit und Jugend; als junger Mann und noch in den ersten Jahren seiner Ehe kehrte er jeden Sommer dorthin zurück; danach seltener. Und bei jeder Rückkehr durchtränkte sich seine Phantasie mit grotesken und bemitleidenswerten Vorkommnissen, die sich dort zugetragen hatten und die seine Angehörigen und Freunde ihm erzählten: und was er hörte, gesellte sich zu dem, was in seiner Erinnerung bereits lebhaft herumwirbelte, und bereicherte es. Bis zum Zweiten Weltkrieg war Girgenti das, was es seit seiner Kindheit war, mit Persönlichkeiten und Figuren, die die übererregte, überspannte Selbstliebe bis an die Grenze des Wahnsinns trieb: luzide, bis in die kleinste Kleinigkeit eindringende Analytiker der eigenen Gefühle und des eigenen Elends, bis zum Delirium von der Leidenschaft des ›Räsonierens‹ erfaßt, die die Leidenschaft für die Frau und für Dinge noch in den Schatten stellte, darauf bedacht, besessen ihren Schein vor ihrem Sein zu verteidigen, und das vor den anderen und bisweilen vor sich selbst.«

Nein, man kann wirklich nicht sagen, daß Pirandello das *traurige, im Sterben begriffene Städtchen* gern hatte. Aus *Die Alten und die Jungen:*

Die öffentlichen Ämter, die Präfektur, das Finanzamt, die öffentlichen Schulen, die Gerichte, all das brachte in der Stadt noch ein wenig Bewegung hervor, freilich eine fast mechanische Bewegung: mittlerweile brodelte das Leben anderswo. Die Industrie und der Handel, die wahren Aktivitäten also, die waren schon seit geraumer Zeit nach Porto Empedocle über-

siedelt, das, gelb vom Schwefel, weiß vom Mergel, staubig und lärmend, in kurzer Zeit zu einem der belebtesten und geschäftigsten Hafenplätze auf der Insel geworden war.

In Girgenti hatten nur die Gerichte und die Verwaltungssenate etwas zu tun, denn sie waren das ganze Jahr über geöffnet. Oben auf dem Culmo delle Forche quoll das Gefängnis von San Vito über von Arrestanten, die manchmal drei oder vier Jahre auf ihren Prozeß warten mußten.

Auf der Piazza Sant'Anna, wo die Gerichtsgebäude lagen, im Zentrum der Stadt, fand sich in Massen die Kundschaft aus der ganzen Provinz ein, grobe, ungeschliffene sonnenverbrannte Kerle.

Die vielen Müßiggänger der Stadt spazierten unterdessen auf und ab, immer im selben Schritt, überwältigt von der Langeweile, mit den automatischen Bewegungen von Schwachsinnigen, immer die Hauptstraße entlang, die einzige ebene Straße der Stadt, mit dem schönen griechischen Namen Via Atenèa; freilich war sie so eng und gewunden wie die anderen. Via Atenèa, Rupe Atenèa, Empedokle – … – Namen waren das: lichtvolle Namen, die das Elend und die Häßlichkeit der Dinge und der Orte noch trauriger erscheinen ließen.

Träges Schweigen, finsteres Mißtrauen und Eifersucht.

Vom Palazzo Montoro in Porto Empedocle wird der kleine Luigi ungefähr im Alter von sieben Jahren von der Familie nach Girgenti gebracht, wohin Stefano umgezogen ist, weil er wieder einmal die Arbeit gewechselt hat.

Sie wohnen jetzt in einem grauen und ziemlich düsteren Haus in der Via San Pietro, die einen schlechten Ruf hat, einsam liegt und der Ort ist, wo Leute aus dem Milieu zusammenkommen oder sich bekämpfen. Von der Via San Pietro aus sieht man noch heute das Meer in großer Ferne, und damals, als es die neuen, eine düstere Wand bildenden Häuser noch nicht gab, konnte man ganz gewiß ein paar Häuser von Porto Empedocle erkennen, zumindest die des Ortsteils Piano Lanterna: doch im Gedächtnis des erwachsenen Luigi kehrt diese Landschaft nicht wieder, es gibt darin keine Erinnerung an ein meerisches Licht, das die Wohnung wenig düster hätte erscheinen lassen. Vielleicht lag die Rückseite der Wohnung zu einem Innenhof hinaus.

... die Straße zeigte noch die alten Umfassungsmauern mit ihren halb zerfallenen Türmen. Im ersten, notdürftig von einer farbverblaßten, kaputten Türe verschlossen, zeigte man die unbekannten Toten, und dorthin wurden auch die Ermordeten für die gerichtsmedizinische Untersuchung gebracht.

In der Nähe der Wohnung liegt die Kirche San Pietro, nach der die Straße benannt ist.

Eines Abends kommt es direkt vor der Haustüre der Pirandellos zu einer lautstarken Auseinandersetzung zwischen Männern aus dem Milieu. Ein Mann wird durch einige Messerstiche tödlich verletzt. Die Angreifer fliehen, der Verletzte bleibt auf der Straße liegen, ruft um Hilfe und jammert. Das Hausmädchen stürzt herbei und verriegelt Fensterläden und Fenster, damit der kleine Luigi nicht die herzzerreißenden, verzweifelten Schreie des Sterbenden hören muß. Kurz darauf hört man sie nicht mehr, und die Fenster können wieder geöffnet werden. An diesem Abend ist es sehr heiß.

Über das Verriegeln von Fenstern

Wenn man die eben erzählte Begebenheit überdenkt, könnte es so aussehen, als hätten in der Familie Pirandello Gleichgültigkeit, Egoismus und Furcht, in etwas verwickelt werden zu können, geherrscht.

Der Verwundete, das stimmt, wird in seinem Todesschmerz und in seinem Tod sich selbst überlassen. Aber das Nicht-sehen-Wollen, das Nicht-hören-Wollen war das am weitesten verbreitete und durchaus übliche Verhalten der sizilianischen Bourgeoisie, ganz gleich, ob es die große oder die kleine war, und diese Haltung kann man mit den überaus einfachen Worten zusammenfassen: ›Deren Sache‹. Aber wer sind ›deren‹? Die, die keine zivilisierten Menschen waren, ›ehrenwerte Leute‹, die ihre Angelegenheiten mit Messerstichen, Revolverkugeln oder Schüssen aus einer Lupara erledigten. Zwischen den Kriminellen, ob sie zur Mafia ge-

39

hörten oder nicht, und den ›zivilisierten‹ Menschen wurde eine Mauer errichtet, eine dem Augenschein nach genau festgesetzte Grenzlinie, und die ›Zivilisierten‹ hüteten sich, verwickelt zu werden, sich mit Blut zu besudeln (etwa wenn sie einem Verwundeten zu Hilfe kamen), das Gewalt und Übergriffe so häufig fließen ließen.

In einem Salon ›zivilisierter‹ Menschen über Dinge zu reden, die mit der Mafia zu tun haben, ist so geschmacklos, wie während eines Galadiners über Bauchschmerzen zu reden.

›Deren Sache‹ also, und so sollte es gefälligst auch bleiben.

Zumindest dem Augenschein nach.

Denn wenn sie ein Problem hatten, das auf legalem Weg offensichtlich unlösbar war und mithin nach nicht sehr orthodoxen Wegen verlangte, hatte der größte Teil dieser sogenannten anständigen Leute durchaus keine Skrupel, über Freunde von Freunden um die Unterstützung und Hilfe des einen oder anderen örtlichen Mafiabosses nachzusuchen, der ja bestens bekannt war, weil man ihn als solchen mit Vor- und Nachnamen samt seiner Anschrift kannte.

Die Mafia, in der Öffentlichkeit hartnäckig und scheinheilig ignoriert, wurde bei bestimmten besonderen Privatangelegenheiten zur Kenntnis genommen, aktiviert und benutzt. Es ist durchaus nicht gesagt, daß diese besonderen Vermittlungstätigkeiten immer in Auseinandersetzungen mit Schüssen und Ermordungen endeten: sehr oft ›räsonierte‹ der mafiose Vermittler mit den gegnerischen Parteien, und die Macht, die er hinter sich hatte, führte dazu, daß der Verlierer, also der, der bei der Übereinkunft dazulegte, sich vor diesem ungeschriebenen Gesetz verbeugte, das allerdings strenger geachtet wurde als der Entscheid eines Schiedsmanns.

Natürlich präsentierte die Mafia, wenn die erbetene Hilfeleistung erbracht und zu einem guten Ende geführt worden war, die Rechnung, die ja nie in Geldsummen quantifiziert wurde, sondern in Gefälligkeiten, Wählerstimmen, Privilegien.

Eine perverse Verflechtung.

Aber es ist auffällig, daß Pirandello, der möglicherweise sein ganzes Leben lang dieser Handlung des Hausmädchens eingedenk blieb, in allen seinen Romanen, in allen seinen Novellen und Theaterstücken hartnäckig das Fenster vor der Mafia verriegelt hielt.

Maria Stella

Es ist schwierig, mit der Mutter Worte zu wechseln, mit dem Vater ist es unmöglich. Doch glücklicherweise findet der kleine Luigi in der Wohnung in Girgenti eine Freundin.

Das ist das Hausmädchen, die Dienerin Maria Stella. Mit ihr kann er richtig sprechen, offen. Maria Stella ist eine junge Frau aus dem Volk und muß eine hervorragende Geschichtenerzählerin gewesen sein und erfreut sich an dem aufmerksamen, intensiven Blick ihres kleinen Schützlings.

Ein populäres sizilianisches Sprichwort hieß damals: »La criata fa la criatura – Die Dienerin macht das Menschlein.«

Dieses Sprichwort war doppelsinnig. Es besagte zunächst einmal, daß die Dienerin, wenn sie jung war, von einem Mann im Haus, dem Hausherrn oder auch dem jungen Herrn, unvermeidlicherweise irgendwann schwanger wurde. Danach besagte es, daß es oft die Dienerin war, die das Kind der Familie aufzog und ›heranbildete‹.

Unter verschiedenen Gesichtspunkten war es Maria Stella, die den kleinen Luigi eigentlich heranbildete.

Der Sizilianer ist nicht religiös, sondern abergläubisch. Verga, Capuana, Brancati, Sciascia haben das ausführlich dargestellt. Und es reicht, wenn wir in unserer Zeit an den Mafiamörder denken, der, obwohl flüchtig, oft den Priester in sein Versteck kommen ließ, das mit Altärchen und Heiligenbildchen ausgestaltet war.

Bestimmte religiöse Feste gehören wegen einiger Aspekte mehr zur heidnischen Seite der Sizilianer als zur katholischen. Wenn wir uns auf Girgenti und sein Gebiet beschränken, erinnern wir uns an mindestens zwei: *Das Fest unseres Herrn von den Schiffen* (es gibt auch einen Einakter von Pirandello, der diesem Fest gewidmet ist), das vor der kleinen Kirche San Nicola stattfindet und vor allem in einer wüsten Schlachterei von Schweinen besteht; und das Fest des heiligen Calò (das Pirandello in dem Roman *Die Ausgestoßene* unerklärlicherweise als Fest der Heiligen Cosmas und Damian bezeichnet).

In fast allen sizilianischen Häusern hatte der Klerus (mit dem man *in toto* die Religion identifizierte) eine Macht, die weit über die geistliche hinausging: sein Rat war in jeder Lebenslage gefragt, angefangen beim Kauf eines Möbelstücks bis hin zur Eheschließung.

Die Familie Pirandello war dagegen ein Stachel im Fleisch von Padre Sparma, Pfründeneigner der in unmittelbarer Nähe gelegenen Kirche San Pietro. Die Pirandellos hatten zwar ihre Kinder taufen lassen, aber sie rannten nicht in die Kirche, sie waren keine praktizierenden Gläubigen, und das reichte aus, daß die Nachbarn sie als gottlose Menschen bezeichneten. Das stimmte zwar nicht, aber die Pirandellos gehörten aufgrund ihrer Erziehung und ihrer Überzeugung zu denen, die sich zu dem Sprichwort bekannten: »Bei Mönch und Pfaffenklos / hör' nur die Mess'! Dann gib ihm den Nierenstoß« (womit gemeint ist, daß man ihnen das Rückgrat brechen solle).

Das Hausmädchen Maria Stella erzählt dem Kleinen die gleichen Geschichten, die ihr erzählt worden waren, als sie klein war. Es sind Volkserzählungen, wie die vom Haus der Granellas, das von respektlosen Gespenstern bewohnt wird, oder die Geschichte vom Raben von Mìzzaro, auch sie mit Gespenstern als Hauptfiguren, oder die vom Engel Einhunderteins, der nachts eine große Engelschar anführt. Als erwachsener Mann kehrt Pirandello wieder zu diesen Geschichten zurück, die er aus dem Mund von Maria Stella gehört hatte, und macht sie zum Gegenstand seiner Novellen (die Geschichte des Engels Einhunderteins wird einen großartigen Monolog in dem Theaterstück *Die Riesen vom Berge; I giganti della montagna* bilden). Aber es steht außer Zweifel, daß die Geschichte, die den kleinen Jungen am meisten beeindruckt, die Geschichte vom vertauschten Sohn ist.

Der vertauschte Sohn

Das Märchen vom vertauschten Sohn ist im Grunde überall auf der Welt bekannt, mit Varianten, die den verschiedenen Kulturkreisen entsprechen. Die mediterrane Version erzählt von einer armen Mutter, die sich nicht mit der Realität abfinden kann: ihr Kind in der Wiege ist ein mißgestaltetes Wesen, doch sie reagiert, indem sie sich in die Überzeugung flüchtet, daß ihr wirklicher Sohn, ein schönes blondes Kind, von den *Donne* (den Hexen) geraubt wurde, die an seiner Statt dieses andere, dieses häßliche, verkrüppelte Kind zurückgelassen haben, das nicht einmal sprechen kann. Eines Tages legt im kleinen Hafen ein fremdes Schiff an. An Bord ist ein junger kranker Prinz, der gekommen ist, um in der Sonne des Südens Heilung zu finden. Und gleich ist die Mutter der Überzeugung, daß der Prinz ihr wirklicher Sohn ist, der wie durch ein Wunder zurückkehrt. Der verkrüppelte Sohn (der auf dem Kopf eine Krone aus Papier und Glitzersteinen trägt und spöttisch ›Königssohn‹ genannt wird), will in seiner Eifersucht den Prinzen töten, aber es gelingt ihm nicht. Unterdessen stirbt der Vater des Prinzen, und der junge Mann wird zum König ernannt. Doch der Prinz weigert sich, in sein Land zurückzukehren. Und so schlägt er einen Tausch vor: an seiner Stelle soll der Krüppel zum König gekrönt werden. Die Minister weisen diesen Vorschlag zurück. Und der Prinz:

> *Glaubt mir,*
> *es liegt gar nichts daran,*
> *ob es dieser oder jener sei:*
> *wichtig ist nur die Krone!*
> *Tauscht ihm die aus Papier und Glas*
> *gegen eine aus Gold und Juwelen,*

das Pelerinchen gegen den Pupur,
und der Spottkönig wird echt,
ihr könnt ihm huldigen.
Und dazu braucht's nichts anderes
Als daß ihr dran glaubt.

ERSTER MINISTER: Majestät, wie sollten
wir denn aber …

PRINZ: Was denn? Daran glauben?
Das kann man immer! Alles kann man!

HAUSHOFMEISTER: Doch daran nicht, weil wir ja wissen,
es ist nicht wahr!

PRINZ: Aber nichts ist wahr,
und alles kann wahr sein,
man braucht's nur zu glauben für einen Moment,
und dann nicht mehr, und dann wieder,
und dann auf immer oder nie mehr.
Die Wahrheit, die kennt Gott allein.
Der Menschen Wahrheit ist immer
daran geknüpft, daß man
an die glaubt, die man empfindet. Heute so
und morgen anders. Glaubt mir,
glaubt mir, diese
wird euch viel besser passen
als die meine.
Ich kenne sie jetzt,
meine Wahrheit.
Ich bin hier Kind gewesen,
mit dieser Mutter, geboren unter dieser Sonne,
und arm, aber was liegt daran?
Mit dieser Mutterliebe,
und diesem Himmel und diesem Meer
und Gesundheit und Freude
mein Leben zu leben,
»meines«, mein wahres Leben für mich!
Vor diesem Meer, vor diesem Himmel

seh ich auch die Häuser
aufatmen, befreit vom Zwang.
Und jedes Haus, sei es noch so bescheiden,
wird hier zum Sonnenpalast!
Alles zu meinen Füßen sehen?
Lieber fühle ich
etwas über mir!

Nehmt ihn hin, bringt ihn weg,
weit fort von hier, euren König!

Natürlich geht die Geschichte so zu Ende, wie der Prinz es will: auf das Schiff, das gekommen ist, um ihn abzuholen, geht an seiner Stelle der komische, jämmerliche Königsnarr.

Die Treue des Schriftstellers und Dramatikers Pirandello zu dieser volkstümlichen Geschichte, die er als kleines Kind gehört hat, ist über die Jahre fest und stark.

Die Erzählung *Der vertauschte Sohn* erscheint in der 1925 veröffentlichten Novellensammlung *Von der Nase zum Himmel*, die im Grunde aber beim ersten Teil des Märchens aufhört, das heißt, es fehlt die Ankunft des Prinzen. Die Selbsttäuschung der Mutter wird durch eine Magierin, Vanna Scoma, genährt, die ihr von Zeit zu Zeit Nachrichten über den von den Hexen vertauschten Sohn bringt und ihr erzählt, daß er wie ein Prinz lebt, von allen geliebt wird und glücklich ist.

Die Magierin tut dies zwar in der Absicht, ihr ein bißchen Geld zu entlocken, doch gibt es in ihr auch einen Zug von Mitleid: sie sagt der Mutter nämlich, daß, wenn sie den behinderten Sohn, der ihr von den Hexen dagelassen wurde, gut behandelt, es auch dem anderen, dem wirklichen gutgehen werde.

Mit dem Eintritt in ein Alter, in dem er nachzudenken beginnt, stellen sich bei dem kleinen Luigi Zweifel an seiner Zugehörigkeit ein. Was hat er, der sich alles wohl überlegt, der überhaupt nicht lausbubenhaft ist, der sich in sich zurückzuziehen versteht, der zwischen kastanienbraunen Locken, die ihm seitlich ins Gesicht fallen, aus großen, aufmerksamen Augen blickt (so porträtiert er sich in der Novelle *Die kleine Madonnenstatue; La madonnina*), mit dieser brüllenden, unbeherrschten Hünengestalt des Vaters zu tun, der die Mutter so oft zum Weinen bringt?

Doch Vorsicht: Stefano Pirandello war kein grober, ungebildeter Klotz, wie es scheinen könnte, wenn wir ihn nur mit den Augen des kleinen Luigi sähen. Er war beispielsweise Schüler des großen Humanisten Gaetano Daita, der ihm unter anderem Englisch und Französisch beigebracht hatte, damals wie heute unverzichtbare Sprachen für jemanden, der Handelskaufmann werden will. Das Problem lag in seinem Charakter.

Die Geschichte vom vertauschten Sohn, die Maria Stella ihm erzählt hatte, war für ihn eine Art Offenbarung: nicht nur, daß er am falschen Ort und am falschen Tag geboren wurde, sondern möglicherweise war dieses abstürzende Glühwürmchen (als solches hatte er sich ja seine Geburt vorgestellt) auch noch in die falsche Familie gekommen. Ja, ganz sicher ist es so gewesen, denn er fühlt, daß er zu einer anderen Familie gehört, zu einem anderen Schlag.

Über die Verschiedenheit der Sizilianer untereinander hat Vitaliano Brancati Erhellendes geschrieben.

»Hier in Sizilien ist es – wenn man von Signor Luciano zu Signor Maddalena wechselt (was man tut, wenn man einen Treppenabsatz mit nur einer Stufe überquert) – so, wie wenn man von einer Konstellation zur anderen flöge.«

Und Brancati war es auch, der uns von grundlegenden Unterschiedlichkeiten im Hinblick auf Charakter und Temperament innerhalb derselben Familie erzählt hat.

Der Kreislauf von Stefanos heißem Blut ist nicht der gleiche wie der von Luigis kaltem Blut (um in einem Brancati verwandten Sprachgebrauch zu bleiben). Nur, daß die Dinge nicht so sind, wie sie scheinen, doch Luigi wird sein ganzes Leben damit zubringen, dies zu begreifen, er, der Theoretiker (wie Tilgher ihn nannte) des Unterschieds zwischen Leben und Form.

Wie dem auch sei, die Geschichte, die Maria Stella ihm erzählt hat, hat in gewisser Weise die vielen Unsicherheiten des kleinen Luigi verdichtet und in eine Gewißheit verwandelt: er ist ein vertauschter Sohn.

Und er drängt Maria Stella so sehr, daß sie ihn, ohne Wissen der Eltern, zu einem zwar von den Hexen nicht gestohlenen, sondern nur ›verlegten‹ Neugeborenen bringt, ein vielleicht ins Leere gegangener Versuch des Vertauschens, denn der Säugling wurde nicht in der Wiege wiedergefunden, wo er geschlafen hatte, sondern in der Küche, unter dem Tisch.

Und Maria Stella war es auch, die dem kleinen Luigi eines Tages, so als bedeute das nichts weiter, erzählte, sie sei in der Via San Pietro dem Geist des Ermordeten begegnet, dessen Schreie sie an jenem Abend ignoriert hatte, als sie die Fenster verriegelte. Ganz sicher hatten ein winziges Häufchen Gewissensbisse und sehr viel Aberglaube dieses Gespenst erschaffen, aber auch dieses Thema wird den kleinen Luigino noch tief berühren.

Das Sakrileg

Wie schon gesagt, geht die Familie Pirandello nicht in die Kirche San Pietro. Sonntags geht sie nicht einmal zur Messe. Sie sind die wohlhabendsten Bewohner dieser Straße von armen Schluckern und geben, in den Augen des Pfründeneigners, Padre Sparma, ein schlechtes Beispiel für alle ab.

In der Novelle *Die kleine Madonnenstatue*, die eine wichtige Episode aus der Kindheit des kleinen Luigi erzählt, kann Padre Sparma (der hier Don Fiorìca heißt, während der Name Pirandello in

Greli verändert wird) keinen Frieden über dieses Verhalten finden, das irgendwie Anstoß erregt.

Der hochwürdige Pfarrer Fiorìca hatte ja seit Jahren den Stachel im Herzen, daß diese Familie der Heiligen Mutter Kirche ferne stand, nicht weil sie dem Glauben tatsächlich feindlich gesonnen war, sondern deshalb, weil die Kirche nach dem Urteil Herrn Grelis (der ein alter Garibaldiner war, einer der Genueser Carabinieri im Feldzug von 1860, in der Schlacht von Milazzo am Arm verwundet) darauf beharrte, die Feindin des Vaterlands zu bleiben: Und das mußte für einen Patrioten wie Herrn Greli Grund genug sein zu glauben, er könne sie nie wieder betreten.

Padre Sparma versuchte auf alle nur möglichen Weisen, die Sympathie des Ex-Garibaldiners zu gewinnen: oft postierte er sich eigens, wenn er merkte, daß Stefano Pirandello vorbeikommen würde, und wenn dieser im Visier auftauchte, grüßte er ihn mit einer freundlichen Verbeugung, *mit würdevoller Demut* und einem breiten Lächeln. Doch der stirnrunzelnde Don Stefano wich schon von weitem aus und erwiderte den Gruß kaum merklich, *mit brüsker Härte.*

Natürlich war es das Hausmädchen Maria Stella, die dem kleinen Luigi von der lieben Madonna, von dem lieben Herrn und von dem lieben Jesuskind erzählte. Aber sie war viel zu ängstlich, den Kleinen mit in die Kirche zu nehmen ohne die Einwilligung ihrer Herrschaften, die sie ihr mit Sicherheit verweigert hätten.

Don Stefanos tägliche Arbeit war hart und ermüdend, oft kehrte er am Rand der Erschöpfung nach Hause zurück. Nach dem Essen war er in der Lage, eine knappe Stunde zu schlafen, um neue Kräfte für den Rest des Tages zu schöpfen.

Einmal, nach dem Mittagessen, als er sich gerade aufs Bett geworfen hat, kann er kein Auge zumachen, weil die Glocken von San Pietro unaufhörlich für ein religiöses Fest bimmeln. Don Stefano wirft sich im Bett von einer Seite auf die andere und wird immer zorniger und nervöser.

Schließlich, als es ihm zuviel wird und er meint, er würde jetzt verrückt werden, springt er aus dem Bett, ergreift das Gewehr, steigt, so wie er ist, in der Unterhose auf die Dachterrasse und feuert von dort zweimal aus seiner Lupara auf die Glocken.

Von den dreien traf er auf der rechten Seite die mit dem grellsten Klang – er hatte eben noch das scharfe Auge des ehemalgen Genueser Carabiniere! Aber die arme Glocke! Sie benahm sich wie eine Hündin, die aus dem Hinterhalt ein Stein trifft, während sie gerade lärmend ihren Herrn begrüßt, und die dann plötzlich von freudigem Gebell in ein schrilles Heulen umschlägt. Die ganze Pfarrgemeinde, die sich zur Feier des Festes vor der Kirche versammelt hatte, geriet in Aufruhr und empörte sich über dieses Sakrileg. Und es war eine wahre Gnade Gottes, daß es dem hochwürdigen Pfarrer Fiorìca gelang, mit seiner Autorität zu verhindern, daß unter seinen Gläubigern vollends Tumult ausbrach und ihr Zorn sich am Haus der Greli entlud.

Die Kirche als Familie

Padre Sparma gelingt es, die Ruhe unter den Gläubigen wieder herzustellen, die das Haus der Pirandellos belagern und Don Stefano das Versprechen für eine neue Glocke abtrotzen (und Don Stefano hielt sein Versprechen). Doch die Ruhe kehrt nicht in das Herz des kleinen Luigi zurück, das durch seinen Vaters erneut verletzt ist. Ihn hat das Sakrileg des Vaters bestürzt, und er will mit aller Kraft deutlich machen, daß er und sein Vater nichts miteinander gemeinsam haben. Daher bittet er das Hausmädchen flehentlich, sie solle ihn mit in die Kirche nehmen, wenn sie geht.

»Und wenn das dein Vater nicht will?« sagte die Dienerin.

Doch Guiduccio (so nannte sich Pirandello als kleiner Junge in dieser Novelle) *beharrte, und ein Schauder durchfuhr ihn bei jedem Glockenschlag, der verhalten immer wieder durch die Nacht rief.*

Am Ende entschließt sich die Dienerin, ihn in die Kirche zu begleiten. Und diesem ersten Besuch folgen weitere.

… Als sie dann auf dem Kirchenplatz angelangt waren, hob er die Augen zu dem Glockenturm empor; und auf die rätselhafte Unruhe, die ihm von dorther zu kommen schien, antwortete nicht weniger rätselhaft

das Gefühl des Trostes, das ihm, kaum daß er die Kirche betreten hatte, von den freundlichen Kerzen zuströmte, die da am Altar brannten, in der Kühle des feierlichen, weihrauchgetränkten Schattens.

Sicher fängt er an, sich Fragen zu stellen. Ob die Kirche ein Ort ist, den seine Familie nur deshalb nicht besucht, weil er sich, im Gegensatz zu ihnen, dort unendlich wohl fühlt? Ist das nicht ein weiteres Anzeichen dafür, daß er in die falsche Familie gestürzt ist? Und wenn er ein vertauschter Sohn ist, ist es dann nicht möglich, daß sein richtiger Vater hier ist, in dieser Kirche?

Als der Pfarrer den kleinen Luigi vor dem Altar knien sieht, ist er bewegt, streichelt ihn, führt ihn in die Sakristei. Aber er fordert, daß der Kleine es seiner Mutter erzählt und mit ihrer Zustimmung zurückkehrt. Darin kommen sie überein (möglicherweise ohne Wissen von Don Stefano). Der kleine Luigi verfällt in eine ausgesprochen mystische Krise.

Und wenn er so vor sich die weit aufgerissenen, glühenden, aufmerksamen Augen in dem blassen, aufgeweckten Gesicht sah, dann erzitterte der hochwürdige Pfarrer Fiorìca vor Rührung ob der Gnade, die Gott ihm schenkte, weil er das wunderbare Aufblühen des Glaubens in dieser reinen Kinderseele genießen durfte … dann empfand er eine solche Freude und zugleich eine solche Beklemmung, daß ihm beinahe schien, als risse ihm die Seele entzwei. »Oh, mein Kind! Was mag Gott wohl von dir noch wollen?«

Der kleine Luigi vermehrt seine Gebete, lebt fortwährend in einem fiebernden Zustand.

Eines Tages erhält er aus Palermo einen eigens für ihn gemachten Matrosenanzug. Luigi zieht ihn an und geht damit aus dem Haus. Er macht ein paar Schritte, trifft auf der Straße einen ebenso kleinen Jungen wie er es ist, den er in der Kirche kennengelernt hat, bettelarm, mit völlig zerschlissenen Sachen an, unter denen man die Haut sieht. Alles geschieht in einem Augenblick. Ohne ein Wort zieht er den neuen Anzug aus, gibt ihn seinem Freund und kehrt nach Hause zurück, bereit, sich den unvermeidlichen Vorwürfen der Mutter zu stellen.

Paradoxerweise wird es eine weitere gute Tat sein, die ihn den Glauben kosten wird.

Allerdings muß vorausgeschickt werden, daß der kleine Luigi bereits zu den Sizilianern gehört, für die die schwerste Schuld, mit der ein Mensch sich beflecken kann, die Täuschung – auch wenn sie für etwas Gutes eingesetzt wurde – gegenüber der Freundschaft, der Familie, einer Vereinbarung, einer Zuneigung ist.

Im Marienmonat Mai pflegte Padre Sparma unter den Gläubigen eine kleine Madonnenstatue aus Wachs zu verlosen, die unter einer Glasglocke stand. Jedes Los kostete einen Soldo, das waren zehn Cents.

Der Sakristan hatte während der Woche den Verkauf über und schrieb auf jedes Los den Namen des Käufers. Am Sonntag wurden dann alle Lose eingerollt in eine Glasschüssel geworfen; der hochwürdige Pfarrer Fiorìca versenkte dann seine Hand da hinein, mischte ein wenig durcheinander, unter dem erwartungsvollen Schweigen all der knienden Gläubigen, zog eines heraus, zeigte es vor, rollte es auf und las durch die auf die Nase gesetzten Augengläser den Namen vor. Dann wurde die Madonna in einer kleinen Prozession mit Gesängen und Trommelbegleitung zum Haus des Gewinners geführt.

Es war zu einem festen Brauch geworden, daß Donna Caterina Luigi jeden Sonntag zehn Cents gab, mit denen er sich Süßigkeiten kaufen durfte: doch diese zehn Cents teilte Luigi mit neun armen Freunden, einen Cent pro Mann, den letzten behielt er für sich. An dem Tag, als er in die Kirche ging, um ein Los mit dem Cent zu kaufen, der ihm verblieben war, wurde er gleich an der Türe *von einem völlig zerzausten und barfüßigen Jungen angesprochen, der, seit drei Wochen krank, ... Guiduccio jetzt mit dem letzten Geldstück in der Hand sah und ihn fragte, ob das nicht für ihn bestimmt sei. Und Guiduccio gab es ihm.*

Mithin konnte Luigi sich kein Los kaufen. Am Tag der Auslosung wartet er still und schweigsam, daß der Pfarrer das Los entrollt und den Namen des glücklichen Gewinners verliest, der mit Sicherheit nicht er sein kann. Doch völlig unerwartet nennt Padre Sparma mit lauter Stimme und sehr deutlich seinen Vor- und seinen Nachnamen: Luigino Pirandello.

Der wirkliche Name ist der eines anderen. Bewußt hat Padre

Sparma einen Betrug inszeniert, in der Hoffnung, daß der Einzug der kleinen Madonna ins Haus Pirandello das Wunder vollbringt, diese Familie mit den ›Dingen Gottes‹ zu versöhnen, wie man das nannte, und damit den Besuch der heiligen Handlungen der Kirche meinte.

Bei dem Jubel, der daraufhin unter allen Gläubigen ausbrach, wurde Guiduccio zunächst glühend rot, dann kreidebleich, runzelte die Brauen über den großen, erregten Augen, begann verkrampft am ganzen Leibe zu zittern, versteckte das Gesicht zwischen den Händen, huschte hin und her, um sich dem Zugriff der Frauen zu entwinden, die ihn küssen und beglückwünschen wollten, und dann rannte er fort aus der Kirche, fort, nur fort, flüchtete nach Hause, stürzte Mutter in die Arme und brach in ein frenetisches Weinen aus.

Die Aufregung des kleinen Luigi erreicht ihren Höhepunkt, als er die Trommelklänge der Prozession näherkommen hört, die sich eigens gebildet hatte, um die kleine Statue zu ihm nach Hause zu führen.

»Es ist nicht wahr! Es ist nicht wahr! Ich will sie nicht! Schickt sie wieder fort! Es ist nicht wahr! Ich will sie nicht!«

Um den Kleinen zu beruhigen, der wie ein vom Wind gepeitschter Baum zittert, gibt Signora Pirandello Anweisung, daß die kleine Statue wieder in die Kirche zurückgebracht werden soll.

Doch der nicht wiedergutzumachende Schaden ist bereits erfolgt.

Unter Schluchzen wird dem kleinen Luigi wieder einmal klar, daß er ins falsche Haus gekommen ist: seine Familie kann keine sein, in der man Lügen und Täuschungen einsetzt, um bestimmte Ergebnisse zu erreichen. Den Glauben hat er für immer verloren.

Und Jahre später wird er in Bonn, auf der Universität, wo er studiert, in den Fragebogen, der die persönlichen Daten aller Immatrikulierten erfaßt, unter der Rubrik ›Religion‹ schreiben: ›Atheist‹.

Die Frage

Während Don Stefano wegen seiner Geschäfte in Palermo festgehalten wird, erkrankt Donna Caterina schwer und bekommt hohes Fieber. Ihre Schwester Concettina, die ebenfalls in Girgenti wohnt, kommt mit einer Kutsche und bringt die Kranke und die kleinen Mädchen zu sich nach Hause. Luigi bleibt mit dem Hausmädchen in der Via San Pietro. Wenn Maria Stella hinausgeht, um einzukaufen, nimmt sie den kleinen Luigi mit.

Eines Morgens, als sie vom Markt zurückkommen, haben, gleich nach der Einbiegung in die Via San Pietro, zwei kleine Jungen Maria Stella schweinisches Zeug gesagt. Sie ging zwar schneller, konnte aber wegen des kleines Luigi, den sie an der Hand hielt, nicht laufen.

Einer der beiden war ein paar Schritte vorausgelaufen, hatte sich dann umgedreht und, während er das Mädchen scharf ansah, eine Hand an den Schritt seiner Hose geführt.

»Na, willste dir meinen Schwanz angucken, Bella?« fragte er sie im Dialekt.

Lachend hatte er die Arme ausgebreitet und angefangen, die Hüften vor- und zurückzubewegen:

»Willste dir meinen nicht reinstecken?«

Jetzt fing Maria Stella an, laut zu schreien, und die beiden Jungs machten sich blitzschnell aus dem Staub.

Jeden Abend, wenn der kleine Luigi schlafen ging, setzte sich das Hausmädchen an sein Bett und erzählte ihm eine Geschichte. Am Abend dieses Ereignisses hatte sie nicht einmal Zeit, den Mund aufzumachen, als der Kleine sie schon fragte:

»Was meinte der mit ›reinstecken‹?«

Trotz des schwachen Lichts, das die Lampe auf dem Nachttisch abgab, konnte der kleine Luigi bemerken, daß Maria Stella schlagartig errötet war.

Und sie antwortete im Dialekt: »Junger Herr, stellen Sie mir keine solchen Fragen.«

»Doch, ich stell' sie dir aber. Was meinte der mit ›reinstecken‹?«

Maria Stella schlug die Hände vors Gesicht, dann bekreuzigte sie sich und entschloß sich zu antworten.

»Das ist etwas, das ein Mann und eine Frau machen, wenn sie verheiratet sind.«

Der kleine Luigi gab sich nicht zufrieden, er bombardierte sie mit Fragen. Und Maria Stella, die inzwischen zu einer Feuerlohe geworden war und wegen ihrer Errötung fast schon mehr Licht gab als die Lampe, machte weiter mit ihren Erklärungen, so gut sie dazu in der Lage war.

Irgendwann sagte der Junge, jetzt sei er müde. Das Hausmädchen gab ihm einen Kuß auf die Stirn, löschte die Lampe und ging, von dieser Pein endlich befreit, eilig aus dem Zimmer.

Doch der kleine Luigi hatte gelogen, es stimmte nicht, daß er schlafen wollte, er wollte nur alleine sein, um nachzudenken, immer wieder nachzudenken über das, was er gerade eben gehört, was er gerade eben gelernt hatte. Und je öfter er in Gedanken darauf zurückkam, um so deutlicher spürte er in seiner Magengrube eine schwere Last.

Nach einer Stunde, während der es ihm sehr schlecht ging, stand er hurtig auf, ging zur Toilette und übergab sich. Vielleicht waren ja die Meerbarben, die Maria Stella zum Abendessen für ihn zubereitet hatte, nicht frisch gewesen.

Die Übertretung

Am nächsten Vormittag kam Tante Concettinas Hausmädchen und teilte mit, daß Donna Caterina wieder gesund sei und am folgenden Samstag nach Hause zurückkehren würde. Der kleine Luigi wußte nicht, ob er Freude oder Bedauern über diese Nachricht empfinden sollte: wenn die Mutter zurückkäme, würde er morgens nicht mehr mit Maria Stella zum Markt gehen, andererseits fing die Abwesenheit der Mutter an, ihn zu belasten. Er überlegte schnell: bis zur Rückkehr der Mutter würden ihm noch drei Tage einer relativen Freiheit bleiben.

Während der Abwesenheit ihrer Herrin hatte Maria Stella die Gewohnheit angenommen, sich gleich nach dem Mittagessen hinzulegen und zu schlafen, und der kleine Luigi nahm diese Gelegenheit wahr, um vorsichtig die Fensterläden einen Spalt breit zu öffnen und zu beobachten, was auf der Straße vor sich ging.

Freitagmorgen gingen sie frühzeitig zum Markt, wo das Hausmädchen, angesichts der Rückkehr von Donna Caterina und den anderen Kindern, mehr als sonst einkaufte. Nachdem sie wieder zurück waren, sagte Maria Stella, Luigino solle in seinem Zimmer bleiben: sie müsse gründlich sauber machen, die Möbel abstauben und den Fußboden aufwischen. Sie wollte, daß ihre Herrin bei ihrer Rückkehr das Haus blitzblank vorfand. Luigino gehorchte, und als er hörte, daß das Hausmädchen im Wohnzimmer angefangen hatte zu singen, öffnete er die Fensterläden ein ganz klein wenig und schaute hinaus.

Er sah einen alten Mann vorübergehen, der hinkte und eine Ziege hinter sich herzog, die ebenfalls hinkte, einen Karren mit einem Lenker, der auf einem Auge blind war, einen armen Mann, dem ein Arm fehlte, und einen Hund, der, abgesehen von seiner Räude, der einzige zu sein schien, an dem alles vorhanden war.

Dann sah er eine Art von Prozession, die näherkam.

Zwei Männer trugen eine Bahre, auf der, in ein schwarzes Laken gewickelt, eine menschliche Gestalt lag. Dahinter ging einer, der eine Uniform trug.

Vor der Türe des Turms blieb die Wache stehen, zog einen Schlüssel aus der Tasche und öffnete. Alle verschwanden dort hinein. Kurze Zeit später kamen die Männer wieder heraus, sie hatten die Bahre bei sich und das Laken. Doch die Wache verschloß die Türe nicht, nachdem er ihre Flügel zugezogen hatte, vielleicht weil er von einem der Bahrenträger abgelenkt wurde, der ihm etwas sagte. Dann gingen sie weg.

Der kleine Luigi spürte, wie sein Herz zu pochen anfing. In dem Turm lag ein Toter. Und er mußte ihn sehen, er mußte wissen, wie ein Toter aussieht. Diese Gelegenheit durfte er sich nicht entgehen lassen. Er hatte gelernt, vom Sonnenstand über dem

Kirchturm die Uhrzeit abzuschätzen: jetzt war es mehr oder weniger zehn Uhr vormittags.

Die einzige Möglichkeit, auf die Straße zu gehen und sich den Toten im Turm anzuschauen, bestand für ihn nach dem Mittagessen, wenn Maria Stella sich hinlegte, von zwei bis drei.

Wie sollte er diese vier Stunden bis dahin nur verbringen? Und wenn sie vorher wiederkämen und den Toten forttrügen, um ihn zu beerdigen? Besser nicht daran denken. Er versuchte, die Hausaufgaben zu machen, die der Hauslehrer ihm gegeben hatte, aber er hatte überhaupt keine Lust, er war nicht bei der Sache. Gegen zwölf Uhr ließ er es bleiben, was sollte es schon, wenn der Lehrer ihm eine Standpauke hielt. Angezogen wie er war, warf er sich aufs Bett.

Die, die auf schlimme Weise sterben, hatte ihm Maria Stella erklärt, verwandelten sich fast immer in eine arme Seele, einen Geist. Und der, der da im Turm lag, war ganz sicher auf schlimme Weise gestorben. Der kleine Luigi wünschte sich, daß er ihn genau in dem Augenblick sehen könnte, in dem er sich von einem Toten in einen Geist verwandelte. Würde er rechtzeitig da sein?

Von dem Essen rührte er nichts an, obwohl das Hausmädchen ihm Pasta mit geriebenem Käse und fritierten Gamberi zubereitet hatte, Dinge, die er sehr mochte. Maria Stella war besorgt: ausgerechnet jetzt, wo Donna Caterina heimkehrte, sollte der Kleine krank werden?

»Signorino, geht es Ihnen nicht gut?«

Kaum hatte Maria Stella sich hingelegt, war Luigino auch schon auf der Straße. Alleine war er erst einige Male dort gewesen, und die Male konnte man an den Fingern einer Hand abzählen, und dann auch nur, um den Weg vom Haus zur Kirche zurückzulegen, wobei ihn die Mutter vom Balkon aus beobachtete. Ein bißchen mulmig war ihm schon zumute, aber das war nur ein Augenblick. Er mußte den Toten von Angesicht zu Angesicht sehen, etwas anderes kam nicht in Frage. Die Straße war zu dieser Zeit menschenleer, er überquerte sie und stand vor dem kleinen Tor zum Turm.

Er hatte richtig gesehen: die Türe sah verschlossen aus, war es
aber nicht, die Türflügel waren nur beigezogen. Er hob einen Arm,
legte die Hand auf das warme Holz, auf das die Sonne prall nie-
derschien. Und in dieser Haltung blieb er einen Augenblick stehen. Er wußte es sich nicht zu erklären, doch er fühlte, daß das,
was er im Begriff stand zu tun, wichtig für sein Leben sein würde:
sobald er das kleine Tor öffnet, wird sich in seinem Leben etwas
für immer verändern. Er drückte leicht und wunderte sich, daß
das Tor kein Geräusch machte, er öffnete es gerade so viel, wie
nötig war, um hindurchzuschlüpfen, und ging hinein.

Zuerst sah er nichts, geblendet von dem Gegensatz zwischen
dem Licht draußen und dem Dunkel drinnen. Er blieb mit dem
Rücken zum Tor stehen und wartete ab, bis er wieder etwas sehen
konnte. Aber das kostete zu viel Zeit, und Zeit war etwas, das er
nicht hatte. Was, wenn, nur einmal angenommen, Maria Stella auf
der Suche nach ihm war? Er mußte sich beeilen.

Er streckte beim Gehen die Arme aus, wurde aber durch ein
Hindernis aufgehalten, das sich in Höhe seines Bauches befand.

Jetzt sah er verhältnismäßig gut. Er war gegen eine Holzbank
gestoßen, die lang war und breiter als normal. Auf sie hatte man
den Körper gelegt. Doch bevor er ihn noch richtig sah, nahm der
kleine Luigi den Gestank wahr, der von dieser Leiche ausging, etwas, das halb nach verfaultem Obst und halb nach Toilette roch,
nachdem man sein Bedürfnis verrichtet hatte. Es schlug ihm auf
den Magen.

Er strengte sich an und sah genau hin.

Das Licht war schwach, es fiel durch einen Spalt oben in der
Turmmauer. Wer weiß warum, aber das erste, was ihm auffiel, waren die Schuhe ohne Schnürsenkel, klobig wie die von Bauern
und verschlissen. Dann der Kopf, völlig kahl, ohne auch nur eine
Andeutung von Haar. Und der Gesichtsausdruck: reglos, die Augen waren geschlossen, doch der Mund stand offen, war zu einem
schrägen Grinsen verzogen und zeigte lange, gelbe Pferdezähne.
Der Bart: ein struppiges Schwarz-Weiß. Ein Arm berührte den
Boden mit der Hand, der andere war über der Brust verschränkt.

Luigino war enttäuscht: das da war ein Toter? Ein ›Etwas‹, das stank, ein träges Gewicht (*ein schauerliches Hindernis* wird er viele Jahre später schreiben).

Und genau in diesem Augenblick hörte er ein Flügelrauschen. Eine Taube, ganz sicher. Und fast so, als hätte er das Bedürfnis nach etwas mehr Lebendigem verspürt, richtete er die Augen nach oben, zur Decke, die völlig aus den Fugen war. Er besaß zwar den scharfen Blick eines Jungen von wenig mehr als zehn Jahren, doch sosehr er sich auch bemühte, er konnte die Taube nicht sehen. Indessen ging dieses Flügelrauschen nicht nur weiter, sondern nun war auch noch ein Gurren dazugekommen, eines, das ganz dem von Tauben entsprach. Und wenn sich die Taube nun doch nicht dort oben befand, zwischen den Deckenbalken, sondern auf die Erde gestürzt war und einen gebrochenen Flügel hatte? Luigino senkte den Blick und schaut sich nach allen Seiten um.

Da sah er sie. Einen Mann und eine Frau, sie mußte eine Dame sein, denn sie trug einen Hut, und die beiden tanzten einen eigentümlichen Tanz. Sie stand, im dunkelsten Teil des Turms, mit dem Rücken zur Wand und hielt ihren Rock und ihren gestärkten Unterrock hoch. Und das war es, was Luigino mit dem Flügelrauschen verwechselt hatte, das leichte Schleifen, das jedesmal zu vernehmen war, wenn der Mann, der die Frau in seinen Armen hielt, seinen Körper gegen ihren stieß. Und das Taubengurren drang verhalten aus dem Mund der Frau, die ihre Augen schlitzartig verengte, dann schloß, mit einem glückseligen Lächeln auf den Lippen. Und auch der Mann schien bei jedem Stoß, den er während dieses seltsamen Tanzes ausführte, Schmerz zu empfinden, denn mitunter machte er »Ah! Ah!«, einen Klagelaut, als würde er leiden.

Luigino stand da und sah ihnen eine Weile zu, seine Blicke hierhin und dorthin richtend.

Wieso tanzten die beiden da vor einem Toten und waren so in ihrem Vergnügen aufgegangen, daß sie nicht einmal merkten, daß jemand da war, auch wenn der nur ein kleiner Junge war, der sah, was sie da machten?

Dann kam es ihm vor, als würde der Fensterspalt plötzlich aufgerissen, als würde ein Erdbeben vorüberziehen, und ein blendendes Licht drang in den Turm. Luigino fühlte seine Knie weich werden, es durchfuhr ihn fröstelnd, als er begriff, daß dieser Mann da und diese Frau gar nicht tanzten, sondern das machten, was Maria Stella ihm vor zwei Abenden erklärt hatte. Und sie waren mit Sicherheit auch nicht verheiratet, denn das Hausmädchen hatte ausdrücklich darauf bestanden, daß ein verheiratetes Paar diese Dinge nur bei Nacht in ihrem Schlafzimmer mache.

Er ging vorsichtig rückwärts, öffnete das Tor, kehrte in sein Zimmer zurück und schlüpfte ins Bett. Er merkte, wie er Fieber bekam, der Gestank des toten Körpers war in seine Haut gedrungen.

Das Brandmal

Das, was er in dem kurzen Augenblick, den er dort war, im verfallenen Turm gesehen hat, wird Luigi für sein Leben zeichnen.

Leonardo Sciascia schreibt:

»Immer wird die Liebe bei Pirandello diesen Geruch von Tod haben. Nicht die Vorstellung von Tod, sondern die physische verwesende Gegenwart des Todes … Und niemals gibt es eine Frauengestalt, die, so schön sie auch sein mag, der Autor nicht mit einem mehr oder minder offensichtlichen Hauch von Widerwärtigkeit ausstattet.«

Widerwärtigkeit, die bisweilen auch mehr ist, ein nicht nur auf die Frau beschränktes Entsetzen, sondern auf den Körper an sich, und wenn es eine Anziehung gibt, ist es eine ›Anziehung des Ekels‹, die unvermeidlicherweise in den Abscheu vor der gegenseitigen Besudelung mündet.

Nach und nach war der Abscheu vor seinem Körper, den sie in all jenen unauslöschlichen Bildern sah, die während des Bekenntnisses seiner Schändlichkeiten in ihrer Phantasie erwacht waren, Abscheu vor ihrem eigenen Körper geworden (aus: Die Pein, so zu leben; La pena di vivere così).

Und weiter:

Da stand sie vor mir; mit einer Hand packte sie meine Haare; sie setzte sich auf meine Knie, ich spürte das Gewicht ihres Körpers. Wer war sie? Kein Zweifel in ihr, daß ich wußte, wer sie sei. Und ich fühlte unterdessen das Entsetzen vor ihren Augen, die mich gespannt und völlig sicher ansahen; Entsetzen vor ihren kühlen Händen, die mich berührten, in der Gewißheit, daß ich wäre, wie ihre Augen mich sahen; Entsetzen vor diesem gesamten Körper, der mir auf den Knien lastete, zuversichtlich über die Hingabe, die er mir von sich gewährte …

Aldo Giorgio Gargani hat geschrieben, daß »niemand so sehr dem Tod unausgesetzt von Angesicht zu Angesicht gegenübersteht wie ein kleines Kind«, auch wenn das Kind die Bedeutung des Wortes ›Tod‹ notgedrungen erst sehr viel später verstehen lernt.

Doch in diesem Fall kann die chronologische Abfolge nur bestritten werden, denn Luigino befindet sich gleichzeitig vor dem Wort und seiner Bedeutung. Und ebenso vor der in diesem Zusammenhang stehenden Profanierung des Todes durch das Leben, eine Profanierung, die ihr Ziel uneingeschränkt erreicht, das darin besteht, den Tod selbst als etwas Schmutziges erscheinen zu lassen, und gleichzeitig, wie das bei kommunizierenden Röhren geschieht, läßt diese Schmutzigkeit die provozierende Geste, nämlich den Geschlechtsakt, verblassen und befleckt sie.

Etwas, das nichts mit der Eros-Thanatos-Beziehung zu tun hat.

Im Leben ebenso wie im Tod wird der Körper zu *einem schauerlichen Hindernis*, ohne jede Heiligkeit in der Art und Weise, wie er lebt und wie er stirbt.

Im Grunde glaubt der Sizilianer, daß der Tod ein ›Faktum‹ oder nur wenig mehr ist, eigentlich glaubt er nicht an sein ›Mysterium‹. Den Sizilianer interessiert allerdings die Form, fast würde ich sagen: die Förmlichkeiten des Todes, der Ritus, das Gepränge, die Beisetzungszeremonien, mit einem Wort: die Inszenierung, die Darstellung des Todes.

In seinen Romanen und Novellen verweilt Pirandello oft bei den nicht eben angenehmen Details eines verwesenden Körpers, gelegentlich steigert sich das bis zum Spott.

Wie in der Novelle *Der große Verblichene (L'illustre estinto)*, wenn sich die höchsten Notabeln der Politik, vom Regierungschef abwärts, auf den Weg machen, um dem Leichnam des Abgeordneten Costanzo Ramberti, des Verblichenen von hohem Ansehen, die letzte Ehre zu erweisen.

Nur geschah ausgerechnet im feierlichsten Augenblick, als der Parlamentspräsident, der Ministerpräsident und alle Minister und Staatssekretäre, die Abgeordneten und die Menge der Neugierigen mit entblößtem Haupt den Aufbahrungsraum betraten, etwas, das der Abgeordnete Ramberti sich niemals auszumalen vermocht hätte. Etwas Entsetzliches in der beinahe heiligen Stille dieser Szene: ein plötzliches, unheilvolles, maßloses Grollen im Bauch des Toten, das wie ein Donner klang und alle Umstehenden erstarren ließ. Was war das gewesen?

»Digestio post mortem«, seufzte in würdigem Latein einer von ihnen, ein Arzt, kaum, daß er wieder ein bißchen Luft bekam.

Und die anderen starrten fassungslos auf den Leichnam, der sich das Gesicht mit dem Tuch bedeckt zu haben schien, um sich ohne Scham so etwas vor den höchsten Vertretern der Nation erlauben zu können. Und mit finsteren Gesichtern verließen sie alle den Aufbahrungsraum.

(Bevor diese Novelle in der Zeitschrift ›Lettura‹ veröffentlicht wurde, erfuhr sie eine unnachsichtige, wenn auch freundliche Zensur von seiten ihres Herausgebers Renato Simoni.)

Die Unumkehrbarkeit der Erfahrung des kleinen Luigi im Turm wird in einer bestimmten Weise noch totaler durch die Lehre, die er daraus zieht.

Er hatte eine Übertretung wagen wollen, diese Übertretung hat ihn die Bekanntschaft mit dem Tod machen lassen, mit der Sünde, mit dem Sakrileg (einem, das weitaus schwerwiegender war als ein paar Schüsse auf Kirchenglocken), doch diese Bekanntschaft hat sich automatisch als Strafe für eben diese Übertretung herausgestellt.

Kennen wollen, wissen wollen bekommt im Sizilianischen die Färbung von ergründen, erfragen. Und oftmals wendet sich die ergründete Wirklichkeit gegen den Ergründenden.

Schulwechsel

Wie man es so hält in den Familien ›zivilisierter‹ Menschen, was bedeutet: im mittleren Bürgerstand und dem Kleinbürgertum, wird auch Luigino nicht bei den staatlichen Schulen angemeldet (die privaten gehören religiösen Orden und kommen daher für Don Stefano nicht in Frage). Die ›zivilisierten‹ Menschen befürchten den Kontakt zwischen ihren Kindern und denen des einfachen Volkes, denen der Fuhrleute und Hafenarbeiter, die sich den Luxus erlauben können, einen Sohn auf die Schule zu schicken. Die Kinder der untersten Schichten, ans Leben auf der Straße gewöhnt, könnten den anderen ja unanständiges Zeug beibringen, ihnen schlimme Gedanken in den Kopf setzen.

Der kleine Luigi lernt zu Hause mit dem Lehrer Fasulo, den er so beschreibt (ihn aber Pinzone nennt):

Ich sehe ihn noch vor mir, gekleidet in elendes Grau, mit einem alten ausgeblichenen Hut …

Doch das eigentliche Elend bestand ganz sicher im Unterricht von Lehrer Fasulo, nicht so sehr in seiner Kleidung. Monatelang läßt er den Schüler die Hefte voller Striche zeichnen, und als der kleine Luigi, am Rand einer Nervenkrise stehend, rebelliert, verteidigt sich der Lehrer Donna Caterina gegenüber mit der wahrscheinlich wirklich ernst gemeinten Ansicht, daß der Kleine ihm ›begriffsstutzig‹ vorkomme. Die Mutter stellt sich auf die Seite des Lehrers, und auf Luiginos Proteste reagiert sie mit heftigen Schlägen auf seinen Hintern, womit sie nach dem volkstümlichen Sprichwort verfährt »Mit dem Hintern erlernt man den Buchstaben«, was bedeuten soll, daß man lesen und schreiben nur mit Schlägen auf den Hintern erlernt.

Wie um den bescheidenen Unterricht seines Lehrers Fasulo wettzumachen, möchte der kleine Luigi, sobald er dazu in der Lage ist, sich mit Lesen beschäftigen, doch die Bibliothek im Haus beschränkt sich insgesamt auf vier oder fünf Bände: die Bibel, *Die Schlacht von Benevent* und ein paar Romane von Walter Scott.

Und dies war, soweit es dazu dienen konnte, einer der vielen

Beweise für seine Überzeugung, daß er sich in einem vertauschten Haus befand.

»Die Erziehung, der Unterricht, die Vorbereitung auf das Leben für die Kinder gestalten sich nach einem clichéhaften Grundmuster, das von den Gewohnheiten festgelegt worden ist. Die persönlichen Neigungen werden geringer berücksichtigt als anderswo … in der entscheidenden Phase der Erziehung schafft der Widerspruch zwischen dem Willen der Eltern und den Neigungen der Kinder ernsthafte Schwierigkeiten, vor allem im Herzen eines jungen Menschen«, schreibt Sebastiano Aglianò, und genau so ist es auch für den kleinen Luigi gewesen.

Nach Abschluß des Grundschulpensums zu Hause wird Luigino von Don Stefano in die Oberrealschule von Girgenti eingeschrieben. Der Vater ist überzeugt, daß Luigi, mit einem Handelsdiplom in der Tasche, ihm konkret bei seiner Arbeit helfen kann.

In einem autobiographischen Fragment von 1893 wird Pirandello sich erinnern: *alle diese Zahlen, alle diese Regeln, diese ganze strenge Ordnung der Mathematik widerstrebten meinem Wesen.*

Es mag durchaus stimmen, daß Luigino sich in dieser *strengen Ordnung der Mathematik* nicht wohl fühlte, aber sicher ist auch, daß zu seiner Unzufriedenheit, in der Oberrealschule zu sein, sein verletzter Stolz beitrug, bei der Wahl der Schule völlig übergangen worden zu sein, und ein noch sehr viel wesentlicherer Grund: wenn er es sklavisch hinnahm, sich mit dem Willen und dem Wunsch Don Stefanos zu identifizieren, würde dies damit in bestimmter Weise die Zugehörigkeit zu dieser Familie besiegeln und dem vertauschten Sohn die Möglichkeit versagen, sich als solchen zu verstehen.

Er widmet sich mit außerordentlicher Strenge den ungeliebten Fächern, und so lernt er auf eine einem Wunder nahekommende Weise, sich in der Welt der Zahlen und Regeln zu bewegen, und zwar so gut, daß er die Halbjahresprüfung besteht.

Und hier sagt der kleine Luigi – entsprechend einer über lange Zeit zurechtgelegten Strategie – Don Stefano, er sei in Arithmetik durchgefallen, obwohl er dafür den väterlichen Zorn auf sich zog.

Der Mutter dagegen erzählt er die Wahrheit: er sei versetzt worden, habe aber das Bedürfnis, die Sommerferien nicht auf dem Land zu verbringen, sondern in Girgenti zu bleiben. Mit dem Geld, das Don Stefano ihm gibt, um den Arithmetiklehrer zu bezahlen, der ihn auf die Wiederholungsprüfungen vorbereiten soll, engagiert er einen Lateinlehrer, der ihn in die Lage versetzt, die Aufnahmeprüfung ins Gymnasium anzugehen. Donna Caterina spricht darüber mit ihrem Bruder Vincenzo, der in eben dieser Schule unterrichtet und – gleich bereit, an der Verschwörung teilzunehmen – seinen Neffen Unterricht bei Studienrat Zagara nehmen läßt.

Der kleine Luigi lernt den ganzen Sommer über, danach legt er die Prüfung für die Zulassung zur zweiten Gymnasialstufe ab, wodurch er die erste überspringt.

Und so befindet sich der kleine Luigi auf dem Gymnasium, während Don Stefano ihn weiterhin auf der Oberrealschule vermutet. Ein Doppelsieg: er hat, wenn auch über den Weg einer Täuschung, entscheiden können, welche Richtung er seinem schulischen Werdegang geben will und seine Andersartigkeit behaupten können.

Doch wie sein Freund und Klassenkamerad De Gubernatis bestätigt, hat Luigi im Gymnasium »nie den Beweis erbracht, über eine höhere Intelligenz zu verfügen«. In Aufsätzen bekommt er schwache Noten, so daß der Rektor am Ende des zweiten Trimesters ins Klassenbuch schreibt: »Darüber mit Professore Vincenzo Gramitto sprechen.« Was bedeutet: darüber mit dem Onkel sprechen, auf dem die Verantwortung lastet, ihn aufs Gymnasium gebracht zu haben.

Nach ein paar Monaten fragte Don Stefano seinen Sohn, wieso es komme, daß er ihm noch kein Zeugnis zur Unterschrift vorgelegt habe. Luigino wurde keineswegs kalt erwischt: an dieses Problem hatte er seit langem gedacht. Die Entschuldigung, die er vorbrachte, von Pirandello selbst als kraus bezeichnet, beruhigte den Vater, aber nur für kurze Zeit. Denn schon bald entdeckte Don Stefano den Betrug, bekam den gewohnten Zornesausbruch und zertrümmerte ein paar Möbelstücke. Diesmal war Luigino aber nicht allein: auf seiner Seite standen seine Mutter und Onkel Vincenzo. Der Vater gab auf und erlaubte Luigino, auf dem Gymnasium weiterzulernen.

Er wurde ein hervorragender Schüler, und das konnte auch nicht anders sein: er mußte Don Stefano schließlich beweisen, daß die eigene Wahl die richtige war, nicht die des Vaters.

Doch von der Geschichte des Schulwechsels gibt es eine ganz eigene Version, die genau in dem Augenblick beginnt, als der Vater dicht vor der Entdeckung des Betrugs steht.

Die imaginierte Flucht

»Wieso hast du mir noch nicht das Zeugnis gebracht?«

Seit langem hat sich Luigino darauf vorbereitet, diese Worte zu hören, und die Antwort hat er selbst vor dem Spiegel viele Male wiederholt. Doch als die Frage dann wirklich gestellt wird, hat sie die Kraft einer Explosion, eines Schusses mitten in die Brust. Er reißt sich zusammen, und es gelingt ihm, die Lüge auszusprechen, dabei blickt er dem Vater unverwandt scharf in die Augen, weiß, daß der Vater, wenn er den Blick abwendet, auf Anhieb die Täuschung begreift, die in der Familie gegen ihn angezettelt wurde. Aber er, der Vater, scheint von der Entschuldigung überzeugt zu sein, die sein Sohn ihm geliefert hat, und er beharrt nicht weiter. Doch so, wie Luigino diesen Fremden kennt, den alle seinen Vater nennen, weiß er, daß Don Stefano die Frage nur für den Augenblick beiseite gelassen hat und sie innerhalb der nächsten Tage ganz sicher noch einmal stellen wird. Wenn es dazu kommt, wird die Mutter ihn vor dem ungestümen Zorn dieses Mannes nicht schützen, das kann sie nicht.

Während der Nacht wirft er sich im Bett von einer Seite auf die andere. Auch wenn er bleiernen Schlaf auf seinen Augenlidern fühlt, kann er sie nicht zumachen, oder wenn es passiert, handelt es sich um kurze Augenblicke, in denen er in Schlaf sinkt, aber dann fährt er schlagartig wieder hoch und ist gezwungen, bei schweißgebadetem Körper die Augen weit aufzureißen.

Zwei, drei schlimme Nächte. Donna Caterina legt ihm morgens, als er mit diesem völlig verstörten Gesicht vor ihr erscheint, die Hand auf die Stirn, um zu sehen, ob ihr Sohn nicht etwa Fieber hat.

Am vierten Tag bringt Don Stefano einen Freund von Porto Empedocle zum Essen mit nach Hause, den Kommandanten eines Dampfschiffs, auf dem Waren transportiert werden. Diesen Mann hatte Luigino ins Herz geschlossen, jedesmal, wenn er in Porto Empedocle anlegte, wurde er eingeladen und brachte immer ein kleines Geschenk für Don Stefanos Kinder mit.

Während des Essens erfuhr Luigino zwei Dinge. Das erste war, daß Don Stefano am nächsten Morgen bei Tagesanbruch nach Caltanissetta reisen mußte, weil er dort geschäftlich in einer Mine zu tun hatte. Das zweite war, daß das von dem Gast kommandierte Schiff mit einer für Como bestimmten Ladung Schwefel am nächsten Tag nach dem Mittagessen um drei in Richtung Genua auslaufen würde.

Auch in dieser Nacht macht Luigino kein Auge zu, diesmal allerdings, um die Einzelheiten der Flucht von zu Hause auszuarbeiten, die ihm als die einzige Lösung des Problems vorkommt.

Am nächsten Morgen, nachdem er sich von seiner Mutter verabschiedet hat, geht er zur Schule, doch dann nimmt er die Abkürzung, die ihn in einer halben Stunde zu Fuß nach Porto Empedocle führt.

Um halb zehn steht er vor dem Freund der Familie, dem Kommandanten, und bittet ihn, ihn an Bord zu nehmen, er wolle nach Genua reisen und Verwandte besuchen, die die Pirandellos dort hatten.

Der Kommandant erwidert, daß er nichts dagegen habe und die Sache arrangiert werden könne, doch:

»Ist dein Vater einverstanden?« fragt er.

»Mein Vater weiß nichts davon«, antwortet Luigino. »Und er darf davon auch nichts wissen. Ich will ihn überraschen.«

Der Kommandant schaut ihn sprachlos an.

»Was fällt dir denn ein? Wie kannst du glauben, daß ich so etwas tue, ohne mit Don Stefano zu reden, der doch mein Freund ist?«

Es war nichts zu machen. Luigino konnte ihn nicht umstimmen. Er mußte wieder die Abkürzung nach Girgenti nehmen, die unentwegt anstieg, und diesmal wurde ihm der Anstieg schwerer als sonst. Doch genau auf diesem Weg fiel ihm eine mögliche Lösung ein. Da feststand, daß die Flucht von zu Hause der einzige Weg war, gab es noch eine andere Möglichkeit, auch wenn sie noch gewagter war.

Er aß mit der Familie bei Tisch, so wie an allen anderen Tagen auch. Und wie an allen anderen auch, lernte er nach dem Mittagessen. Dann aß er zu Abend und legte sich schlafen. Während der Nacht stand er auf, steckte in einen kleinen Koffer einen Anzug und ein bißchen Unterwäsche, öffnete die Wohnungstüre, stieg die Treppe im Dunkeln hinunter, versteckte den kleinen Koffer in einem Kabuff unter der Treppe, kehrte wieder zurück und legte sich hin.

Bevor Don Stefano sich auf die Reise machte, hatte er ihm den wöchentlichen Betrag vorausgezahlt, und Luigino hatte eisern das Geld gespart, das der Vater ihm an den vorausgegangenen Tagen gegeben hatte.

Am nächsten Tag verließ er das Haus so wie immer, um zur Schule zu gehen, in dem Kabuff unter der Treppe tauschte er die Bücher gegen das Köfferchen aus und eilte zum Bahnhof. Dort gab es einen Zug, der innerhalb der nächsten halben Stunde nach Palermo fahren sollte. Er kaufte ein Billett und verschwand in einer Toilette, aus Angst, er könnte jemanden treffen, der seine Familie kannte.

Er hatte mindestens fünf Stunden vor sich, bevor man seine Flucht zu Hause bemerken würde: gerade so viel Zeit, wie er brauchte, um nach Palermo zu kommen, wo er vorher nur ein einziges Mal gewesen war, als kleiner Junge.

Gleich vor dem Bahnhof von Palermo machen ihm der Verkehr der Fuhrwerke und die Stimmen der Menschen einigermaßen angst, er hat den Mut eines Esels und den eines Löwen, er weiß nicht, ob er mit dem nächsten Zug wieder nach Girgenti zurückfahren oder weiter auf seiner Flucht bleiben soll. In seiner Phantasie taucht sein Vater wie der homerische Polyphem auf, der ihn lebendig verschlingt. Er fragt, in welcher Richtung der Hafen liege: er weiß, daß das Schiff des befreundeten Kommandanten, das von Porto Empedocle in See gestochen ist, in Palermo Zwischenstation machen muß.

Er läuft die Kais ab, schließlich sieht er das Schiff, das gerade in diesem Augenblick eingelaufen ist. Es wird noch am selben Abend weiterfahren: dies ist die letzte Gelegenheit, die ihm verbleibt, er muß das Spiel jetzt gut spielen. Er geht nicht gleich an Bord, er will nicht, daß der Kommandant ihn ausgelaugt und nervös sieht. Er verbringt an die zwei Stunden in der Nähe, kauft sich Brot und Brei aus Kichererbsen, um den Hunger unter Kontrolle zu halten, und danach, mit einem rosigeren Gesicht, tritt er dem Kommandanten gegenüber.

»Papa hat mir die Erlaubnis gegeben! Er selbst hat mich auf den Zug gesetzt!«

Der Kommandant kennt Luigino, er hat immer gesehen, wie er sich im Hause Pirandello verhält: ein verständiger, gehorsamer Junge, respektvoll gegenüber dem Vater. Außerdem weiß er, daß die Sache mit den Verwandten in Genua stimmt. Er beruhigt sein Gewissen und läßt Luigino einschiffen, ohne seine Anwesenheit an Bord den Hafenbehörden mitzuteilen.

Er wird in der Kabine des Kommandanten als Gast aufgenommen. Dort steht ein Etagenbett mit jeweils zwei Schlafplätzen.

In der ersten Nacht versinkt Luigino in einen bleiernen Schlaf, wohl wegen der Unvertrautheit des Ortes, der Müdigkeit, vielleicht auch wegen der nachlassenden nervösen Spannung, vielleicht aber auch wegen der Zufriedenheit, daß es ihm gelungen ist, dem väterlichen Zorn zu entgehen. In der zweiten Nacht übermannt ihn, gerade als er die Augen zumachen will, der Gedanke an die Mutter, an die schreckliche Sorge, die er ihr bereitet. Diese Nacht verbringt er wachend. Das Schlimmste aber kommt in der folgenden Nacht, als er die Tränen nicht mehr zurückhalten kann. Von Schluchzen geweckt, gewinnt der Kommandant gleich die Überzeugung, daß die Dinge sich nicht so verhalten, wie Luigi sie ihm erzählt hat. Er überhäuft ihn mit Fragen, und der Junge erzählt ihm endlich die Wahrheit.

Gleich nach dem Anlegen des Schiffes in Genua, telegraphiert der Kommandant Don Stefano. Es ist ein langes Telegramm, in dem der arme Mann erklärt, wie Luigino ihn durch eine Täuschung überzeugt habe und die Absicht verfolge, die Schule in Como weiterzumachen, wo weitere Verwandte wohnen. Don Stefanos Antwort fällt völlig anders aus, als die beiden es erwarten: der Vater ist einverstanden, daß Luigino nach eigenem Gutdünken weitermachen soll.

In Como blieb Luigino bis zur dritten Gymnasialstufe. Danach kehrte er nach Sizilien zurück, genauer gesagt nach Palermo, wohin die Familie inzwischen umgezogen war, um dort seine höhere Schulausbildung weiter zu betreiben.

Eine Variante

Diese Geschichte von der Flucht mit dem Schiff vor dem Zorn des Vaters erzählte Luigi Pirandello in den letzten Jahren des 19. Jahrhunderts, als er bereits Schriftsteller war, mit vielen Einzelheiten seinem Freund Pio Spezi. Dieser machte sie vierzig Jahre später, aus Anlaß der Verleihung des Nobelpreises an Pirandello, in einer römischen Tageszeitung bekannt. Pirandello reagierte entrüstet und dementierte die gesamte Grundhaltung dieser Geschichte. Spezi war darüber enttäuscht, denn diese Geschichte hatte ihm der junge Pirandello selbst erzählt. Tatsache ist, daß die Flucht zu Schiff nur eine phantastische Variante war: es ist absolut gesichert, daß der kleine Luigi sich nicht heimlich einschiffte, es ist absolut gesichert, daß er seinen Fuß nicht ins Gymnasium von Como setzte. Das beweisen die Klassenbücher des Gymnasiums von Girgenti.

Also, warum dann? Die Erzählung hat zahlreiche Brüche: unter anderem präsentiert sie uns einen leichtgläubigen Kommandanten, der aber niemals den minderjährigen Sohn eines Freundes heimlich eingeschifft hätte. Doch der offensichtlichste Bruch, der vor allem den phantastischen Charakter der Variante bloßlegt, tritt in der Nachgiebigkeit Don Stefanos angesichts der Flucht und der Entschlossenheit des kleinen Luigi zutage, seine schulische Weiterbildung in Como fortzuführen.

In der Erzählung biegt Luigino den Willen des Vaters für seine Bedürfnisse zurecht, der vertauschte Sohn beweist, daß er zu völliger Autonomie in der Lage ist, die den Beginn des Weges zu seiner Selbstentdeckung darstellt. Vierzig Jahre später ist die Beziehung zum Vater eine andere geworden, eine wesentlich andere, und Pirandello erkennt sich in der phantastischen Variante nicht mehr wieder.

»Barbar«

Im Hause Pirandello wurde, wie gesagt, nicht gelesen. Der junge Luigi aber, schon frühzeitig von Büchern angezogen, entdeckt in unmittelbarer Nähe der elterlichen Wohnung einen Papier- und Buchladen, in dem man Romane als Einzelhefte in Fortsetzungsfolge kaufen kann. Das Geld, das der Vater ihm wöchentlich gibt, fließt zum großen Teil hierhin. So stößt Luigino auf eine Tragödie, die erste in seinem Leben. Sie trägt den Titel *Eufemio von Messina*. Er ist völlig fasziniert davon, eine Faszination, die weitaus größer ist als die, die vom sizilianischen Puppentheater ausgegangen ist, in dem die Heldentaten der Paladine am Hofe Karls des Großen dargestellt werden, allen voran Orlando und Rinaldo, die in rauchgeschwängerten, vom einfachen Volk besuchten Sälen aufgeführt wurden. Aber die, die dort spielten, waren keine Schauspieler aus Fleisch und Blut, sondern Puppen aus Holz, angetan mit Rüstungen aus Blech. Unter dem Eindruck der Lektüre der in dem Papierladen gekauften Tragödie schreibt der zwölfjährige Luigi selber eine und gibt ihr den Titel *Barbar*. Er könnte an diesem Punkt aufhören, sein Werk vorlesen oder vorlesen lassen und sich an den unweigerlich folgenden Lobeshymnen der Verwandten und Freunde ergötzen. Doch Luigi weiß bereits in diesem Alter, daß nur mit einer Aufführung der Text realisiert wird, wenn die zu Papier gebrachten Figuren einen Körper annehmen, der ihnen von einem Schauspieler geliehen wird, wenn ein Schauspieler sich seiner selbst entledigt, um ein anderer zu werden.

Allerdings freiwillig. Nicht etwa durch eine ahnungslos auf sich genommene Verwandlung.

Jedenfalls würde die Beobachtung des Phänomens der Verwandlung ihm möglicherweise Erkenntniselemente über den noch nicht gelösten Knoten seiner Geburt liefern können.

Im Garten des Hauses oder in der Bogenhöhlung einer Mauer (wir wissen nichts Sicheres über den Ort) findet er einen Raum, der von sich aus bereits einen szenischen Raum darstellt. Er lädt Familienangehörige und Schulkameraden ein und bringt seinen *Barbar* auf die Bühne. Wir wissen nichts darüber, wie es ausgegangen ist. Doch das ›Drängen‹ des Theaters hörte damit nicht auf. Die Vorstellungen gingen mit anderen Texten weiter, unter diesen wohl auch ein Goldoni.

Über diese Zeit der Hinwendung zum Theater wissen wir nur wenig. Doch dieses Wenige umreißt teilweise bereits das Verhältnis, das Pirandello viele Jahre später zu den Schauspielern haben wird.

Mit zwölf Jahren forderte er bereits höchste Disziplin. In der für die Aufführung des *Barbaren* geschaffenen Theatertruppe gibt es einen Schulkameraden, der immer zu spät zu den Proben kommt und den Anweisungen des gleichaltrigen Regisseurs keine Folge leistet. Und der sehr junge Luigi nimmt ihm die Rolle weg und jagt ihn davon. Der rausgeworfene Schauspieler rächt sich, indem er während der Vorstellung das Publikum bepinkelt.

Die andere unverrückbare Forderung ist, daß die Schauspieler ihren Text auswendig können müssen. Als er sehr viele Jahre später über die Gründung eines eigenen Theaters nachdenkt, sagt er zu Dario Niccodemi:

Wenn ich einmal inszenieren werde, müssen die Schauspieler ihre Rollen erarbeiten und auswendig lernen.

Sie müssen hart arbeiten, bei sich zu Hause, alleine, in der Stille, in der Meditation. Und wenn sie auf die Bühne kommen, dürfen sie keine Schauspieler mehr sein, sondern die Gestalten des Stücks ... jetzt ist das nicht möglich. Der Schauspieler spiegelt sich im Souffleur wider und muß sich gezwungenermaßen grotesk vorkommen ... Er kann keine Theaterperson sein, sondern bleibt Schauspieler ...

Palermo – Porta di Castro

Don Stefano weiß, wie er seine Geschäfte machen muß und verdient gut. Er hat eine Familie, der er es an nichts mangeln läßt. Doch eines schönen Tages schließt er einen Pakt mit Bellavia und Contino ab, Verwalter einer Schwefelmine im Inneren der Insel, die sich als wortbrüchig erweisen: nachdem sie von Don Stefano einen beachtlichen Vorschuß erhalten haben, erklären sie ein paar Tage darauf den Bankrott. Don Stefano, der formal ihr Gesellschaftspartner ist, verliert alles Geld, das er hat, annähernd sechshunderttausend Lire nach damaligem Wert, eine gigantische Summe. Die Familie Pirandello stürzt ins Elend, an manchen Tagen fehlt gar das Geld, um etwas zu essen zu kaufen. Da wendet sich Don Stefano an den ältesten Bruder, jenen Felice, der sich durch Betrug das gesamte väterliche Vermögen angeeignet hat, und bittet ihn um Hilfe. Das ist ein Schritt, den er ganz sicher nicht mit Begeisterung tut: Felice überträgt Stefano die Geschäftsführung eines Schwefellagers in Porto Empedocle. Theoretisch hätten die Pirandellos also weiterhin in der Via San Pietro in Girgenti wohnen bleiben oder schlimmstenfalls wieder nach Porto Empedocle umziehen können. Doch Felice verlangte, daß der Bruder sich wöchentlich nach Palermo begeben sollte, um ihm so etwas wie einen systematischen Bericht über den Gang der Geschäfte zu erstatten. Daraufhin entscheidet Don Stefano, sich mit seiner gesamten Familie in Palermo niederzulassen.

Er mietet das Erdgeschoß einer zweistöckigen kleinen Villa in der Via Porta di Castro, hinter dem Königlichen Palais, in der arabischen Galka (al-halqah bedeutet im Arabischen ›Stadtmauer, Umfriedung‹), also im Herzen der Stadt.

Für den dreizehnjährigen Luigi ist der Umzug traumatisch.

Er sah sich wieder als kleiner Junge, wieder an der Hand der Mutter, all diese abschüssigen Gassen hinaufgeschleift und heruntergeschleift werden, Gassen, die mit Flußsteinen gepflastert waren wie Betten von Wildbächen und alle im Schatten lagen, eingeengt von Häusermauern gleich vor einem, Gassen mit einem bißchen Himmel, den man in ihrer Enge sehen konnte, sich dabei den Hals verrenkte und ihn dann doch nicht zu sehen bekam …

Von den abschüssigen Gassen Girgentis in das Palermo, wie es sich Donna Mimma darstellt, eine seiner Theaterfiguren:

Das eine Piazza? Wieviel Grandezza! … Zwischen all diesen Palais Alpträume von riesenhaften, lampendurchlöcherten Schatten, eine Piazza geblendet von Umtriebigkeit unten, von gefährlichem Spiel, und oben von so vielen Lichterstreifen, Girlanden, Lichterketten auf langen, geraden, endlosen Straßen, mitten in dem Gewühl von Menschen, die hier und da zu ihnen hochspringen, ganz plötzlich, feindlich, und der Höllenlärm, der von allen Seiten über sie hereinbricht, von Wagen, die eilig davonbrausen …

Doch der junge Luigi hat seine Oase im Garten gefunden, der die schöne, verborgene Villa umgibt, in die er mit seiner Familie gezogen ist. Auf der oberen Etage wohnen die Eigentümer, wohlhabende, freundliche Leute, mit denen die Pirandellos sich anfreunden. Sie haben eine kleine Tochter, die während der Schulzeit ein von Nonnen geführtes Pensionat besucht, in das die Töchter der Großbourgeoisie von Palermo gehen: sie heißt Giovanna und ist fast elf. Sie ist sehr schön, sehr anmutig, sie bewegt sich mit Eleganz, ganz den Verhaltensunterweisungen entsprechend, die sie im Pensionat erlernt.

Der Haupteingang zur Villa an der Porta di Castro befindet sich natürlich an der Vorderseite, zwei Treppenrampen von fünf Stufen führen zu einer Art Perron, wo sich die große Haustüre befindet. Im Souterrain befinden sich Lagerräume. Die Pirandellos aber betreten die Villa von der Rückseite, auch hier führen fünf Stufen auf einen von schmiedeeisernen Gittern eingefaßten Perron, eine Art Dienstboteneingang. Der junge Luigi bemächtigt sich augenblicklich des hinteren Teils des Gartens, der sehr gepflegt ist. Da gibt es Rosen, Blumengewächse, Obstbäume. Er hat es sich zur Gewohnheit gemacht, mit einem Buch in der Hand auf einen Baum zu klettern und ein paar Stunden dort zu verbringen. Wenn ihm danach ist, streckt er eine Hand aus, pflückt eine Frucht und ißt sie. Es ist Anfang Juni, die Schule ist seit nicht ganz einer Woche zu Ende, und es ist schon sehr heiß. Eines Vormittags, als es bis zum Mittagessen nicht mehr lange hin ist, sieht der junge Luigi, daß an der Fenstertüre, die auf den Perron hinausführt, sich ein Mädchen seines Alters zeigt, nein, nicht ganz, sie ist ein oder zwei Jahre jünger als er, schön, blond, hat blaue Augen und ist sehr anmutig. Er glaubt, er sei nicht gesehen worden, so verborgen hinter dem Blattwerk, doch sie schaut ganz genau ihn an und lächelt ihm zu.

»Ich hatte dich für eine Katze gehalten.«

Luigino kann ihr überhaupt nicht antworten, er klettert so eilig vom Baum herunter, daß er sich eine Hand aufschürft, den Kopf gesenkt hält, blitzschnell die fünf Stufen hinaufschießt, ins Haus stürmt, wobei sein Herz so rast und pocht, daß es ihm aus dem Hals zu springen droht. Doch nach dem Mittagessen statten die Eigentümer den Pirandellos einen Besuch ab, um ihnen ihre gerade aus dem Pensionat eingetroffene Tochter Giovanna vorzustellen. Als das Mädchen ihm ihre Hand hinhält, wird Luiginos Gesicht zur Waberlohe.

Am nächsten Vormittag, zu der Stunde, in der Luigino an den vorangegangenen Tagen gewöhnlich auf den Baum kletterte, steht er mit dem Buch in der Hand im Türbogen, von der Fenstertüre aus kann er nicht beobachtet werden. Er hat einerseits das Herz eines Esels, andererseits das eines Löwen, und er weiß nicht, ob er in den Garten gehen oder wieder ins Haus zurückkehren soll. Und was, wenn Giovanna sich gar nicht zeigt? Er spitzt seine Ohren, um das kleinste Geräusch der Fenstertüre oben wahrzunehmen, doch so gespannt er auch lauscht, er hört nicht das geringste. Er glaubt daher, daß niemand an der Fenstertüre steht, geht die fünf Stufen hinunter und läuft zu dem Baum. In der Gewißheit, daß Giovanna sich nicht gezeigt habe, bleibt er auf halbem Weg plötzlich stehen und dreht sich um, um zu kontrollieren. Da steht das Mädchen und beobachtet ihn lächelnd. Luigino versucht, auf den Baum zu klettern, doch diesmal schafft er es nicht, er spürt, daß seine Arme und Beine butterweich sind und am Stamm abrutschen. Wieder versucht er es und wieder rutscht er ab.

Er hört das offene, amüsierte Lachen Giovannas. Die Beschämung verleiht ihm stärkere Kräfte, und diesmal schafft er's. Er setzt sich auf den Ast, mit dem inzwischen zerfledderten Buch.

Dann, ohne daß sie es vorher abgesprochen hätten, beginnen sie ein Spiel. Luigino hat sich so hingesetzt, daß ein Zweig sein Gesicht verbirgt, aber es genügt, wenn er den Kopf gelegentlich etwas senkt, um Giovanna an der Fenstertüre sehen zu können. Das Spiel besteht darin: wenn Giovanna Luigino anblickt, verbirgt er sein Gesicht hinter einem Zweig; wenn aber Luigino sie anblickt, zeigt sich Giovanna mit abgewandtem Kopf, so als würde ein anderer Teil des Gartens ihre Aufmerksamkeit in Anspruch nehmen.

Aber schon der kleinste Fehler im Wechselspiel von Ich-seh-dich-ich-seh-dich-nicht genügt, und die Blicke begegnen sich, zuerst rasch zur Seite gelenkt, danach immer langsamer, bis der Blick schließlich lange währt, insistierend ist und ruht.

Am folgenden Vormittag sitzt Luigino zwar auf dem Baum, aber das Buch hat er durchaus nicht geöffnet. Giovanna ist an ihrem Platz an der Fenstertüre, reglos, sie bewegt sich nicht, ein leichter

Wind bringt ihre Haare durcheinander, und sie hebt keine Hand, um sie wieder zu richten. Plötzlich taucht an der Fenstertüre neben Giovanna ihre Mutter auf, Luigino kauert sich im Blattwerk zusammen, voller Angst, er könnte entdeckt werden.

»Giovanna, bist du schwerhörig? Das Essen steht auf dem Tisch, ich habe dich schon zweimal gerufen.«

An den folgenden Tagen klettert der junge Luigi nicht mehr auf den Baum, er ist zu weit von Giovanna entfernt. Er setzt sich unten auf das Geländer des Perrons, neigt den Kopf nach hinten, während Giovanna sich vorbeugt, um nach unten zu sehen. So fühlen sie sich näher beisammen.

Einmal ist das Mädchen weit vorgebeugt, so als wolle es ihm ins Ohr flüstern, und sagt:

»Morgen können wir uns nicht sehen, ich muß mit Mama weg.«

Ein anderes Mal ist es Luigino, der ihr mitteilt, daß er dem täglichen Treffen nicht nachkommen kann.

Eines Tages ist das Blau von Giovannas Augen dunkler, es sieht aus wie das ferne Meer am Hafen, und in diesem Meer sucht Luigino die Weite, verzaubert beugt er den Kopf noch weiter zurück, verliert das Gleichgewicht, stürzt rücklings hinunter, kann sich noch am Eisengitter festhalten, schlägt mit dem Gesicht an die Stangen, Blut strömt aus seinem Mund, schließlich läßt er sich fallen und landet auf den Knien.

Dieses Mal lacht Giovanna nicht wie bei dem Mal, als er versucht hatte, auf den Baum zu klettern, sie ist leichenblaß geworden, beide Hände auf dem Mund, um die Stimmen zu unterdrücken, die sie aus sich hinausschreien will, doch will sie nicht die Verwandten herbeirufen, weil sonst das Geheimnis zwischen ihr und Luigino gelüftet würde. Der steht auf, er hat sich nichts getan, nur ein Zahn ist abgebrochen. Und den wird er so belassen, solange er lebt.

»Morgen gehe ich wieder ins Pensionat zurück.«

Den ganzen Vormittag über hatte Luigino sich den Kopf zerbrochen: warum sah Giovanna ihn so todernst an und lächelte ihm nicht einmal zu? Hatte er denn etwas getan, das sie, ganz unbeabsichtigt, beleidigte? Und daher hatte er sie, einen Augenblick bevor Giovannas Mutter sie zu Tisch gerufen hatte, zu fragen gewagt:

»Was ist mit dir?«

Und die Antwort war eben die: Von morgen an werden wir uns nicht mehr sehen.

Bei Tisch ist Luigino außerstande, etwas zu essen. Donna Caterina befiehlt es ihm streng, aber er bleibt dabei. Er weiß, daß, wenn er einen Bissen zum Mund führt, er zur Toilette rennen und sich übergeben muß. Er erhält die Erlaubnis aufzustehen, und so wirft er sich aufs Bett. Er weint nicht, doch er hat einen Schmerz in der Brust, so etwas wie eine Faust, die sie fest zudrückt. Die Zeit nach dem Mittagessen verbringt er damit, daß er sich auf dem Bett hin und her wälzt, danach kommt wieder die Folter des Abendessens. Auch diesmal bringt er nichts hinunter.

»Darf ich vielleicht wissen, was du hast?«

»Nichts.«

»Fühlst du dich nicht wohl?«

»Nein.«

Donna Caterina fragt nicht weiter, sie schaut den Jungen lange an, möglich, daß sie etwas erahnt. Der junge Luigi verbringt die Nacht mit weit geöffneten Augen, am nächsten Morgen sieht er so mitgenommen aus, daß man meinen könnte, er habe erhöhte Temperatur. Um zehn ist die Verabredung im Garten für die Abschiedszeremonie. Als Luigino Giovanna die Stufen heruntersteigen und auf ihn zukommen sieht, bemerkt er, daß sie blaß ist und beinahe eine ganz andere. Das blonde Haar wird von einer eleganten Schleife zusammengehalten, das Mädchen hat die Pensionatskleidung an. Einen halben Schritt voneinander entfernt, blicken sie sich an und können kein Wort hervorbringen.

»Luigino, geh und hol das Päckchen, das im Eßzimmer ist, und gib es Giovanna.«

Es ist ein Souvenir, das Donna Caterina tags zuvor für die Tochter der Hauseigentümer gekauft hat. Eigentlich hätte sie es ihr geben müssen, aber sie hat es sich anders überlegt, sie möchte, daß Luigino ihr dieses Geschenk überreicht. Luigino stürzt ins Haus, nimmt das Päckchen, kommt herausgelaufen, und gerade an der letzten Stufe sticht er sich an einem Stück Draht, das aus dem Geländer hervorsteht, in den Finger.

Giovanna steht noch immer da, wo er sie zurückgelassen hat. Die anderen sind inzwischen zum Gittertor gegangen, weil die Kutsche angekommen ist. Luigino hält ihr das Päckchen hin, Giovanna nimmt es, ohne sich zu bedanken, dann merkt sie, daß einer von Luigis Fingern blutet. Da klemmt sie das Päckchen unter ihren Arm, streckt die Hände aus, erfaßt mit ihnen Luiginos Hand, legt ihre Lippen auf den verletzten Finger, saugt sanft und lange das Blut aus, das sich ja vergiftet haben könnte.

»Giovanna, laß es gut sein.«

Das Mädchen wendet ihm den Rücken zu und geht zu ihrer Mutter, die sie neben der Kutsche erwartet. Donna Caterina und Giovanna umarmen sich fest, dann steigt das Mädchen ein, setzt sich neben ihre Mutter, der Kutscher schließt die Türe, steigt auf, läßt die Peitsche knallen, das Pferd setzt sich in Bewegung.

Luigino kann den Weg der Kutsche verfolgen, sein Blick vernebelt sich allerdings immer mehr, seine Augen werden zusehends starrer, der verletzte Finger, auf den sich Giovannas Lippen gesenkt hatten, brennt so sehr, als hätte er ihn in Feuer gesteckt.

Donna Caterina dreht sich um, um ins Haus zurückzugehen, muß aber eiligst zu ihrem Sohn laufen, der sich langsam nach vorne krümmt.

Die tödliche Krankheit

Donna Caterina sorgt sich nicht sonderlich um die Ohnmacht des Sohnes, denn sie hatte schon tags zuvor beobachtet, daß er ein biß-chen eigentümlich war, er hatte keinen Appetit, weder mittags noch abends, und sie schreibt Luiginos Unwohlsein seiner Emp-findsamkeit zu, der Abreise Giovannas. Damit trifft sie nur teilwei-se ins Schwarze, denn der Grund für Luiginos plötzliche Zustands-veränderung ist weitaus komplexer.

Als Giovanna ihre Lippen auf seinen Finger legte, bedeutete das für ihn, daß das Blutsaugen aus der Wunde wie der kühnste Kuß war, den die Liebe sich hätte einfallen lassen können. Bestürzt hat er erkannt, was ihn eigentlich zu Giovanna hinzog. Und dieses Eigent-liche versucht er jetzt, mit verwirrten Sinnen, verzweifelt auszulö-schen, indem er ohnmächtig wird, Fieber bekommt, erkrankt. Den Nachmittag verbringt er weinend, das Bettlaken hat er über den Kopf gezogen, er will niemanden sehen, von essen ganz zu schwei-gen. Während der Nacht ist das Fieber außerordentlich hoch, bei Tagesanbruch weiß der junge Luigi nichts mehr von sich und den anderen, er hat das Erinnerungsvermögen völlig verloren, aus sei-nem Mund dringt kein Wort, sondern ein unaufhörliches tierisches Röcheln. Der erste eilends herbeigerufene Arzt kommt, als es noch nicht ganz Tag ist. Er befragt Donna Caterina, die nichts zu antwor-ten weiß, allenfalls wagt sie sich mit der Bemerkung hervor, er kön-ne durch die Abreise eines kleinen Mädchens verwirrt worden sein, der er sich sehr zugetan fühlte. Der Arzt zuckt mit den Schultern: diese Erklärung kann er nicht zulassen. Er untersucht den Jungen sehr aufmerksam, Herz, Lungen, Leber, Nieren, alles in Ordnung. Ja, was dann? Er verschreibt Medikamente, die vor allem das Fieber senken sollen, und versichert, daß er am nächsten Morgen mit ei-nem Kollegen vorbeikommen würde. Den ganzen Tag über und die ganze Nacht bleibt das Fieber gleich bei zweiundvierzig Grad, kein Anzeichen, daß es sinken will, obwohl Donna Caterina auf-merksam die Verschreibung befolgt.

In eine Wasserschüssel, die sie auf dem Schoß hat, taucht sie gelegentlich einen Leinenlappen und legt ihn auf die Stirn des Sohnes, oft fährt sie ihm mit einem nassen Taschentuch über den Mund, um seine heißen Lippen zu kühlen.

Auch der neue Arzt breitet traurig die Arme aus, nachdem er Luigino untersucht hat, auch er versteht die Krankheit nicht. Die beiden Ärzte unterhalten sich abseits miteinander, dann erklären sie Donna Caterina, daß die Lage schwierig sei und daß sie wohl oder übel mit der verschriebenen Behandlung fortfahren solle. Noch ein Nachmittag und noch eine Nacht voller Verzweiflung für die Mutter, die am dritten Tag nach dem besten Spezialisten von Palermo schicken läßt.

Dieser ist pessimistischer als seine Kollegen, freundlich und einfühlsam macht er Donna Caterina darauf aufmerksam, daß ihr Sohn, seiner Meinung nach, am Ende sei, man nichts mehr für ihn tun könne, das ganze eine Frage von Tagen sei und er den Grund für diesen Zustand nicht diagnostizieren könne. Zu den schon vorhandenen verschreibt er weitere Medikamente und geht kopfschüttelnd weg. Unterdessen magerte der junge Luigi immer mehr ab, *nur seine Augen wurden immer größer.* Doch Donna Caterina gab sich an diesem Punkt nicht geschlagen. Gaspare Giudice schreibt:

»Mit einer Energie, die mit Sicherheit dem Umstand zuzuschreiben war, daß sie in einer Familie von Männern aufgewachsen war, die immer an der Grenze ihrer Existenz lebten, stopfte sie in die Tabletten, die der kranke Junge schluckte, Fleischextrakt. Der junge Luigi war völlig hinüber, er erkannte niemanden mehr. Doch die Mutter hielt ihn an den Haaren über dem Abgrund fest und zwang ihn zu leben.«

Luigino fängt zwar wieder an zu leben, aber nur sehr widerwillig. Als letztes kehrt die Erinnerung an sich selbst zurück, an die Familie, an die Dinge, die ihn umgeben, fast eine mehr oder weniger bewußte Lust, das Erkennen seines eigentlichen Wesens nach der Enthüllung jener Lippen auf seinem Blut hinauszuzögern. Bei diesem ganzen Ereignis ist, so wie er es in späteren Jahren erzählt, der Vater auf einzigartige Weise nicht gegenwärtig: doch gewiß hat Don Stefano mitgebangt, hat er Donna Caterinas Hilflosigkeit mitgetragen, nur wollte der junge Luigi seine Gegenwart eben nicht zur Kenntnis nehmen.

Die Genesung zieht sich lange hin und ist mühsam, Luigino ist in die Höhe geschossen, aber abgemagert, er hält sich kaum auf den Beinen, er wankt und torkelt wie ein neugeborenes Zicklein. Dann kommen die Schulferien, und Giovanna kehrt für eine kurze Zeit in die kleine Villa an der Porta di Castro zurück. Als sie das erste Mal auf Luigino trifft, der alles daran gesetzt hat, ihr nicht zu begegnen, und sieht, wie abgemagert er ist, wie ungepflegt, mit Haaren wie ein Verwilderter, mit dem Blick noch halb verloren, trifft sie das dermaßen, daß nun sie ohnmächtig wird.

Luigino verbarrikadiert sich in seinem Zimmer, er hat beschlossen, es so lange nicht zu verlassen, bis Giovanna wieder ins Pensionat zurückgekehrt ist. Mitunter steckt er seinen Kopf unter das Kissen oder hält sich die Ohren zu, um Giovannas Stimme oder ihre Schritte nicht hören zu müssen. Die Anwesenheit des Mädchens löst bei ihm eine ausgesprochene Obsession aus, und wieder ist er in Gefahr, krank zu werden. Da trifft Donna Caterina eine Entscheidung und teilt sie ihrem Sohn mit: sie werden eine neue Wohnung suchen und umziehen, Luigino wird keine Gelegenheit mehr haben, Giovanna zu sehen. Und so geschieht es. Kurze Zeit später ziehen die Pirandellos in die Via Borgo.

Eine Zwischenbemerkung. Die Weigerung, sich mit Giovanna zu treffen, dem Mädchen, das er geliebt hat, wird Jahre später eine genaue Wiederholung erleben. In Deutschland, während der Bonner Studienjahre, hat Luigi eine Beziehung mit einer jungen Frau, Jenny Schulz-Lander. Ihr widmet er die Verse des Gedichts *Ostern, Gäa*:

> *Meine liebe, süsse Freundin*
> *Bevor ich Rom verlassen habe, begrüßte ich noch in meinem letzten*
>   *Gesange die Venus des Frühlings ...*[*]

[*] Im Original deutsch

Die Widmung ist datiert mit *Bonn am Rhein*, 1890. In dieser Gedichtsammlung liest man problematische Verse wie diese:

> ... *diman ti giungerò,*
> *Larva dei sogni miei,*
> *lucifera fanciulla,*
> *te che il mio tutto sei,*
> *e pur, forse, sei nulla ...*

> ... *morgen komm' ich zu dir,*
> *du Larve meiner Träume,*
> *du luziferisches Mädchen,*
> *du, die mir alles ist,*
> *und doch, vielleicht, auch nichts ...*

Problematisch wegen dieses Attributs *luziferisch*, das hier natürlich im Sinn einer »Bringerin des Lichts« zu verstehen ist, gleichwohl aber eine Ähnlichkeit oder Verwandtschaft mit etwas Dämonischem evoziert; dann dieses *alles* und *nichts*, das man auch verstehen kann, als würde hier schon einmal vorgebeugt für den Fall, daß die Gefühle einem Wandel unterliegen sollten.

Vierzig Jahre später erhält der inzwischen berühmte Luigi Pirandello während eines Aufenthalts in New York ein Billett von Jenny. Auch sie ist in den Vereinigten Staaten, sie ist Schriftstellerin geworden, sie möchte, wenn auch nur kurz, ihre alte Liebe wiedersehen (eigentlich war sie die Verliebte, er war es wesentlich weniger). Pirandello richtet es so ein, daß es nicht zu dieser Begegnung kommt. Er will die Erinnerung an diese Zeit und die mit ihr verbundenen Bilder so belassen, wie sie sind – erklärt er seinem Biographen Nardelli –, daher würde ein Zusammentreffen mit der jetzigen Jenny die Erinnerung nivellieren und verändern. Im übrigen hatte er in den *Rheinischen Elegien* bereits geschrieben:

> *Aus der Erinnerung aber werden so bald nicht*
> *Andre Gefühle getilgt, andre Ereignisse nie.*

Aber geht es ihm wirklich nur um die Unversehrtheit der Erinnerung, weshalb Pirandello Jenny nicht sehen mag? Oder sind die Motive die gleichen, die ihn drängten, Giovanna nicht mehr wiedersehen zu wollen, was so weit ging, daß er seine Eltern zwang, in eine neue Wohnung umzuziehen.

Die Fundamentierung

In der neuen Wohnung in der Via Borgo, gegenüber der Kirche der Heiligen Lucia, widmet sich Luigi intensiv dem Lernen, allerdings nicht dem für die Schule. Sein Sohn Stefano wird darüber schreiben:

»Er übersetzte für sich das gesamte Werk eines lateinischen Autors, von dem man in der Schule gerade einmal ein Buch durchnahm … Zwischen seinem dreizehnten und achtzehnten Lebensjahr führte er seine Aufgabe zu Ende, die darin bestand, unmittelbare Bekanntschaft mit Texten der griechischen, lateinischen und italienischen Literatur zu schließen.«

Und noch einmal ist es der Sohn Stefano, der erzählt, daß Luigi, ohne der Mutter etwas davon zu sagen, in dem Augenblick, als er zu Bett ging, die Matratze vom Bett nahm und sich auf die Holzplanken legte, weil es ihm so schwerer fiel einzuschlafen und er noch lange, beim Schein einer Kerze, weiterlesen konnte. Einige dieser Lektüren hatte er nur widerwillig auf sich genommen, fühlte sich aber verpflichtet, über sie Bescheid zu wissen, und er las sie immer zu Ende. Auch Dichter verschlingt er, die Romantiker des 19. Jahrhunderts, Giosué Carducci, Arturo Graf.

Sein Sohn Stefano hat durchaus richtig gesehen, wenn er schreibt, daß Luigi die sich selbst gestellte Aufgabe zu Ende führen wollte, die allerdings nicht darin bestand, unmittelbare Bekanntschaft mit den Klassikern zu schließen. Diese dienten ihm als feste, sichere Grundlage für etwas wesentlich Ehrgeizigeres: er wollte Dichter werden, »sich die Gestalt des Dichters anverwandeln«, wie Gaspare Giudice schreibt.

Und er macht sich daran, Gedichte zu schreiben. Aus dieser Zeit sind viele erhalten, in Heften mit der Aufschrift *Prime Note (Erste Meinungen)* und *Nuovi Versi (Neue Gedichte)*.

Aber warum »sich diese Gestalt anverwandeln«? Hier wird nur eine Vermutung geäußert, aber vielleicht hat Luigi seine Genesung von der tödlichen Krankheit als die neue Geburt, das Erscheinen in der Welt – doch diesmal als eigene Entscheidung – des vertauschten Sohnes aufgefaßt. Jetzt muß das, was seine innere, seine heimliche Überzeugung war, den anderen deutlich gemacht werden, die seine Alterität zur Kenntnis nehmen müssen. Ein Dichter ist unendlich weit entfernt von einem Schwefelhändler und unendlich anders als dieser. Dieser Vorsatz war ihm möglicherweise nicht in aller Deutlichkeit bewußt, lag aber mit Sicherheit in einem Teil seines Herzens verborgen.

Und ebenso peinlich genau wie stolz notiert er in seinen Heften, daß *Der Traum des Umherirrenden* in einem Kulturzirkel in Palermo vorgelesen wurde, daß das Sonett *Getrocknete Blumen* in der Zeitung ›Sogni e fiori‹ (Träume und Blüten) erschienen ist, und daß seine erste Novelle mit dem Titel *Die Laube* in der ›Gazzetta del Popolo‹ in Turin erschienen ist. Luigi ist gerade siebzehn Jahre alt.

Diese Anerkennungen befriedigen nicht nur seinen persönlichen Stolz, sondern sind auch die öffentliche Beurkundung für die erfolgte Fundamentierung des vertauschten Sohnes.

Die Gekränkte

Don Stefano kam nach Hause in die Via Borgo zurück, wann es ihm möglich war. Immer war er wegen der Arbeit zwischen Porto Empedocle und den Schwefelminen unterwegs. Donna Caterina hatte er gesagt, daß sie die Briefe öffnen solle, die ankamen und fast alle geschäftlicher Natur waren: sofern es etwas Dringendes oder äußerst Wichtiges gab, sollte seine Frau ihm telegraphieren. So kommt es, daß Donna Caterina eines Tages einen an ihren Mann gerichteten Privatbrief liest. Geschrieben worden war er von einer Cousine (oder Nichte) Don Stefanos, die mit ihm verlobt gewesen war, aber dann hatten sie die Verlobung wegen einer Nichtigkeit aufgelöst. In diesem Brief erzählt die Frau ihrem ehemaligen Verlobten von ihren bitteren Lebensumständen: sie hatte geheiratet, war dann Witwe geworden und lebte jetzt in ärmlichen Verhältnissen in Palermo. Sie bat ihn, ihr zu helfen und so ihre beschwerlichen Lebensumstände etwas zu erleichtern. Als Don Stefano nach Hause kommt, zeigt Donna Caterina ihm gleich den Brief und bedrängt ihn, der früheren Verlobten jede nur mögliche Hilfe zu gewähren.

LIVIA: ... *Eines Tages kam ein Brief an.* (redet nicht weiter)
GUGLIELMO: ... *was für ein Brief?*
LIVIA: ... *ein Brief: den haben wir zusammen gelesen (er hatte keine Geheimnisse vor mir). Er hat die Schrift zuerst gar nicht erkannt; ich habe ihn noch darauf aufmerksam gemacht: Siehst du nicht? Er ist von deiner Cousine.*
GUGLIELMO: ... *dieser Orgera?* ...
LIVIA: ... *die seine Verlobte gewesen war: sie hatten sich nach einem Krach getrennt ...*
GUGLIELMO: ... *ich weiß. Aber dieser Brief?*
LIVIA: *Ihr war der Mann gestorben. Da sie keine anderen Verwandten hatte, an die sie sich hätte wenden können, bat sie Leonardo um Unterstützung ...*
GUGLIELMO: ... *die Unverschämte!* ...
LIVIA: ... *und ich selbst habe Leonardo nachgerade gedrängt, sie ihr zu schicken.*

Don Stefano entspricht der Bitte seiner Frau nur widerwillig. Er besucht seine Cousine und frühere Verlobte und überreicht ihr einen ansehnlichen Betrag, ganz sicher kein Almosen. In der Absicht beider hätte die Sache damit erledigt sein sollen. Jedoch ...

ELENA: ... *Nun ja, ich hätte jeden anderen, nur nicht ihn um Hilfe bitten sollen! Wenn ich dennoch ihn gebeten habe, Frau Arciani, dann*

können Sie sich sicher sein, daß nichts mehr von dem in mir lebendig
sein konnte, was mich glücklich hätte machen können über das, was
dann leider aus der Begegnung nach so vielen Jahren entstanden ist,
wie, das weiß ich selber nicht. Vielleicht, weil das, was wir einmal wa-
ren, in uns versenkt bleibt. Von einem Moment zum anderen kann es
wieder erweckt werden durch zwei Augen, die einander begegnen, Illu-
sion eines Augenblicks ...
Alles vorbei, bevor es überhaupt anfängt. Wäre dieser Zufall nicht ge-
wesen ... das größte Unglück ... dieses Kind ...

Ja, denn aus der Beziehung geht ein Kind hervor. Der vorherge-
hende Dialog und dieser Monolog stammen aus dem Schauspiel
Das Recht der anderen (La ragione degli altri), dem ersten der aner-
kannten Bühnenstücke, das eine lange Bearbeitungszeit aufweist:
ursprünglich eine Novelle mit dem Titel *Das Nest*, dann das
eigentliche Schauspiel, das Pirandello über zwanzig Jahre immer
wieder bearbeitet hat und jedesmal einen anderen Titel hatte wie
Die Gabelweibe, Wenn nicht so ..., Wenn nicht so und schließlich *Das
Recht der anderen.* Der Ausgangspunkt folgt Schritt für Schritt dem
Kern der Familienangelegenheit. Als Pirandello das Schauspiel veröffentlichen läßt und dann unter wechselnden Umständen auf die
Bühne bringt, lebt Don Stefano noch, der im richtigen Leben die
Hauptperson der bedauerlichen Angelegenheit war, und kann sich
in der Figur des Leonardo durchaus wiedererkennen.

Indem er eine traurige Familienangelegenheit mit so viel un-
barmherziger Schamlosigkeit verwendet, zeigt Pirandello seinem
Vater und nicht nur ihm, daß er, Luigi, nicht zu ihnen gehört, ja,
seine Zugehörigkeit verweigert.

Im richtigen Leben war Donna Caterina bald hinter diese Beziehung gekommen und litt still. Wie hieß es doch im Verhaltenskodex Pitrès für die sizilianische Frau? »Die sizilianische Frau gehorcht und liebt ihren Mann, auch wenn er es nicht verdient hat.«
Trotz des würdevollen Schweigens von Donna Caterina erfahren
alle Verwandten von der Sache und scharen sich zum weitaus
größten Teil um die Frau.

Die Beziehung beleidigt den Vierzehnjährigen nicht nur, für ihn stellt sie auch den Beweis, sofern es seiner denn noch bedurft hätte, für die zwischen ihm und seinem Vater bestehende Andersartigkeit dar, einem Mann, der sogar fähig war zu ›verraten‹. Was er tun wird, um ihn für den Verrat zu bestrafen, erzählt er in der Novelle *Rückkehr (Ritorno)*, die 1923 veröffentlicht wurde. Sie folgt sehr genau den Geschehnissen, die Pirandello im übrigen auch seinem Biographen Nardelli gegenüber voll und ganz bestätigt. Nur daß in der Novelle nicht die gleiche objektive Erbarmungslosigkeit gegenüber der Vaterfigur herrscht, wie sie noch in dem Schauspiel Das *Recht der anderen* deutlich wahrnehmbar ist. Hier – so wollen wir das mit einer von Eugenio Montale geschaffenen Metapher ausdrücken – scheint »ein dünner Streifen von Erbarmen« auf, ein akzentuiertes Verständnis für die menschlichen Beweggründe, was nicht nur auf die größere Reife zurückzuführen ist, auf die Weisheit des Alters, sondern auch, wie wir noch sehen werden, auf wesentlich tiefer reichende Gründe, die sich immer von seiner alten Vorstellung herleiten, ein vertauschter Sohn zu sein.

Der Zweikampf

Keiner der Verwandten oder Freunde und noch viel weniger Donna Caterina erzählt Luigi, was eigentlich vor sich geht, doch er spitzt die Ohren, doch er braucht nicht lange, erfahren wie er ist, um aus den immer geröteten Augen der Mutter, aus den aufgeschnappten, zwischen Onkeln und Tanten, Cousinen und Cousins halb ausgesprochenen Wörtern zu begreifen, daß sein Vater sich mit seiner früheren Verlobten eingelassen hat. Nun geht er Don Stefano nach, wenn dieser morgens das Haus verläßt, unter anderem hält sich der Vater mehr als sonst üblich in Palermo auf. Warum tut er das? Was will er denn noch weiter herausfinden als das, was alle anderen ohnehin schon wissen? Sicher will er etwas tun, das in gewisser Weise als Gegengewicht zu dem der Mutter zugefügten Affront angesehen werden soll, doch jetzt sucht er die Gelegenheit eines direkten Zweikampfes mit dem Vater, indem er eine Schwachstelle bei ihm ausnützt, um ihm zu sagen und spürbar vor Augen zu führen, daß er, Luigi, anders sei.

Und so entdeckt er, daß der Vater und seine Geliebte sich jeden Sonntagvormittag *in dem kleinen, nur der Mutter Äbtissin des Klosters von San Vincenzo, einer Tante von ihnen, vorbehaltenen Parlatorium trafen. Sie gaben vor, ihr einen Besuch abstatten zu wollen, und die alte Äbtissin, die möglicherweise aufgrund ihrer verwandtschaftlichen Beziehung die zärtliche Intimität dieser Zusammenkünfte entschuldigte …*

Alles entspricht der Wirklichkeit: Das Kloster war das von Origlione, und Mutter Francesca, die Äbtissin, war eine Tante von Don Stefano, eine hochgewachsene schöne Frau, die ganz sicher nicht, wie Gaspare Giudice bemerkt hat, zum Schlag der von Alessandro Manzoni ersonnenen Nonnen von Monza gehörte. In diesen Sonntagsbesuchen sah sie höchst wahrscheinlich nichts Böses, und doch mußte es wohl offenkundig sein, daß die beiden eine tiefere Beziehung miteinander hatten. Und ganz sicher sollten sie sich an einem noch geheimeren Ort des Parlatoriums treffen, wo im übrigen die Äbtissin hinter einem Sprachgitter immer mit ihnen sprach oder sich nur für wenige Minuten entfernte.

Eines Vormittags betrat Luigi ungesehen das Kloster und konnte das Verhalten der beiden Liebenden beobachten.

Sie fütterten sich, ein Bissen für dich, ein Bissen für mich, mit dem unschuldigen Gebäck der Abtei und tranken aus winzigen Gläsern den hellen Rosolio mit Zimmetessenz, ein Schlückchen für dich, ein Schlückchen für mich. Und lachten. Und auch die alte Tante Äbtissin … bekam sich hinter dem doppelten Sprachgitter gar nicht mehr ein vor Lachen.

Es ist ein Augenblick: dieses Gelächter trifft Luigi wie Messerstiche. Und wie eine Furie betritt er das Parlatorium. Doch Don Stefano hat gerade noch Zeit, sich hinter einem Vorhang zu verbergen, der zu kurz ist und die Schuhe frei läßt. Erschreckt hängt die Äbtissin wieder das Türchen ins Sprachgitter ein. Erst jetzt, beim Anblick des Jungen mit den Augen eines Irren, den sie gut kennt und von dem sie weiß, daß er der Sohn des Mannes ist, der sich versteckt hat, erst jetzt wird ihr möglicherweise ihr großer

Fehler deutlich, daß sie nämlich Hilfe und Hort für eine ehebrecherische Liebe zur Verfügung gestellt hat. Als Luigi eintritt, ist die Frau, die einstige Verlobte, wie vom Schlag getroffen, vielleicht vor Schreck gelähmt, Tatsache ist jedenfalls, daß sie sitzen bleibt und ihn vollkommen verblüfft anstarrt, mit dem winzigen Glas Rosolio in der Hand.

Luigi bleibt vor ihr stehen, neigt sich mit dem Oberkörper ein bißchen nach hinten, dann schießt er nach vorne und spuckt ihr kräftig ins Gesicht. Danach wendet er sich ruckartig um und starrt auf den Vorhang, er wartet auf eine gewalttätige Reaktion des Vaters, doch die Schuhe bewegen sich nicht. Bevor er geht, dreht Luigi sich zu dieser Frau um, *die Spucke klebte noch an ihrer Wange: ein unsicheres Lächeln, das beinahe eine fröhliche Überraschtheit ausdrückte, glänzte auf den Zähnen zwischen ihren roten Lippen. Und viel Leid dagegen, sehr viel Leid in ihren Augen.*

Viele Jahre nach diesem Ereignis wird er in der Erzählung auf dem schmalen Grat der Erinnerung schreiben: *unvermittelt und schön erschien ihm das Gesicht dieser anderen, mit der unauslöschlichen Erinnerung daran, wie sie ihn angesehen hatte …*

Es ist nicht nur die zeitliche Ferne, die die Erinnerung sanfter macht, Tatsache ist auch, daß Luigi die Vaterfigur im Lauf der Zeit einer leidvollen, schmerzhaften Revision unterzogen hat.

Von diesem Tag an hatten die beiden, wie Nardelli schreibt, nur noch vereinzelte, sehr flüchtige Kontakte. »Zwischen Vater und Sohn senkte sich ein beharrliches, fernes Schweigen.«

Jedenfalls erwähnte Don Stefano bei seiner Rückkehr nach Hause dem Sohn gegenüber mit keinem Wort das Ereignis vom Vormittag. Einige Biographen erzählen hingegen, daß Don Stefano seine Wut an seiner Frau ausließ und sie blutig schlug, und wenn es so gewesen ist, findet der Zweikampf zwischen Vater und Sohn auf maskilistische Weise statt, mit jeweils einer Frau zwischen ihnen, und die beiden sind es, die dafür bezahlen, die eine bespuckt, die andere verdroschen. Doch ich glaube, daß Don Stefano mit seiner Frau nicht einmal darüber gesprochen hat, denn hätte er es, hätte er bezahlen und die ganze Sache wieder neu aufheizen müssen. Niemand hatte letztendlich ein Interesse daran weiterzu-erzählen, was im Parlatorium vorgefallen war, vor allem nicht die Äbtissin.

Der Wahnsinn im richtigen Augenblick

Lina, die ältere Schwester Luigis, befindet sich in der nicht einfa-chen Pubertät. Möglicherweise führt die Spannung in der Familie, die nicht selten in offene Streitigkeiten ausartet, dazu, daß ihr Kopf dem ganzen nicht mehr standhält. Rasch taucht sie ins Dunkel (oder ins Licht) des Wahnsinns ein (von dem sie in der Folgezeit wieder völlig genest). Um sich herum sieht sie keine Menschen mehr, sondern Tiere. Der Vater verwandelt sich in einen Wolf.

Etwas von diesem eigentümlichen Wahnsinn überträgt Piran-dello auf die Figur der Dianella Salvo in *Die Alten und die Jungen* (abgesehen davon, daß er in den einführenden Anweisungen zu seinem Bühnenstück *Der Mensch, das Tier und die Tugend* wünscht, die Schauspieler sollten Tiermasken tragen).

Luigi ist eng mit seiner Schwester verbunden, in jenen Tagen sorgt er dafür, daß er so oft und so lange wie möglich bei ihr sein kann.

Donna Caterinas Besorgnis übersteigt alles Maß, sie, die auf Luigis tödliche Krankheit so entschieden reagiert hat, fühlt sich angesichts des Wahnsinns von Lina machtlos, auch weil der Betrug ihres Mannes ihr jene Willenskraft geraubt hat, auf die sie sich bei anderen Gelegenheiten stützen konnte.

Doch die Krankheit der Tochter trifft Don Stefano in besonde-rer Weise. Von Tag zu Tag wächst in ihm die Überzeugung, daß ausschließlich er dafür verantwortlich ist, es ist wegen seiner Sün-de, seiner Beziehung mit der einstigen Verlobten, daß Lina mit Wahnsinn geschlagen wurde. Abergläubisch ist er immer mehr da-von überzeugt, daß es sich um eine Strafe Gottes handle, auch wenn sie transversal ausfällt.

Was also tun, damit die Tochter wieder genesen kann? Eines Tages findet er die Lösung: er spricht mit der Geliebten, überzeugt sie von der Notwendigkeit, die Beziehung abzubrechen, sofern sie zustimmt, verspricht er ihr, sie für ihr restliches Leben zu versorgen und mit ihr auch das kleine Wesen, dessen Geburt bevorsteht. Die Frau kann nur zustimmen, sie hat keine andere Wahl, sie hat längst begriffen, daß ihr Liebhaber sie früher oder später verlassen wird.

Don Stefano beginnt sich umzublicken, vor allem bei den kleinen Angestellten der Schwefelminen, findet einen, einen Junggesellen, und mit ihm schließt er einen Pakt gegen eine anständige Belohnung. Dieser Angestellte wird der Ehemann der früheren Geliebten und der offizielle Vater des kleinen Mädchens.

Das andere, was Don Stefano tut, ist, daß er mit der Familie von Palermo wieder nach Porto Empedocle zieht. Zwar nicht mit der ganzen Familie, denn Luigi bleibt in Palermo, um weiter seine Schule zu besuchen; aber er macht häufige Reisen, um die Mutter und vor allem die kranke Schwester wiederzusehen, deren Krankheit gerade im richtigen Augenblick aufgetreten ist, um wieder einen Anschein von Frieden in die Familie Pirandello zurückzubringen.

Dies ist die erste schmerzliche Berührung Luigis mit dem Wahnsinn. Andere Fälle hatte er vorher mit Sicherheit schon einmal gestreift, wenn auch nicht im Familienkreis. Die Provinz von Girgenti weist zwischen der zweiten Hälfte des neunzehnten Jahrhunderts und den ersten dreißig Jahren des zwanzigsten Jahrhunderts prozentual die höchste Rate an Geisteskranken in ganz Italien auf.

»Die paroxystische Selbstliebe«, hat Leonardo Sciascia erklärt, und wir wiederholen es hier, treibt »in ihrer Übersteigerung« die Girgentaner an die Grenzen des Wahnsinns. Doch wenn man die Rangliste im Auge behält, dann überstiegen die Girgentaner zu jener Zeit diese Grenzen mit großer Leichtigkeit.

Zweiter Teil

Sizilianische Freundschaft

Endlich hatte der vertauschte Sohn es geschafft, einen – auch in Kilometern zu messenden – Abstand zwischen sich und der Familie zu etablieren, in die er irrtümlicherweise hineingeboren worden war. Er besucht die Abiturklasse und bezieht mit seinem Freund Carmelo Faraci ein gemietetes Zimmer. Faraci, ein intelligenter Junge und äußerst aufmerksamer Beobachter, erahnt die Außergewöhnlichkeit seines Zimmergenossen, und um ihm Unannehmlichkeiten und Zeitverluste zu ersparen, kümmert er sich um die praktischen Belange des Zusammenlebens, vom täglichen Einkauf bis zum Kochen. Er macht ihm sogar jeden Morgen das Bett. Carmelo ist Luigi ergeben, doch Luigi ist es ebenso Carmelo gegenüber. Er begreift, daß, wenn der Freund dies alles tut, er dies nicht aus serviler Unterwürfigkeit oder aus anderen Gründen tut, sondern die unangenehmen Aufgaben ausschließlich aus seiner ureigenen Auffassung von Freundschaft übernimmt, damit Luigi sich allein dem Lernen und dem Gedichte- und Novellenschreiben widmen kann. »Kratz deinen Freund, wo's ihn juckt«, sagt ein sizilianisches Sprichwort, darin bestehe die Aufgabe der Freundschaft, und Carmelo erfüllt sie ganz und gar. Nachdem sie eine Weile zusammengelebt haben, bedürfen sie in Anwesenheit dritter Personen keiner Worte mehr, sie verständigen sich durch einen raschen Blick.

Später wird Pirandello eine große Zahl von Freunden in den intellektuellen Kreisen Roms gewinnen. Doch der wirkliche Freund, der, dem man auch noch die verborgensten, geheimsten Gedanken gestehen kann, bleibt Nino Martoglio. Der Band mit ihrem Briefwechsel ist ein lückenloses Handbuch einer sizilianischen Freundschaft.

Darüber, was man anderenorts allgemein als Freundschaft bezeichnet, was oftmals aber keine Freundschaft ist, hat Pirandello ein erschöpfendes Bild im negativen Sinn in der amüsanten Novelle *Engste Freunde* gezeichnet. Eines Tages ergab es sich, daß ich im Theater mit einem alten, ganz ungewöhnlich großartigen sizilianischen Schauspieler gearbeitet habe, der Turi Pandolfini hieß und lange Mitglied des von Martoglio geleiteten Ensembles war, als dieser die geschriebenen oder in Dialekt gestalteten Stücke seines Freundes Pirandello auf die Bühne brachte.

»Wenn Pirandello und Martoglio bei den Proben zusammen waren, haben sie dann miteinander geredet?« fragte ich ihn eines Tages.

»Na, und wie! Sie redeten ununterbrochen miteinander!«

»Und worüber sprachen sie so?«

»Also, das weiß ich nicht. Sie blickten sich an.«

Sie sahen sich an, sie redeten mit den Augen. Und das Gespräch zwischen ihnen war endlos, ohne Unterbrechung und für die anderen nicht verständlich. In diesem Zusammenhang gibt es ein ›Mimenspiel‹, das erzählt, daß zwei Sizilianer in einem fernen fremden Land eingesperrt wurden. Man brachte sie in getrennten Zellen unter, damit sie sich nicht unterhalten und somit auf einen gemeinsamen Verteidigungsplan verständigen konnten. Am folgenden Tag wurden sie vor den König gebracht, der das Urteil über sie sprechen sollte. Bei dieser Gelegenheit konnten sich die beiden einen schnellen Blick zuwerfen. Das hatte der Erste Minister des Königs gesehen, der ebenfalls Sizilianer war, und er rief:

»Majestät, es ist alles vergebens, sie haben geredet!«

Wenn die Entfernung vom Freund keine von Worten überquellenden Pausen und keine von komplexen Sätzen erfüllten Blicke zuläßt, ist das der Augenblick, in dem der Sizilianer sich gezwungen sieht, zu Papier und Feder zu greifen, um die Entfernung durch das Unmaß, die Fülle, die beinahe schon schamlose Darstellung seiner Gefühle aufzuheben.

Eine Konstante der sizilianischen Freundschaft ist die Pflicht, die einem im Erahnen dessen obliegt, wie der andere sich unter bestimmten Voraussetzungen verhalten wird, ohne daß darüber vorher eine Absprache stattgefunden hätte: Kopf und Herz des einen müssen in perfektem Einklang mit dem Kopf und dem Herzen des anderen handeln, die Gleichzeitigkeit muß absolut sein, die geringste Auslassung, der geringste Vorgriff, die geringste Verzögerung kann einen Riß hervorrufen, der im Lauf der Zeit unweigerlich zu einem unüberbrückbaren Abgrund wird.

Zudem: die gegenseitige Hingabe kann keinerlei Zurückhaltung oder Schattenbereiche oder Geheimfächer zulassen; wenn es sie gibt, beschränken sie die Fülle der Hingabe und machen gleichzeitig das Mißverständnis deutlich, das dieser fälschlich als Freundschaft bezeichneten Beziehung zugrunde liegt.

Kurz, die sizilianische Freundschaft ist eine schwierige Kunst, und vielleicht sollte man ihr einen anderen Begriff geben, Wahlbrüderlichkeit oder Wahlblutsverwandtschaft. Zwischen zwei sizilianischen Freunden entsteht so etwas wie ein Zauberkreis, der die anderen, die Ereignisse der Welt und auch der Geschichte außen vor läßt.

Das beweist ein Brief Pirandellos an Martoglio vom 21. März 1919. Es ist die Zeit, in der sich Martoglio kämpferisch für die Schaffung eines »Mediterranen Theaters« einsetzt, das eine Neubewertung der Kultur Süditaliens in den Jahren in Gang bringen soll, in denen die Herrschaft Giolittis, das allgemeine Wahlrecht, die sozialen Errungenschaften paradoxerweise (das heißt eigentlich überhaupt nicht paradoxerweise) das wirtschaftliche Mißverhältnis zwischen dem Norden und dem Süden des Landes nur noch stärker betonen. Martoglios nur teilweise verwirklichtes Projekt zerbricht sehr bald schon an der Realität der Lohnzettel und der ökonomischen Verpflichtungen. Martoglio fühlte sich von seinem Freund nicht völlig unterstützt. Und dieser schreibt ihm, um *jede Wolke zwischen uns zu vertreiben, die – sofern sie sich weiter verdichten kann – am Ende unsere schöne brüderliche Freundschaft verkümmern lassen könnte.* Und er schließt seine Mitteilung mit einem *brüderlichen Kuß.* Doch das Unheil ist bereits eingetreten. Der Verhaltenskodex ist nicht respektiert worden, das Gedächtnis hat die Anomalie registriert: die Erklärungen, die beiderseitigen Rechtfertigungen unterstreichen, vergrößern nur den bereits erfolgten Bruch. Die Mißachtung und Übertretung des Kodex sind der Beginn einer Rückbildung, gegen die die sizilianische Freundschaft nicht ankämpfen kann, indem sie Antikörper produziert. In demselben Brief steht ein beispielhafter Satz: *Unauslöschlich bleibt mir ein Wort im Gedächtnis haften, das du gesagt hast ... Dieses Wort, lieber Nino, hättest du mir nicht sagen dürfen.* Unauslöschlich. Ein Wort. Aber dieses eine Wort genügt, um diese Schwächung, diesen Abfall der Spannung, diese Enttäuschung, doch vor allem den unterschwelligen Groll in dem hervorzurufen, der sich verraten fühlt. Der andere hat nicht ›verstanden‹. Aber das hätte er tun sollen, welchen Sinn hätte es sonst gehabt, sich ganz hinzugeben, welchen Wert hätte sonst die Komplizenschaft des Schweigens und der Blicke?

In diesem letzten Gymnasialjahr erweist sich Luigi, trotz der Aufmerksamkeiten seines Schulfreundes Carmelo Faraci, nicht als aufmerksamer Schüler. Er besucht den Unterricht nicht, er scheint dem Schulunterricht keinerlei Bedeutung abzugewinnen, so daß sogar die Lehrerkonferenz lange darüber diskutiert, ob er zur Abschlußprüfung überhaupt zugelassen werden soll.

Tatsache ist, daß in Luigi die Liebe zu seiner Cousine Lina voll aufgebrochen und leidenschaftlich entflammt war. Über diese quälende Liebesgeschichte hat Pirandello später eine Novelle mit dem Titel *Zwischen zwei Schatten (Tra due ombre)* geschrieben.

Nach Abschluß des Gymnasiums ist Carmelo Faraci gezwungen, wegen eines Trauerfalls in der Familie wieder in seinen Heimatort Sant'Agata Militello zurückzukehren. Daraufhin zieht Luigi in die Via Bontà um, wo er zahlender Gast bei einer Großtante ist, deren wirtschaftliche Verhältnisse sehr ungünstig sind, und die auch für ihn kocht. Luigi hat jetzt viel Zeit für sich und kann sehr viel eifriger und ausdauernder das Elternhaus seiner Cousine Lina besuchen als vorher.

Lina

Für die schöne Cousine, die vier Jahre älter war als er, war Luigi
gleich beim ersten Mal Feuer und Flamme gewesen, als er ihr,
kaum dreizehnjährig, begegnet war. Und zwar so sehr Feuer und
Flamme, daß er für dieses Mädchen ein Gedicht schrieb, das folgendermaßen endet:

Lache, Linuccia, und empfange die Girlande,
die das Lächeln einer Seele dir sendet.

Jetzt ist Luigi achtzehn Jahre alt, Lina zweiundzwanzig und eine
ausgewachsene Frau. Und er ist ganz von ihr erfaßt.

Sie ist nicht nur schön, diese junge Frau, sie hat nicht nur viele
Verehrer, sie verfügt auch über eine unvergleichliche Koketterie.
Und obwohl sie eine Cousine von ihm ist, wird Luigi der Freund
einer ihrer Brüder, nur um sie ungehindert besuchen zu können.

Seine stille Liebe für und seine stumme Hingabe an Lina, die
für ihn überhaupt kein Interesse zeigt, sind Anlaß für Spaß und
Vergnügen ihrer Verwandten und Freunde.

Und die waren zahlreich, weil auch sie wiederum Freunde der
älteren Geschwister Linas waren und diesen schüchternen Acht-
zehnjährigen als kleinen Jungen betrachteten, sie, die schon seit
langem ihr eigenes Brot als Hafenarbeiter oder mit anderer ernst-
hafter Tätigkeit verdienten und ihre Zeit nicht damit vertrödel-
ten, Bücher zu lesen. Luigi hat, gemessen an ihnen, keinerlei
Chance.

Bis sie, ganz unversehens, wer weiß, warum, vielleicht aus Bosheit
oder aus unerwarteter Ernüchterung oder um sich unverzüglich bei je-
mandem zu revanchieren, sich ihm voller Liebe zuwandte und sich ihm
versprach …

Das Schöne an der ganzen Sache ist, daß Linas Versprechen kein
Witz ist. Von diesem Augenblick an betrachtet sie sich als Luigis
heimliche Verlobte und weist jeden möglichen anderen Verehrer
ab.

Erst jetzt begreift Luigi die Bedeutung des mit der Cousine geschlossenen Pakts und wird noch ängstlicher, er weiß, daß er nichts darstellt und vorweisen kann, was könnte er Linas Familie schon anbieten, damit sie die offizielle Verlobung bekanntgibt? Unterdessen nimmt Luigis Leidenschaft zu, auch hervorgerufen durch die Verhaltensweisen der jungen Frau, zumindest, wenn man der Novelle folgt, in der Lina zu Lilli wird, die ebenfalls zweiundzwanzig ist.

Lilli ... schön, wie sie heimlich, von fern, um ihn zu versuchen, die Türe ihres Zimmers einen Spalt offen ließ und ihre Brust unter der Weiße ihrer Spitzen entblößte und sie ihm mit ihrer Hand ganz unmerklich sozusagen darbot und gleich darauf mit derselben Hand wieder verbarg.

Unterdessen komplizierten sich die Dinge. Denn Lina schlug, ohne irgendein Wort der Erklärung, eine bemerkenswerte Partie aus, einen reichen jungen Mann, von gutmütigem Charakter, über den man kein schlechtes Wort sagen konnte. Noch sprachloser war ihre Familie, als Lina einen anderen abwies, der dann versuchte, sich wegen ihrer abschlägigen Antwort das Leben zu nehmen, worüber die junge Frau mit keiner Wimper zuckte.

Dann gab es da noch die Geschichte mit dem Witwer: er war ungeheuer reich, und durch die Ehe mit ihm wäre die Familie, die ganz sicher nicht in Saus und Braus lebte, ein für alle Male gut versorgt gewesen. Aber Lina beharrte auf ihrer Haltung, niemand konnte sie umstimmen. Als die Eltern der jungen Frau endlich merkten, was der Grund für diese Ablehnungen war, untersagten sie dem jungen Luigi, weiter zu ihnen zu kommen. Daraufhin mußte er nun mit der Sprache herausrücken, dem Vater erklären, wie sich die Dinge verhielten, ihm von der geheimen Absprache erzählen. Ebenso schwierig war es, den anderen Vater zu überzeugen, nämlich den eigenen, Don Stefano.

Über einen Monat lang hatte er um die Zustimmung seines Vaters kämpfen müssen, der ihm mit großer Weisheit vor Augen geführt hatte, daß eine Verpflichtung dieser Art für ihn verfrüht sei; daß die Cousine vier Jahre älter sei als er, und er, der doch noch ein Student sei, mindestens noch weitere sechs Jahre warten müsse, um sie zu seiner Frau zu machen. Un-

beirrt, nach vielen Versprechungen und Schwüren, war es ihm gelungen,
die Zustimmung zu erhalten.

Aber wie erhält er sie? Linas Eltern sind mit der offiziellen Verlobung einverstanden, doch nur unter einer Bedingung, und die war, daß Luigi das Studium aufgeben und sich mit Don Stefano zusammentun müsse, um den Schwefelhandel gemeinsam zu betreiben. Das ist eine so schwerwiegende Bedingung, daß Linas Verwandte ganz sicher mit einem Nein rechnen. Sie wissen um Luigis Liebe zur Literatur, sie wissen um sein schwieriges Verhältnis zum Vater. Gerade deshalb haben sie diese Bedingung formuliert. Doch Luigi willigt ein, er würde auf alles mögliche verzichten, sofern er nur mit seiner Lina zusammensein kann. Und so wird der junge Luigi der offizielle Verlobte: die Rolle eines – angesichts der Gegebenheiten – praktisch unter besonderer Aufsicht Stehenden, wenn er mit der Verlobten ausgeht und dabei von einem Familienmitglied begleitet wird.

Nur daß er sich, gleich darauf, als er, fast noch ein Junge, ohne jede eigene gesellschaftliche Position, als Lillis zukünftiger Ehemann allen präsentiert wurde, sich in den Augen der anderen lächerlich vorkam, vor allem in den Augen der jungen Männer, die, mit Lillis Gunst, für eine gewisse Zeit mit seiner Verlobten herumgeturtelt hatten.

Der Schwefel

Um die Vereinbarung mit der Familie der Verlobten zu erfüllen, reist Luigi im Sommer 1886 nach Porto Empedocle, um mit seinem Vater zusammenzuarbeiten. Das ist das Jahr, in dem nahezu dreihundert Tonnen Schwefel aus 271 funktionstüchtigen Minen im Inselinneren in dem kleinen Hafen verschifft werden. Der Abbau des Schwefels, seine Bearbeitung und der Handel mit ihm war eine wirklich bestialische Arbeit. Nach drei Monaten mühevoller Tätigkeit gelangt Luigi zu der Einsicht, daß diese diabolische Welt aus Schwefel nur ungute Gedanken hervorbringen kann. Und über diese Erfahrung wird er noch lange in Novellen und Romanen schreiben. Ich will hier keine entsprechende Stelle aus dem Werk Pirandellos zitieren, vielmehr möchte ich einen Abschnitt aus einer Abhandlung über Porto Empedocle von Alfonso Marullo folgen lassen, der lange Bürgermeister des Ortes und fast gleichaltrig mit Pirandello war: nur um eine entfernte Vorstellung von der Hölle zu geben, in die hinabzusteigen Luigi aus Liebe bereit war und damit auf die so schwer erlangte Identität des vertauschten Sohnes verzichten wollte.

»Auf knappem Raum ein brodelndes Gewimmel von Menschen, von Fuhrwerken, von Stegen. Jedes Fuhrwerk trifft auf seine Gruppe Männer, jeder Mann auf sein Boot, jedes Boot auf sein Schiff, für das der Schwefel bestimmt ist. Ein undurchdringliches Gewühl, dessen Geheimnis man unmöglich erklären kann: es sind dicht an dicht hingleitende Boote, zwischen denen die Männer ununterbrochen wogenartig herumwimmeln. Fuhrwerke, die ankommen und wieder abfahren, ein Durcheinander von Stimmen, bei dem jeder auch noch den Wind und das Meer zu übertreffen scheinen will: das ist ein fiebernder Wirbel! Wer reguliert die Arbeit an diesem Ort? Wer schützt in diesem Zentrum hitziger Tätigkeit, das nur Gott selbst durchdringen kann, die unterschiedlichen Interessen, die dort aufeinanderprallen? Dieser Schutz ist dort nur etwas Vorgetäuschtes … Doch wenn der Verkehr, der sich in Porto Empedocle beim Be- und Entladen entfaltet, völlig neugestaltet werden muß, um mit der Würde der Arbeit wieder in Einklang gebracht zu werden, dann ist das, was die Träger im Hafen vollbringen – ich kann es nicht anders bezeichnen –, ein Affront des Empfindens menschlicher Solidarität. Sie sind Alte, Junge, Kinder sogar, gebeugt unter der Last, die sie auf ihren Schultern tragen. Der erste, der die Reihe anführt, ist im allgemeinen der Willigste; er nähert sich den Lastenwuchtern, von denen er seine Ladung bekommt: in den ersten Korb, in den zweiten, in den dritten … Ein Rucken und Schütteln in den Schultern, um die statischen Bedingungen eines Lasttiers anzunehmen und dann … los, im Laufschritt, immer gleich, wie beim Rhythmus einer Musik, der sich durch lange Hörgewohnheit im Ohr festgesetzt hat. Auf den ersten folgt ein zweiter, auf den zweiten ein dritter, und dann zehn, zwanzig, Hunderte, verteilt über die gesamte Ladestrecke und über den ganzen Tag, wie Schußspulen eines Webstuhls, von der Laufwaage oder dem Fuhrwerk zum Boot und wieder zurück, ohne je eine Klage, sich Mut zusprechend, sich schubsend, manchmal auch herumalbernd.«

Luigi steht an der Laufwaage, wiegt den Schwefel ab, der in den Korb kommt, und führt darüber Buch. Er darf sich keinen Augenblick ablenken lassen, er steht ununterbrochen neben der Waage unter einer erbarmungslosen Sonne, inmitten lautstarker Stimmen, Flüche und Verwünschungen. Wenn er abends nach Hause kommt, hat er nicht einmal mehr Lust, die Kleider zu wechseln oder sich zu waschen, gelb vom Schwefel wie er ist, muß er sich in einem Sessel erst einmal ausstrecken, wieder zu Atem kommen und wenigstens ein bißchen von der Anspannung und Müdigkeit abschütteln.

Im Hafen beobachtet Don Stefano, wenn er kann, seinen Sohn, schaut ihm zu, wie er sich verhält, und gelangt mehr und mehr zu der Einsicht, daß das alles nichts für ihn ist, sein Sohn ist für diese Arbeit, für dieses Leben der Verdammten nicht geschaffen. Und Luigi weiß seinerseits nicht so genau, ob er wegen dieser Niederlage nun weinen oder sich freuen soll, denn einerseits ist sie zwar ein offenkundiger Beweis für seine Existenz als vertauschter Sohn, andererseits aber könnte sie auch die endgültige Loslösung von Lina bedeuten.

Es sind drei entscheidende Monate für Luigis Zukunft. Sciascia hat darüber geschrieben: »Ohne das Abenteuer des Schwefelhandels hätte es das Abenteuer des Schreibens, des Erzählens nicht gegeben.«

Und Gaspare Giudice: »Hier, in Porto Empedocle, mißt Pirandello mit neunzehn Jahren die eigene Teilnahmslosigkeit an den praktischen Unternehmungen der Welt, an der konkreten Eigenschaft der Dinge in ihrer ganzen Tiefe aus.«

Die Lage, in die Luigi sich gebracht hat, läßt keinen leichten Ausweg erkennen. Den wird ausgerechnet Don Stefano finden, der mit Sicherheit eine Übereinkunft mit Linas Vater gefunden hat.

Luigi wird sich an der Universität immatrikulieren, und wenn er erst einmal promoviert hat, dann soll er auch heiraten dürfen. Mit seinem Geld steht Don Stefano, der inzwischen wieder zu Vermögen gekommen ist, für den guten Ausgang dieser gesamten Angelegenheit ein. Linas Familie stimmt dem zu, und so hat Luigi konkret nichts mehr mit Schwefel zu tun und kann wieder dem geliebten Rascheln des Papiers seiner in Palermo zurückgelassenen Bücher zuhören.

Sein Vater hat ihm gesagt, er solle sich in Jura einschreiben, und Luigi folgt prompt, schreibt sich aber auch in Literatur ein.

Doch fast unmittelbar nach seiner Rückkehr beginnt die Krise mit Lina.

Die Loslösung

Die Leidenschaft, die so glühte, als sie verborgen war, Ärgernis hervorrief und belächelt wurde, hatte plötzlich ihre ganze Inbrunst verloren …
Doch es geht nicht nur um die Abnahme der Leidenschaft. Sofern es diese Abnahme gibt, besteht sie ausschließlich auf Luigis Seite, denn Lina, in all ihrer Wärme und Sinnlichkeit, hängt immer mehr an ihm. Tatsache ist, daß Luigi zu der Einsicht gelangt, daß diese ganz auf Sinnlichkeit eingestellte Beziehung ein ziemliches Hindernis für seine Vorsätze und Absichten ist, die er immer deutlicher erkennt: er will Schriftsteller werden, weil sie, die Schriftstellerei, das eigentliche Ziel des vertauschten Sohnes ist. Langsam verändert Lina in Luigis Blick ihre äußerliche Gestalt, sie verwandelt sich beinahe in eine Feindin, in eine Zauberin, die Zauberkünste vollführt, um ihn an sich gebunden zu halten.

Alcina, du grausame Fee, du andere,
läch'le mir von ferne so nicht zu …

Er muß sich von Alcina entfernen, um jeden Preis vor ihr fliehen, den magischen Kreis, in dem sie ihn gefangenhält, durchbrechen.

Er beginnt, einen Vorwand nach dem anderen hervorzuholen, etwa, daß die Nähe der Verlobten ihm die Unbeschwertheit nehme, die er für das Studium notwendig brauche, daß er fern von Palermo sein Studium schneller durchziehen und schneller promovieren und damit auch die Hochzeit beschleunigen könne … Beim geringsten Hinweis auf die Möglichkeit einer vorgezogenen Eheschließung sind Linas Vater und Mutter (die Luigi rundheraus als *alte zanksüchtige Hexe* bezeichnet) gleich damit einverstanden, daß der künftige Schwiegersohn auch durchaus in Rom promoviert, sofern es nur bald ist. Sicher war Lina von allen am wenigsten begeistert, die in diesem Weggang, den alle nur als vorübergehend bezeichnen, den völligen Rückzug Luigis spürt. Über ihre Reaktion, über ihr Verhalten in jenen Tagen ist nichts bekannt, aber schließlich weiß man über das Verhalten und die Reaktionen der von Luigi verlassenen Frauen immer nur wenig. Hingegen weiß man viel – denn er hat darüber ausführlich an seine geliebte Schwester geschrieben – über Luigis Zweifel, seine Ungewißheiten darüber, wie unentschieden er ist zwischen der Schurkenrolle gegenüber Lina und seiner Berufung zu einer höheren, sehr viel anderen Aufgabe.

Dann wird die Entscheidung endlich getroffen. Im November 1887 schifft sich Luigi auf dem Postschiff ein, das ihn von Palermo nach Neapel bringt, von dort aus reist er nach Rom weiter, in eine Stadt, in der ein Bruder von Donna Caterina, Rocco Ricci Gramitto, eine schützende Hand über ihn halten kann. Er ist jetzt zwanzig Jahre alt.

Die sogenannte Verlobung mit Lina zieht sich müde und träge noch über einige Jahre hin. Am 15. August 1891 schreibt Luigi einen sehr langen Brief an seinen Vater, in dem er eine Art Zusammenfassung seiner Verlobungszeit gibt und die Gründe für ihr Ende benennt. Die Krise hat am Ende des Sommers von 1887 ihren Anfang genommen:

Oh, die ersten Herbsttage des Jahres achtzehnhundertsiebenundachtzig! Oh, der lange, der langsame Zug der Wolken an diesem Septemberhimmel über dem weiten Meer vor unserem Hause!

Und er fährt in einem immer falscheren hohen Dichterton fort:

Die Tage und die Wolken, ich habe sie gezählt; doch weder mit diesen noch mit jenen ist mein Elend fortgetragen worden. Und ausgerechnet in eben jenen Tagen lächelte die KUNST mir öfter zu, mit Leidenschaft beim Lachen, und als wäre sie entsetzt von der blonden Härte des Schwefels, dessen Namen und Eigenschaft Du mir morgens beigebracht hattest, flüchtete sich meine Seele in sie und in ihrem Lächeln lebte sie.

Im Lächeln der KUNST mit Majuskeln, nicht in dem Linas, für die in jenen Tagen seine Seele entsetzt war von der blonden Härte des Schwefels.

Und Lina?

Linas Unheil kann auch darin bestehen, daß sie einem Mann begegnet ist, der zu einer kleinen Gruppe von Unglücksraben gehört, für die die Zeit verhängnisvoll vergeht und die das moderne Leben jeden Tag aufs neue aus ihrem Herzen ausschließen.

Er rechnet sich den extravaganten, den anarchischen, den ausgestoßenen Künstlern zu, auch den *Poètes maudits*, und in demselben Brief erklärt er:

Ich darf nicht, ich kann nicht heiraten.

So also wußte der, der sich auf dem Postschiff eingeschifft hatte, das ihn ›zum Kontinent‹ bringen wird, in diesem Augenblick bereits, daß er niemals mehr in die Arme der jungen Frau zurückkehren wird, die dort am Kai ihr Tüchlein zum Zeichen des Abschieds schwenkte.

Rom

Rom wirkt auf ihn gleich wie eine Auflösung von verschnürten Verlobungen, Familien, Verhaltensmaßregeln und dergleichen. Über Rom dichtet er Verse, die wie Freudenhymnen, wie Befreiungsschreie wirken, er streift durch die Straßen, leichtfüßig, verzaubert. Aber es gibt da ein Aber, und das darf nicht einfach übergangen werden. Er ist zu seinem Onkel Rocco gezogen, in die Via del Corso 456, und dieser Onkel lebt mit einer ehemaligen Sängerin zusammen, auch mit ihrer Familie und ihren Freunden, und auch mit einem kleinen Hauszoo, bestehend aus Hunden, Katzen, Papageien und Affen. Und über diesem Höllenlärm erhob sich die gleichmäßig hohe Stimme Nannas, der ehemaligen Sängerin. Im Grunde keine Situation, die jemanden, der sich gewissermaßen als *poète maudit* sehen wollte, in solche Schwierigkeiten hätte bringen können. Was Luigi in Wirklichkeit aus der Fassung brachte, war die psychologische Lage des Onkels.

In Girgenti war der Onkel nach seiner Rückkehr aus dem Gefängnis im Zusammenhang mit den Ereignissen am Aspromonte wie ein Held aufgenommen worden, und über seine Unternehmungen sowie über seine Verurteilung zum Tod in Abwesenheit, über seine Verfolgung durch die bourbonische Polizei, über seine Taten als Adjutant Garibaldis redete man in Girgenti noch immer. Was war geschehen? Rocco Ricci Gramitto war jetzt ein über fünfzigjähriger Präfekturrat, der keine Lust auf nichts mehr hatte, er wollte nur noch mit seinen Papageien und seinen Äffchen zusammen sein. Dafür hatte er sogar die Beförderung zum Präfekten ausgeschlagen, denn er befürchtete zu Recht, daß er von Rom versetzt würde und damit weit von seiner Höhle entfernt wäre. Seine Trägheit, sein passives Verhältnis zum Fluß der Zeit, kurz gesagt: sein Scheitern rief in Luigi nicht nur Melancholie hervor, sondern ließ ihn auch über die Gefahren und Auswirkungen des Niedergangs von Illusionen – und nicht nur politischen – nachdenken. Den Onkel macht er unter dem Namen Roberto Auriti zu einer der Hauptfiguren seines Romans *Die Alten und die Jungen*, einem von der Korruption angeekelten Helden, *von dem widerwärtigen Wirrwarr der vielen, die herumrauften, Belohnungen verlangten und sich Ehren und Privilegien einsackten …*

Mit anderen und eindeutigeren Worten: der Onkel war eine tägliche Warnung für Luigi, der sich ziemlich hohe Ziele gesteckt hatte: je schwieriger diese zu erreichen sind, schien der Onkel allein durch seine Präsenz Luigi tagtäglich zu wiederholen, um so demütigender und sogar endgültiger ist die Niederlage, ohne jede Aussicht auf eine Revanche. Und war Luigi denn überhaupt sicher, das zu erreichen, was er wollte? Würden seine Kräfte dafür reichen? Kurz gesagt: jeden Tag in das Gesicht seines Onkels Rocco zu blicken, war, als würde man sich an den Rand eines Abgrunds stellen, den man leicht hinunterstürzen kann. Es machte angst.

Er zieht dann in eine Pension in der Via delle Colonnette, gleich hinter dem Palazzo, in dem Onkel Rocco wohnt und so nah ist, daß der Onkel von seiner Terrasse aus mit Luigi sprechen kann, wenn er in seinem Zimmer sitzt. Und oft wird Luigi von dieser Terrasse aus gerufen, auch zweimal am Tag, um in das Babel der Familie Ricci Gramitto zum Essen zu gehen.

Vom Fenster seines Zimmers aus genießt Luigi einen schönen Blick über Rom, und diesen Blick beschreibt er dann in allen Einzelheiten in seinem Roman *Mattia Pascal*.

Hier schreibt er zwar auch weiterhin Gedichte, doch jetzt übt er sich viel in der Form des Theaters.

Gleich bei seinem ersten Drama ist ihm der traditionelle Bühnenraum zu eng, abgesehen davon, daß die Hauptdarsteller Kraniche, Hühner und Hähne sind (und derartige Darsteller hatten weder Aristophanes abgeschreckt, noch tun sie es später bei Peter Brook), er will, daß sich der Zuschauerraum in eine Bühne verwandelt und die Zuschauer in Schauspieler. Diesem ersten Drama folgen weitere, die aber alle verlorengegangen sind. Pirandello beginnt, den besonderen Leidensweg auf sich zu nehmen, der den italienischen Theaterautoren vorbehalten ist: Ablehnungen, Versprechungen, Zustimmungen seitens der Theaterdirektoren und Ersten Schauspieler, doch Vorstellungen nie. Sehr bald wird er dessen müde, zumal in Palermo 1889 sein erster Gedichtband gedruckt wird, *Mal giocondo (Freudiger Schmerz)*.

Die Universität

An der Sapienza, der römischen Universität, läßt Luigi sein Studium der Rechtswissenschaften sausen und schreibt sich ausschließlich für Literaturwissenschaft ein. Wenn er sich in Palermo noch für beide Fächer eingeschrieben hatte, war das zum Teil sicher auch Don Stefano zuzuschreiben, der es sich so in den Kopf gesetzt hatte und immer die Hoffnung hegte, daß sein Sohn sich in den Jahren nach dem Studium bei den Geschäften mit dem Schwefel an seiner Seite finden würde, und sei es auch nur als Rechtsberater.

Doch was für ein vertauschter Sohn wäre er, wenn er auch auf Entfernung den Anweisungen seines Nicht-Vaters Folge leisten würde? Daher: Weg mit Jura. Doch es ist auch nicht so, daß in der Literaturwissenschaft alles eitel Freude gewesen wäre. Der einzige Professor, zu dem Luigi ein gutes Verhältnis entwickelt, ist der Romanist Ernesto Monaci. Ansonsten gefällt ihm dieses Gebiet sehr. Der Professor für Latein war der Verehrte Onorato Occioni, großer Bart, Rektor der Universität. Sein Schüler Gabriele D'Annunzio hat geschrieben, daß Occioni eine »volltönende Lehrkunst« vortrug, was in einfachen Worten wohl bedeutet, daß seine Rhetorik unerträglich gewesen sein muß. Und da ist noch etwas: in einem Brief an seine Familie beurteilt Luigi diese Vorlesungen als *allenfalls tauglich für Schüler der oberen Gymnasialklassen.*

Und dann kam es zu der verhängnisvollen Auseinandersetzung. Eines Tages übersetzt Professor Occioni eine Komödie von Plautus. Dabei unterläuft ihm ein grober Fehler. Das kann zwar jedem passieren, aber man weiß, daß Studenten gegenüber ihren Professoren besonders grausam sein können, sie lassen auch nicht das geringste durchgehen. Nun muß gesagt werden, daß Occioni sich gleich darauf seines Irrtums bewußt wird und versucht, ihn zu verbessern. Aber da ist es schon zu spät. Ein junger Priester, der gleich neben Luigi in der ersten Bank sitzt, gibt seinem Studienkollegen einen Stoß mit dem Ellbogen, um Occionis Fehler damit zu unterstreichen, und feixt los. Wahrscheinlich versucht er nicht einmal, dieses Feixen zu unterdrücken. Als Occioni die Störung bemerkt und sie als Hänselei versteht, wird er beinahe wahnsinnig.

Er steigt vom Katheder, verprügelt den jungen Priester mit einem Stock wie einen Hund, achtet allerdings sehr genau darauf, daß er den Grund für seinen Zorn nicht preisgibt. Denn wenn der eine oder andere Student den Fehler nicht bemerkt hat, besteht ja kein Anlaß, daß er sie darauf aufmerksam macht.

Bis zu diesem Augenblick war Luigi nicht in die Auseinandersetzung zwischen dem Professor und dem jungen Priester hineingezogen worden. Er hat sich durchaus als unbeteiligt bezeichnen können, hat nicht an dem Handgemenge teilnehmen müssen, denn er hat ja nichts weiter als einen Stoß mit dem Ellbogen bekommen und auch erwidert, aber er hat nicht über Occionis Fehler gelacht. Aber da nun läßt ihn die impulsive Seite in ihm aufspringen, diese Seite gehört eindeutig zu Don Stefano und wohl weniger zum vertauschten Sohn. Er springt auf wie eine dieser Puppen, die auf ihrer Spiralfeder hervorschießen, wenn man den Deckel von der Schachtel nimmt. Vor den Mitstudenten, die ihm erstaunt zuhören, obwohl Occioni versucht, ihm das Wort abzuschneiden, indem er ihn überbrüllt, erzählt Luigi in allen Einzelheiten, wie sich die Dinge zugetragen haben, wirft dem Professor Heuchelei vor, weil er nicht zugeben wolle, daß alles mit seinem Übersetzungsfehler angefangen hat. Dann, als er ausgeredet hat, verläßt er den Lehrraum. Occionis Wut verändert das Ziel, sie richtet sich jetzt ganz gegen Luigi. Das Ende der Geschichte war, daß nach der Zusammenkunft des Fakultäts- und des Disziplinarrats der junge Pirandello von der Universität flog.

Luigi entschloß sich, Professor Monaci um Rat zu fragen. Dieser riet ihm in Anbetracht der Neigungen seines Schülers zu dem Studium der Romanistik, und nach Bonn zu gehen, wo Professoren lehrten, die in diesem besonderen Fach die bedeutendsten waren.

Nach Deutschland fahren zu können, bedeutete für Luigi, daß er sich unvermeidlicherweise zwei Demütigungen aussetzen mußte, zum einen der, dem Vater mitzuteilen, daß er von der Universität geflogen war, zum anderen der, ihn um eine beträchtliche Erhöhung des monatlichen Betrages zu bitten.

Er muß also zu seiner Familie nach Sizilien zurückkehren und seinem Vater von Angesicht zu Angesicht gegenübertreten.

Diese Begegnung würde in jedem Fall schwierig sein. Sciascia hat im Hinblick auf Giuseppe Antonio Borgeses Befürchtung, der

Vater würde ›ihn einseifen‹, geschrieben, daß »in einer siziliani-schen Familie, und zwar bis zum Beginn unserer Kindheit und Ju-gend noch, an eine Vertraulichkeit mit dem Vater überhaupt nicht zu denken war«. Daher stelle man sich den Ton des Gesprächs zwi-schen Luigi und Don Stefano vor, nachdem zwischen ihnen vor-gefallen war, was vorgefallen war.

Die beiden Krankheiten

Lange wird Professor Monaci auf Nachrichten seines ehemaligen Studenten Pirandello aus Sizilien warten, der ganze Sommer wird vergehen, und es wird Mitte September 1889 werden. Tatsache ist, daß Luigi gleich nach seiner Rückkehr in den Kreis der Familie erkrankt: es handelte sich, schreibt er später an Monaci, um eine Krankheit, die ihn *an den Rand des Todes* brachte: eine schwere Form von Endocarditis, von Herzklappenentzündung.

Möglicherweise ist die Krankheit eine Folge der Anhäufung von Anspannungen, von dem, was man heutzutage Streß nennt.

Im Januar desselben Jahres beginnt bereits seine Cousine Lina, offiziell immer noch Luigis Verlobte, an einer Krankheit zu leiden, die bei ihr häufig hysterische Anfälle hervorruft.

Die junge Frau ist längst davon überzeugt, daß »ihr Luigi« sie niemals heiraten wird. Um sie auf andere Gedanken zu bringen, laden die Pirandellos sie zu sich nach Porto Empedocle ein, doch die Einladung bewirkt genau das Gegenteil: Tag für Tag im Haus ihres Verlobten zu wohnen, in jedem Buch, in jedem kleinsten Gegenstand Luigis Spuren zu entdecken, läßt Lina in immer tiefe-re Depressionen versinken. Donna Caterina bittet ihren Sohn, für eine Woche nach Sizilien zu kommen und sich mit Lina zu treffen. Luigi tut es nur sehr ungern. Dann, nachdem er seiner Pflicht nachgekommen ist, flüchtet er wieder nach Rom. An die Schwe-ster schreibt er:

Die letzte Illusion, die mir verblieben war, ist dahin: die Liebe. Nein, nein … ich liebe nicht mehr, ich kann es nicht, es gelingt mir nicht, so sehr

ich mich auch dazu verstehen möchte, es gelingt mir nicht mehr, diese be-
dauernswerte kranke Lina zu lieben. Als Schwester, als meinen Nächsten,
das schon – als Verlobte nein, nein, niemals mehr … Ach, was für Szenen
mußte ich mir ansehen, ach, was für schreckliche Worte mußte ich mir von
ihr anhören (ich vergehe vor Scham und Kummer allein beim Gedanken
an sie), ach, was für Handlungen, was für Fertigkeiten habe ich gesehen …
Zerrissenes Herze mein … Das dicht geknüpfte Netz der Illusionen, die
die Liebe bilden, und die nur ein kräftigerer Hauch als der sonst gewohnte
in der Lage ist aufzulösen, das schöne, überaus zarte Netz ist völlig zer-
rissen … Was bleibt mir? Oh, wieviel besser wäre es gewesen, würde sie
mir gestorben sein!

Dieser Brief strotzt nur so von Heuchelei. Was wird die *bedau-*
ernswerte kranke Lina ihm schon so Entsetzliches gesagt haben, daß
der schamvolle Luigi vor Scham vergeht? Sie wird ihm mit Sicherheit die Entfernung vorgehalten haben, die Gleichgültigkeit,
die Nichteinhaltung des gegebenen Wortes, die Schwindelei, vor
allem diese, zu der Luigi gegriffen hat, um nach Rom zu gehen,
unter dem Vorwand, schnell sein Studium abzuschließen, um sie
dann gleich heiraten zu können. Doch mit jesuitischer Fertigkeit
werden Linas Gründe in diesem Brief zu Linas Sünden.

Himmel noch mal, ein bißchen Anstand! scheint Luigi aus der
Tiefe des *zerrissenen Herzens sein* zu schreien.

Als er im Sommer desselben Jahres nach Porto Empedocle zurückkehrt, hat Luigi bereits beschlossen, zwischen sich und Lina
noch wesentlich mehr Kilometer zu legen als zwischen Palermo
und Rom. Kaum ist er genesen, macht er sich nach Bonn auf.

Und die Krankheit wird ihm während des Aufenthalts in Porto
Empedocle als Alibi gedient haben, um sich gegenüber seinen Verwandten nicht zu der Verlobung mit Lina äußern zu müssen. Die
Cousine ist in den Augen aller Luigi inzwischen ›versprochen‹,
auch wenn er sie nicht mehr liebt, und der Tradition entsprechend
hätte er sich in die Ehe flüchten müssen. Doch Luigis Taktik, die
sich letzten Endes als erfolgreich erweist, ist die, die Lage dermaßen brandig werden zu lassen, daß am Ende nur noch eine Amputation hilft.

Die Krankheit enthebt Luigi auf freundliche Weise noch einer anderen Pflicht: nämlich der, Don Stefano ins Schwefellager im Hafen begleiten zu müssen. Der Anblick dieser infernalischen Tätigkeit würde ihn peinigend daran erinnern, daß er sich, eben wegen seiner Liebe zu Lina, die er jetzt von sich stößt, in diese Hölle hinabgelassen und damit seine so hart erkämpfte Wesenseigentümlichkeit als vertauschter Sohn verraten hat.

Como

Wenige Tage vor seiner Abreise von Porto Empedocle schreibt Luigi an Professor Monaci, daß sein römischer Zwischenaufenthalt höchstens drei Tage dauern werde, *weil ich mich selber unter Druck setze, in angemessener Zeit in Bonn zu sein.* Doch er hat einen Krankheitsrückfall und ist gezwungen, zwei weitere Wochen in Rom zu bleiben. Als er wiederhergestellt ist, entscheidet er sich, nicht gleich nach Bonn weiterzureisen, sondern in Como haltzumachen, wo ein Schwager von ihm wohnt. Die Absicht dieses Aufenthalts war, sein Deutsch zu verbessern und die gute Jahreszeit abzuwarten, weil seine Gesundheit ziemlich angegriffen war.

In Como – wie wir gesehen haben – war Luigi ja schon in seiner Phantasie, um dort das Gymnasium zu besuchen. Aber nun ist er wirklich da, und auch diesmal, um zu lernen. Doch Como scheint dafür gemacht, seine Vorstellungskraft zu entfachen. Denn uns kommt es vor, daß die Figur eines braunhaarigen Mädchens in einem Gedicht aus dem Jahr 1901, das er während dieses Aufenthalts liebte, doch zu starke literarische Züge hat, um wahr, um echt zu sein. Aber ob sie nun wirklich existiert hat oder nur in Luigis Phantasie, diese braune Locandiera erfüllt eine ganz bestimmte Funktion, nämlich die der Markierung einer Grenzüberschreitung. Indem er Lina, die ja immer noch seine Verlobte ist, ›betrügt‹, vollführt Luigi symbolisch eine Geste, die den Bruch mit seinen eigenen Überzeugungen und mit seiner Erziehung darstellt. Doch der notwendige Mut für diese Geste reicht gerade nur so weit, daß er sie mit einer Prostituierten ausführen kann.

Bonn

Der andere, in Deutschland nun, in Bonn am Rhein,
unter einem großen Biberpelzhut:
mager, kränklich, eingefallen: ißt und schläft nicht;
studiert sehr ernsthaft (so glaubt er selber)
der Sprache Ursprünge und Formen.

Diese Strophe stammt aus dem eben erwähnten Gedicht, und der andere soll Luigi sein, so wie er war. Doch dieser *andere* ist wirklich ein anderer, der vertauschte Sohn, dem ein Nichts genügt, um sich ganz und gar zu verwirklichen, doch dieses Nichts hat die Form der wirtschaftlichen Abhängigkeit vom Vater, es handelt sich nicht darum, eine Nabelschnur zu durchtrennen, sondern eine schwere Eisenkette, die ihn gefesselt hält wie einen Hund an seiner Hütte.

Die ersten Eindrücke für den aus der Sonne von Porto Empedocle dorthin katapultierten jungen Mann müssen wirklich traumatisch gewesen sein.

Aus dem geschwollenen Rhein steigt herauf in der Nacht
*   uns der Nebel*
wie blinde Bilder des Wahns schwarmgleich suchend die
*   Leere.*
Schlüpft in lange verlassene Straßen, in Wogen sich
*   brechend;*
dem Verdruß gibt er nach; träge legt er sich hin.
Mit dem lästigen Schlaf, der reglos ihn ausstreckt am
*   Boden*
Drückt er der Häuser Zeil', dunkel und schweigend dort
*   drüben,*

Schwach in der Nacht auf der Wacht stehen Lampen und
  kahlgraue Bäume
's scheint dort, als würge sie still seltsam ein neuer Krampf.
Ach, als wär's längst erloschenen Lebens verbleibende
  Stimme,
unwissend kündend die Zeit, so schlägt düster die Stunde.
Fliehend durch wirr sich wälzende Wellen der Luft, so
  späht der
Mond fast verdutzt hinab, auf die entschlafene Erd'.
Ihm entgegen in einsamen schweren Schatten die Spitzen
recken armgleich hinauf sehnsüchtig schmachtend die
  Kirchen.
Eitle Begierde! Der Nebel ist ewig und ewig sein Reich hier.
Hoffen heißt nur lange Pein; besser ist's ihm sich zu öffnen,
Einzulassen das Grau seiner Nacht in die traurige Seele
statt eitlen Fühlens im Schlaf, den er schläft, versinken

heißt es in den *Rheinischen Elegien.*

Allerdings handelt es sich hierbei immer wieder um poetischen Nebel, denn in Bonn genießt Luigi die heiterste, die unbeschwerteste Zeit seines Lebens. In den ersten Tagen hat er erhebliche Schwierigkeiten, sich verständlich zu machen: mit seinem literarischen Deutsch kann er im täglichen Leben wenig anfangen. Die Menschen in Bonn sprechen fast ausnahmslos rheinischen Dialekt, doch handelt es sich um *äußerst freundliche* Menschen. Luigi wurde von seinem Vater mit sehr viel Geld ausgestattet, das es ihm erlaubte, ein bequemes Leben zu führen (die ›Eisenkette‹ bestand aus einem Monatsbetrag von dreihundert Mark), alles andere als ein Student der Boheme. Er zieht ins Hotel »Zum Münster«. Er mag ja durchaus *mager, kränklich, eingefallen* sein, wie er in dem Gedicht sagt, aber Tatsache bleibt, daß er sich gut ernährt und mit Unterkunft und Mahlzeiten fast soviel zahlt wie in Rom: gleich nach dem Aufstehen Milchkaffee mit Brot und Butter; um halb zehn ein belegtes Brötchen; mittags Suppe, Fleisch, reichliche Beilagen, eine *Zwischenmahlzeit*, Obst, Kuchen und Kaffee; um vier Uhr je nach Wunsch ein Bier, ein belegtes Brötchen oder einen Kaffee; um sechs zum Abendessen Fleisch oder Fisch, Salat, Käse, Obst.

Gelegentlich überkommt ihn die Lust, italienisch zu sprechen. Dann geht er ins Münster, wo ein Mosaikkünstler aus Venetien, Giovanni Sambo, Restaurierungen auf einem unendlich hohen Gerüst ausführt.

Aber nicht immer geht er zu Sambo, um sich mit ihm auf italienisch zu unterhalten, oft bringt er auch seine Bücher mit und studiert.

Fast den ganzen Tag, außer den Stunden der Ruhe und der Vorlesungen (die ich gerne in der Universität höre), befinde ich mich in der Kuppel des Münsters, die sich gleich gegenüber von meinem Hotel befindet ... täglich klettere ich mit einem Buch oder auch zweien ... das Gerüst hinauf und studiere unter der Bewunderung der Engel und Heiligen ...

Ein bißchen so, als wäre er wieder der Junge, der auf den Baum bei sich zu Hause klettert und dort liest, während er darauf wartet, daß Giovanna auf dem Balkon erscheint.

Im Hotel schließt er Freundschaft mit einem jungen, vielsprachigen Iren, William Henry Madden, und mit ihm zieht er in das Haus eines gewissen Mohr, eines Geschäftsinhabers, der in der Neuthorstraße 1 auch Zimmer an Studenten vermietet. Doch bei ihm handelt es sich nicht um einen beliebigen Zimmervermieter, das Haus ist wunderbar eingerichtet, warm, gemütlich. Für einundvierzig Mark im Monat hat Luigi Anspruch auf zwei Zimmer, Frühstück, Bedienung und unbegrenzten Petroleumverbrauch für die Beleuchtung. Luigi ist von diesen Zimmern fasziniert. Vom Belvedere des Arbeitszimmers, schreibt er der Schwester, *genießt man ein zauberhaftes Panorama: den Rhein, die Berge, das Land, die Stadt.*

Im Hause Mohr gewinnt Luigi einen weiteren Freund. Dieser ist ein Doktor der Literaturwissenschaft und heißt Karl Arxt, er ist von seinem Vater verstoßen worden, weil er nicht Theologie studieren wollte, auch er war von der Universität geflogen, an der er eigentlich hätte lehren sollen, weil man ihn für einen gefährlichen Revoluzzer hielt: er vertritt nämlich sozialdemokratische Ideen, wo Bonn doch eine Stadt des konservativen Bürgertums ist. Mit einem Wort: noch ein vertauschter Sohn.

Zwischen den beiden entsteht eine harmonische Übereinstimmung; zudem unterrichtet Arxt Luigi hervorragend in Deutsch, so daß Luigi den Vorlesungen mit großer Leichtigkeit folgen kann: dafür unterrichtet er Arxt wiederum in Italienisch.

Die Begegnung mit Professor Foerster, zu dem er mit einem Schreiben von Monaci geht, ist denkbar herzlich, und zwar in einer Weise, daß er oft zum Mittag- und zum Abendessen eingeladen wird. Elegant und würdevoll, wie er ist, gewinnt er zahlreiche Freunde und Freundinnen der gehobenen Bourgeoisie, schreibt seiner Schwester, daß zwei junge Fräulein, Mary und Anna Rismann, ihn oft im Hause Mohr besuchen kommen und sein Zimmer durcheinanderbringen, weil sie *zwei kleine Teufel sind, wahre Ausbünde*, über die Lina, seine Schwester, aber wegen dieser Freiheiten, die sie sich herausnehmen, nicht nachteilig denken dürfe: *Es ist nur eine andere Erziehung hier und sehr viel menschlicher.* Und noch einmal, um das Gelände von jeder Zweideutigkeit zu säubern: *Würde ich dir denn, meine Schwester, von Frauen erzählen, die nicht ehrlich wären?*

Aber er hat auch Umgang mit anderen Mädchen, die vielleicht ein bißchen geneigter sind, wie eine gewisse Else aus Köln, die er in dem Gedicht *Melbthal* verewigt.

Sie gehen in den Wald, unten sehen sie die Melb fließen, den *sanften Bach*, dort befinden sich Pärchen, die *hierher kommen, um sich schlau zu machen* … Dann sagt Else mit zitternder Stimme, sie fühle sich müde und möchte ein bißchen ausruhen.

Das Gedicht wirkt wie ein Gozzano *ante litteram* ohne jeden Nachgeschmack von Wehmut, fast wie zum Gegenbeweis für Luigis heitere Ausgeglichenheit und Zufriedenheit in diesen eineinhalb Jahren, die er in Bonn fern von Sizilien und von allen Problemen und Verpflichtungen verbringt, die die Insel mit sich gebracht hatte. Auch wenn er neuerliche Gesundheitsprobleme hat und ein Arzt ihm den Rat gibt, die dem Studium gewidmeten Stunden durch ausgedehnte Spaziergänge und Ausflüge zu unterbrechen.

Luigi ist tief beeindruckt vom Leben an der Universität in Bonn, das so ganz anders ist als das in Rom. Trotz aller Strenge der Studien unternehmen Studenten und Dozenten Ausflüge aufs Land, spielen gemeinsam Boccia und diskutieren abends, getröstet von riesigen Humpen Bier, ernsthaft über Fragen ihres Studiums. Die Dozenten haben familiäre Beziehungen mit den Studenten. Als Luigi merkt, daß er wieder am Herzen erkrankt, teilt er das Foerster mit, und der Professor schreibt ihm unverzüglich einen Empfehlungsbrief für einen Kollegen der Medizinischen Fakultät, Schultze, eine Koryphäe.

Luigi besucht die Theater, hört den *Tannhäuser* und wird zu einem begeisterten Wagnerianer, eine Begeisterung, die nicht lange währt, im Gegenteil.

Er arbeitet viel an seiner Dissertation, deren Thema ihm Foerster angeraten hat. Sie hat die Mundart von Girgenti zum Gegenstand. Darüber schreibt er an Monaci, daß er eine umfangreiche, noch von ihm selbst in Sizilien erstellte Sammlung von Märchen, volkstümlichen Liedern und Stegreifliedern bei sich habe und sich überlege, sie als Anhang zu seiner Dissertation zu veröffentlichen. Doch von dieser Sammlung verliert sich die Spur.

Jenny

Der Karneval in Bonn wird mit einem großen Maskenball auf dem nach Beethoven benannten Marktplatz eröffnet. Luigi nimmt daran teil und beschreibt sich ironisch in einem Brief an die Schwester folgendermaßen:

Auch ich habe einen Domino getragen und – ja, erschreckt nur! – auch ich habe getanzt oder besser gesagt: ich bin gehüpft oder noch besser gesagt: ich bin meinem maskierten Nebenmann auf die Füße getreten.

Aber es gibt nur wenig, worüber man sich erschrecken könnte: hochgewachsen, schlank und elegant wie Luigi war, mit seinem schönen Köhlerbart, seinen lebhaften, tiefen Augen, wird der Domino nur seine natürliche Faszination betont haben. Und dann muß da auch noch eine besondere Haltung gewesen sein, die Luigi allem gegenüber einnahm, was neu, anders und ungewöhnlich für ihn war, eine sehr wache Haltung, die niemals in eine mehr oder weniger oberflächliche Neugier verfällt, eine Fähigkeit, Männer, Frauen, Begebenheiten, Dinge in sich aufzunehmen, die keine Grenze kennt. Eine Haltung, die sich im Lauf der Jahre nicht verändert.

Eine notwendige Parenthese, um diesen Durst Luigis nach dem anderen, dem Unterschiedlichen zu verdeutlichen. Gegen Ende des Sommers 1928 war Pirandello nach Deutschland gereist. Bis Ende 1930 bleibt er dann in Berlin, in einer Art freiwilligem Exil. Anton Giulio Bragaglia, der zu jener Zeit ebenfalls in Berlin war, erzählt folgendes:

»Abends sahen wir uns zum Essen im Restaurant Venezia, um uns dann gemeinsam ins Theater zu begeben und danach eines jener sonderbaren Cabarets im Berlin der Nachkriegszeit zu besuchen, in denen eigentümliche menschliche Phänomene gezeigt wurden. Er interessierte sich sehr für dieselben. Da er fließend Deutsch sprach, gelang es ihm, seltene Vertraulichkeiten aus gewissen jungen Männern herauszubekommen, die sich wie Frauen kleideten, mit langen echten gewachsenen Haaren und mit nackten weiblichen Hüften.

Er wollte darüber schreiben, deshalb erforschte er ihre eigentümliche Psychologie, die er dann in seinen eigenen Zauberspiegeln aufbewahren wollte.«

Und Corrado Alvaro schreibt zudem noch:

»Von Pirandello in Berlin bewahre ich ein ganz eigenes Bild auf; mit ihm befand ich mich an einem Abend des vergangenen Winters, mit sooo hohem Schnee, an einem der dreihundert Tische des Zoos, eines der unendlich vielen Tanzlokale der Berliner Kleinbürger. Die Festlichkeiten für das Jahresende standen bevor, und die aufgeheizten Frauen stürzten von einem Saal zum nächsten, um zu tanzen; einige hundert Mädchen, Angestellte und Verkäuferinnen brillierten in ihren modischen Uniformen. Den wunderbaren deutschen Zigarren gelang es nicht, die Luft mit dem überall verbreiteten Optimismus aufzupumpen … Pirandello trug immer seine bis zum Kinn hochgeknöpften Anzugswesten, die am gestärkten Kragen und der Krawatte aufhören, von grauer Farbe. Seine gesammelte, geometrische Gestalt von silberner Farbe hob sich von der roten Wandbespannung und Polsterung ab und wirkte an dem niedrigen Tisch wie eine wertvolle Büste auf einem Pedestal. Seine zusammengelegten Arme folgten der erweiternden Linie seines Kopfes, die mit dem Spitzbart zum Abschluß kam. Irgendwann versuchte ich mir vorzustellen, was ihm in einer Umgebung wie dieser durch den Kopf gehen könnte, und es kam mir vor, als würde er wie ein Puppenspieler zwischen seinen Schauspielern stehen; vor unseren Augen lag eine Szene aus ich weiß nicht was für einem Drama, einer jener Dramenausschnitte, die er so gerne über das tägliche Leben erfindet. Denn eines der Geheimnisse seiner Kunst besteht ja gerade darin: wie er, von regionaler Herkunft, in der Lage ist, die Spektakel des modernen Lebens herüberzubringen, indem er sie auf einen kleinstmöglichen gemeinsamen Nenner reduziert, und wie aus der bisweilen folkloristischen Realität der Schmetterling seiner Metaphysik aufflattert.«

Es besteht überhaupt kein Zweifel, daß das, was Bragaglia und Alvaro schreiben, teilweise stimmt, nämlich, daß dieses ganze Interesse den Endzweck des Schreibens hatte, aber ebenso richtig ist es, daß sein Interesse aus einer inneren, menschlichen Notwendigkeit des Erkennens kam, aus seinem unversiegbaren Bedürfnis, von der immer neuen und andersgestaltigen Realität durchdrungen zu werden. So anders wie er selbst.

»Nachts erschöpfte er sich nie, wurde nie müde. Er brachte fünf oder sechs Päckchen Xanthia-Zigaretten mit und rauchte ununterbrochen.«

Eine Maske in Blau, mit einem *ungeheuer großen* Strohhut hängt sich an seinen Arm und läßt ihn nicht mehr los, presst ihn fest an sich, um ihn in diesem Karnevalsgewühl nicht zu verlieren. Die Maske war nicht nur von der eleganten Gestalt des jungen Mannes im Domino fasziniert, sie fühlt sich wie angezogen, angesogen, absorbiert von seinen Augen, die die Teilnehmer an diesem Fest in ihren Haltungen, Handlungen, Bewegungen, in ihrem Lachen, Verhalten und Leben beobachten, suchen und beinahe verschlingen.

Um Mitternacht, der Stunde, in der man gewöhnlich die Masken abnimmt, war ich äußerst erstaunt, in meiner diabolischen Unbekannten eine der leuchtendsten Schönheiten zu erkennen, die ich je gesehen habe.

Am nächsten Tag stattet er ihr, wie es Brauch ist, einen Besuch ab. Im Gespräch mit ihr tischt er die Geschichte auf, er würde sich für Malerei interessieren. Jenny, die mit Nachnamen Schulz-Lander heißt, verlangt ein Porträt von ihm. Luigi verspricht es und geht eilig Pinsel und Farben kaufen. Schon bei dieser ersten Begegnung wird Jenny ihm mit Sicherheit zu verstehen gegeben haben, daß sie sich gleich beim ersten Anblick in ihn verliebt hatte. Luigi ist darüber geschmeichelt, doch soweit wir wissen, gibt er nicht sehr viel zu erkennen. Und tatsächlich begibt er sich einige Tage darauf überstürzt nach Köln, wo der Karneval legendär ist.

Jahre später wird er genau hier in Köln, in den letzten Karnevalstagen eine Novelle ansiedeln, *Der Sonnenaufgang*, in der die Hauptfigur, Gosto Bombichi, unvorsichtigerweise eine Maske heiratet, die ihn provoziert hat, und am Ende über seinen Selbstmord nachdenkt.

Jedenfalls, der unbeschwerte Aufenthalt in Köln wird verdunkelt durch das Eintreffen eines Telegramms des Hausherren, Herrn Mohr, in welchem er ihm mitteilt, daß eine diebische Hausangestellte das Geld eingesteckt habe, das Luigi in Bonn zurückgelassen hatte. Den gesamten Monatsbetrag, der in einem Beutel war, den seine Verlobte, Lina, gestickt hatte. Luigi, der von dem Vorfall nichts wußte, hatte in Köln die zweihundert Lire verpraßt, die er für eine durch Ernesto Monaci in Italien veröffentlichte Übersetzung erhalten hatte. Als Luigi eilig nach Bonn zurückkehrt, entdeckt er, daß ihm auch ein paar Anzüge und eine schöne goldene Uhr fehlen. Und so bricht wenigstens für diesen Monat, ausgerechnet während der Ausgelassenheit des Karnevals, eine graue Fastenzeit über ihn herein.

Die Freundschaft mit Jenny wird enger, auch wenn sie noch

nichts Intimes hat. Doch Luigi ist gezwungen, sie zu verlassen, wieder geht es ihm schlecht, und Jennys Gesellschaft genügt ihm nicht. Er fühlt das Bedürfnis, einige Monate nach Sizilien zurückzukehren. Zuerst macht er halt in Bologna, läßt sich von dem berühmten Murri untersuchen, der ihn anweist, das Studium für eine gewisse Zeit zu unterbrechen. Luigi gehorcht ihm und verbringt vier Monate im Landhaus in Caos.

Als er sich wieder besser fühlt, kehrt er nach Bonn zurück, als *das Semester bereits zu Ende ging, und ich hatte gerade noch Zeit, mein Studienbuch unterschreiben zu lassen.*

Aber es fällt ihm nicht leicht, das Studium wieder aufzunehmen, er ermüdet leicht. Da überzeugt ihn Jenny, in ihre Wohnung zu ziehen, zumal ihre Mutter gelegentlich Studenten als zahlende Gäste aufnimmt. Auch in der Breite Straße 37, der Wohnung von Jenny, hat er zwei Zimmer, eines zum Schlafen und eines zum Studieren. Außerdem kümmert man sich dort besser um ihn.

Zu Jenny läßt Luigi nicht nur seine Habe transportieren, er bringt auch einen von ihm aufgelesenen streunenden Hund mit, Mob, der, eben weil er weiß, wie die Dinge im Leben laufen, gleich bereit ist, den Erstbesten als sein Herrchen anzuerkennen, der ihm ein Stück Brot gibt. Luigis Leben verläuft nun in ruhigeren, familiäreren Bahnen.

In dieser Umgebung, in der er Gastfreundschaft, Sorge, Ermunterung und Liebe gefunden hat, ist Luigi endlich auch in der Lage, seine Dissertation zu Ende zu bringen.

Ein Altar im Herzen

Während seines Aufenthalts in Bonn erreicht Luigi ein Telegramm von zu Hause, in dem seine Eltern ihm zu seiner Überraschung ihre Bereitwilligkeit mitteilen, die Druckkosten für die Veröffentlichung der Gedichtsammlung *Ostern, Gäa* zu übernehmen. Luigi ist überrascht und tief bewegt. An Lina, seine Schwester, schreibt er:

Unser angebeteter Papa hat mir das Geschenk machen wollen, auf seine Kosten meinen Gedichtband Ostern, Gäa *zu veröffentlichen. Als mich diese Nachricht per Telegramm erreichte, befand ich mich in außerordentlich trauriger Stimmung, so daß ich zu Tränen gerührt war. Wieviel Großzügigkeit und wieviel Feinsinn! Oh, unsere Eltern, meine Lieben, sind doch wirklich die wunderbarsten Eltern der Welt! Sie verdienen es, auf Knien angebetet zu werden.*

Was Papa für mich getan hat ist so viel und derart, daß längst alles, was ich tue oder im Begriffe stehe zu tun, mich nicht einmal zu einem Tausendstel entschulden kann. Ich habe ihm indessen einen Altar in meinem Herzen errichtet, und ich verehre ihn im stillen, ohne dessen je müde zu werden.

In diesen Worten ist ein pathetischer Ton hörbar, der äußerst falsch klingt. Und dieser Ton läßt sich noch oft vernehmen, wenn Luigi indirekt über seinen Vater spricht: er wechselt mit der gleichen Vehemenz von einem Extrem zum anderen. Er ahnt mehr oder weniger dunkel, daß hinter dieser Geste die bangende Liebe von Donna Caterina steckt (gewiß war sie es, die Don Stefano überredet hat), aber dahinter liegt auch so etwas wie ein väterlicher Plan, um Luigis nicht nur wirtschaftliche ›Abhängigkeit‹ deutlich zu machen. Mit anderen Worten: es ist Don Stefano, der in die offizielle Weihe seines Sohnes als Dichter einwilligt. Und Luigi fühlt sich in dieser Situation immer gefesselter und hilfloser. In einem Brief vom 1. März 1891, das heißt zwanzig Tage vor seinem Rigorosum, bittet er seine Schwester Lina und ihren Gatten um ein Darlehen:

… selbst wenn es mich beide Hände kosten sollte, will ich an Papa nicht schreiben und werde es auch nicht. Er hat mir so unendlich viel geschickt (er hat mir ja auch die Veröffentlichung von Ostern *bezahlt), so viel, sage ich, daß ich nicht den Mut und die Überzeugung aufbringe, ihn auch nur um einen Centesimo zu bitten. Ihr werdet verstehen, daß ich ihm nicht schreiben kann »schicke mir 300 Lire, die ich Dir Ende März zurückzahlen werde …«*

Lina und ihr Mann schicken ihm postwendend den Betrag, und so kann sich Luigi unbeschwert auf das Rigorosum vorbereiten.

Doch die ganze Angelegenheit der Veröffentlichung von *Ostern* könnte man auch anders, bösartiger sehen. Gedruckt und veröffentlicht zeugen diese Gedichte von der Beziehung zwischen Luigi und Jenny (der dieser Band im übrigen gewidmet ist) und belasten damit schwer die sich in voller Krise befindliche Verlobung mit seiner Cousine Lina. Eine unbesonnene Geste von Don Stefano oder kalt kalkuliert?

Die Promotion

Das Rigorosum findet am 21. März 1891 statt, und zwar in einem erschlagenden, fürchterlichen Rahmen. In der Aula steht eine riesige Tribüne, zu der drei Stufen hinaufführen. Auf diesen stehen Katheder. Auf der obersten Stufe sitzen die Professoren, in Robe und Barett. Der Kandidat auf die Doktorwürde der Philosophischen Fakultät sitzt auf der untersten Stufe. Vor dem eigentlichen Rigorosum steht ein sehr langes, sehr ermüdendes Magister-Examen in Philosophie, Geschichte und Naturwissenschaften. Luigi weiß, daß sein Schwachpunkt die Naturwissenschaften sind: ihm werden sogar Fragen aus der Zoologie gestellt. Der Beinahe-Zusammenbruch kommt aber mit den Fragen zur Mathematik: er ist so verwirrt, daß der Professor anfängt, ihn freundlich zu hänseln, indem er ihm mit einem Kindertrick beweist, daß die Finger beider Hände elf und nicht zehn ausmachen. Drei Stunden lang beantwortet er die Fragen von Buechler, dem berühmten Latinisten, über Grammatik und Geschichte von Texten. Nicht weniger komplex das Examen in Romanistik. Jedenfalls hatte er mit Genügend bestanden. Die Dissertation wird, außer gegenüber den Professoren, auch gegenüber den Opponenten verteidigt, das heißt einem Studenten des letzten Jahrganges und einem bereits auf diesem Gebiet Promovierten. Am Ende wird die Dissertation *Laute und Lautentwicklung der Mundart von Girgenti* allseits anerkannt und zugelassen, und Luigi kann von seiner Richtstatt niedersteigen, auf der er, wie ein heiliger Sebastian, allen möglichen Pfeilen ausgesetzt war.

Ihm wird die Toga angelegt, der große Doktorhut aufgesetzt, und so gewandet läßt man ihn auf die silbernen Stäbe schwören, welche die Diener kreuzweise vor ihm halten. Dann ist das Ritual zu Ende.

Die Dissertation wird mit einer Widmung für Professor Foerster veröffentlicht, und der große Meyer-Lübke rezensiert sie positiv in dem angesehenen »Literaturblatt für germanische und romanische Philologie«.

An dieser Stelle gibt es nun etwas Mysteriöses.

Im März 1891 erlangte ich die Doktorwürde in Romanistik zur großen Zufriedenheit meines unvergeßlichen Lehrers in Rom, Ernesto Monaci, und verbrachte das folgende akademische Jahr noch in Bonn in der Eigenschaft als Lektor *für italienische Sprache an der Universität.*

Gaspare Giudice erzählt, daß Luigis Bruder Innocenzo das Lektorenamt in Deutschland bestätigte und ausdrücklich darauf hinwies, daß der Kursus sich mit Dantes *Hölle* beschäftigte; seine Tochter Lietta fügte noch hinzu, daß der Vater für die Lektorentätigkeit annähernd viertausend Lire pro Jahr bekam, dazu die Einkünfte aus den Einschreibungen in diesen Kursus und eine Mietbeihilfe. Doch in den peinlich genau geführten Bonner Archiven taucht der Name von Luigi Pirandello niemals unter irgendeiner Funktion des Lehrkörpers auf.

Vielleicht sprach man ja über eine solche Stelle, was aber ohne Folgen blieb. Wenn Luigi schreibt, er sei ein ganzes Jahr nach der Promotion in Bonn geblieben, handelt es sich um eines seiner Phantasiegebilde, wie das, als er einem Journalisten sagte, er sei von zu Hause geflohen, um in Como weiter zur Schule zu gehen.

Dagegen ist gesichert, daß er nach einem ganz kurzen Aufenthalt in Wiesbaden im wahrsten Sinn des Wortes nach Sizilien flieht.

Und Jenny? Was will Jenny eigentlich von ihm? Hat er sie denn nicht in Gedichten genügend besungen?

Kein Versprechen hat er dir gegeben. Ja und? Soll sie doch in Bonn bleiben, mit den Erinnerungen und dem Hund Mob, den er ihr großzügig geschenkt hat!

Von Sizilien aus schreibt er ihr von Zeit zu Zeit, dann bricht die Korrespondenz endgültig ab.

Viele, viele Jahre später will er sie in New York nicht wiedersehen, und zwar unter dem Vorwand, Jenny müsse in seiner Erinnerung unversehrt bleiben, unversehrt, jung und schön. Der wirkliche Grund ist wahrscheinlich eine unerträgliche Verlegenheit angesichts der Erinnerung an den absoluten Egoismus seiner Jugend. Und möglicherweise gibt es einen noch stärkeren Grund. Jenny war in jenen Jahren zu einer Schriftstellerin mit einem gewissen Bekanntheitsgrad geworden. Etwas hatte also in ihr gelegen, das Luigi überhaupt nicht erkannt hatte, für ihn war die junge Frau lediglich ein Geschöpf von einer gewissen Intelligenz, das Klavier spielen, nähen und singen konnte und ihn nachts im kalten Bett wärmte. Etwa also eine gewisse Furcht vor dieser reifen Frau, die längst in der Lage war, andere Worte zu benutzen als die der Jugend?

Rückkehr und Abreise

Luigi kehrt nach Sizilien zurück, entschlossen, die Verlobung mit Lina aufzulösen, eine Verlobung, die ohnehin schon eine verwesende Leiche ist. Bei seiner Ankunft findet er Lina äußerst verärgert vor: die junge Frau kann zwar kein Deutsch, aber es genügte ihr, den Namen Jenny in der Widmung von *Ostern, Gäa* zu lesen, um eine Ahnung von der Beziehung zu bekommen, die der Verlobte in Deutschland gehabt hat. Luigi zieht sich in die Einsamkeit von Caos zurück und nimmt, aus Rache oder um Kraft für die nächste Auseinandersetzung mit der Verlobten zu bekommen, wieder ein bereits mehrmals unterbrochenes Gedicht auf, *Belfagor*, wild entschlossener, giftender Gegner der Frauen, doch von diesem Gedicht sind nur wenige Seiten erhalten, die anderen hat der Autor selbst vernichtet. Aber Luigi fühlt sich nicht danach, sich Lina von Angesicht zu Angesicht zu stellen. Nachdem er mit Don Stefano darüber gesprochen hat, schickt er ihr, mit Datum vom

15. August 1891, einen ausführlichen Brief (der bereits erwähnt worden ist), den der Vater, wenn er will, der befugten Person zu lesen geben kann. In diesem Brief erklärt er seine Unmöglichkeit, die Cousine zu heiraten. Mehr noch: wie seine Künstlernatur ihn dazu verdamme, unverheiratet zu bleiben.

Don Stefano, der immer schon gegen die Heirat seines Sohnes mit der Cousine war (und er hatte ja eine bittere Erfahrung mit Beziehungen zu Cousinen), kommt diese Wende gerade recht. Er leitet die ersten Schritte für die Auflösung der Verlobung ein. Doch hier sind wir in Sizilien, nicht in Deutschland, und die Sache ist überaus kompliziert. Luigi reist nach Rom ab und läßt eine Menge Groll, lange Gesichter, Beleidigungen zurück. Doch im Verlauf einiger Monate ist er wieder frei von den beiden jungen Frauen, die, jede auf ihre Weise, versucht hatten, ihn an sich zu binden.

Im Zug, der ihn in die Hauptstadt Rom bringt, wird Luigi mit seinen blonden Haaren, seinem blonden Spitzbart, seiner Brille mit Goldrand, seinem breitkrempigen Künstlerhut, er, der elegant und schlank ist, mit perfekt gebügelter Hosenfalte, kunstvoll und gekonnt geknoteter Krawatte, unbeschädigten Lacklederstiefeln (dieses Porträt stammt von Lucio D'Ambra), von einigen Reisegefährten für einen deutschen Maler gehalten, der, nach seiner Rundreise auf der Insel, wieder in sein Heimatland zurückkreist. Wieso ausgerechnet Deutscher und nicht etwa Engländer? Weil Luigi, um seine Verschiedenartigkeit deutlicher zum Ausdruck zu bringen, mit großem Übermut den einen oder anderen Akzent einer etwas mehr deutschen Aussprache hat einfließen lassen.

Und über sein deutsches »Erscheinen« gibt es noch einen Bericht, nämlich von Luigi Capuana, der ihn sehr schätzt und davon überzeugt, die Lyrik aufzugeben und sich der Prosa zu widmen, der Erzählung.

»Blond, mit einem Nazarenerbärtchen, die Haare ein wenig lang und nach hinten geworfen, unter einem breitkrempigen Biberpelzhut (›eine Art Sombrero‹ würde sein girgentanischer Freund De Gubernatis sagen), lag in seiner aufgeweckten, stattlichen Erscheinung und im sanften Ausdruck seines beinahe blassen Gesichts etwas, das in ihm keinen Sizilianer vermuten ließ. Viele hielten ihn für einen deutschen Studenten, der nach dem Abschluß seines Studiums die obligatorische Reise nach Italien machte …«

Das letzte Problem, dem er sich stellen und das er lösen muß – darüber ist sich Luigi durchaus im klaren –, ist das Abstreifen der unsichtbaren Kette, die ihn gefangen hält: die wirtschaftliche Abhängigkeit vom Vater. Solange diese Abhängigkeit fortbesteht, sind alle seine Versuche, ein wirklicher vertauschter Sohn zu sein, nur pathetische Anwandlungen.

Ich bin nicht klein geboren

In Rom, so hat Gaspare Giudice geschrieben, trifft Luigi mit dem eindeutigen Willen ein, ein »Berufsschriftsteller« zu werden. Er weiß, daß das nicht leicht ist, aber er kann sich nicht entfernt vorstellen, wie schwierig allein schon die Bitte ist, Zutritt zu diesem Kreis zu erhalten. Und dazu kommt: er hat nicht einmal das Schreckgespenst des Militärdienstes im Rücken; den macht, einem damals gültigen Gesetz entsprechend, sein Bruder Innocenzo für ihn. Also verbringt er Tage und Nächte damit, seitenweise Papier mit Gedichten, Novellen, Komödien und Dramen zu füllen. Er hat sogar einen Roman geschrieben, den niemand veröffentlicht. Alles, was er in der Lage ist zu verdienen, sind ein paar Lire durch mühsame journalistische Mitarbeit.

Er könnte seine Doktorarbeit und seinen Doktorgrad dienstbar machen und sich der Lehrtätigkeit widmen, doch er fühlt, daß diese Beschäftigung für den Augenblick wie eine Herabsetzung seiner Fähigkeiten wäre.

Um sich also in Rom über Wasser zu halten, bleibt ihm nichts anderes übrig, als den Vater um Geld zu bitten. Der Monatswechsel reicht oft nicht aus. *Ich bin nicht klein geboren, noch kann ich mich mit wenigem zufriedengeben.*

So rechtfertigt er seine drängenden Bitten um Geld. Außerdem ist er sicher, daß er nicht diesen *Wind um den Hintern* habe, der andere Autoren dazu antreibt, veröffentlicht oder gespielt zu werden und Geld zu verdienen. Als er in Ferien geht, hat er kein Geld, um das Hotel zu bezahlen, er kann sich keine Wäsche kaufen. Er schreibt seiner Familie Briefe, die halb ernst, halb speichelleckerisch sind.

In der Ferne sehe ich einen Mann, der sich von morgens bis abends mit einer anderen Arbeit abrackert, die viel härter ist als meine und weitaus weniger liebenswert. So daß also einerseits meine Schufterei angesichts der seinen sich in nichts auflöst, andererseits aber meine Mutlosigkeit und Niedergeschlagenheit zunehmen.

Don Stefano ist gelegentlich bereit, weiteres Geld zu schicken, andere Male zögert er ein bißchen. Luigi fühlt sich aber in jedem Fall niedergeschlagen, sei die Antwort nun negativ oder positiv. Wahrscheinlich wäre er weniger gedemütigt angesichts einer negativen Antwort, die ihn dazu zwingen würde, weiterhin zu beharren: dieses Nein von Don Stefano bekräftigt in gewisser Weise nur das Spiel der Kontrahenten: wenn er ein vertauschter Sohn ist, warum sollte Don Stefano ihm gegenüber dann irgendwelche Verpflichtungen haben?

Und mit Blick auf die Wäsche, die er nicht kaufen kann, kommentiert er: *Ich hätte sie mir anschaffen müssen, wenn ich eine Frau genommen hätte; ich habe aber keine Frau genommen und bin sozusagen nackt geblieben.*

Apropos Ehe. In dem Abschiedsbrief an die Verlobte hatte er geschworen: *Ich habe es dir gesagt: ich werde an keine Frau auf der Welt mehr denken, ich werde dir mein Leben lang verbunden bleiben …*

Aber es ist ja nicht gesagt, daß eine Ehe unbedingt aus Liebe geschlossen werden muß. Und außerdem zeigen sich bei einer Liebesheirat die Möglichkeiten einer Vervielfachung von Ambiguitäten, von Mißverständnissen, von Eifersüchteleien auf Früheres bei jedem neuen Sonnenaufgang. Und im Juni 1892 veröffentlicht er in dem Zeitschriftenheft ›L'O di Giotto‹ (Das O von Giotto), einer wöchentlichen Beilage zur Tageszeitung *La Tribuna*, einen Einakter oder besser gesagt: einen Dialog mit dem Titel

Perché? (*Warum?* – der lange vergessen war und erst am 25. Juni 1986 unter meiner Regie im Teatro delle Arti in Rom zur Uraufführung kam.) Er behandelt genau dieses Thema der Eifersucht auf Früheres. Die Personen sind Giulia und Enrico, seit kurzem verheiratet, und der Ort der Handlung ist das Wohnzimmer ihres Hauses. Eine Stelle daraus:

ENRICO: *Wer hat mich denn so weit gebracht? Du weißt ja nicht, du weißt ja gar nicht, was ich leide …*

GIULIA: *Du willst leiden …*

ENRICO: *Ach ja? Jetzt auch noch meine Schuld.*

GIULIA: *Nein. Niemandes Schuld. Die des Zufalls! Welche Schuld habe ich denn, wenn ich dich nicht vorher kennengelernt habe? Wenn ich dich erst spät kennengelernt habe? Aber sprich nur weiter!*

ENRICO: *Das weiß ich doch!*

GIULIA: *Na und?*

ENRICO: *Nichts weiter! Ich mache dir ja keinen Vorwurf, wenn du nicht verstehst … Ich mache dir kei-nen-Vor-wurf!*

GIULIA: *Warum sollten wir dann aber so leben? Unglücklich aus keinem Grund!*

ENRICO: *Aus keinem Grund …*

GIULIA: *Warum hast du mich dann geheiratet, wenn du ernsthaft glaubst, einen Grund zu haben, so zu leben? Warum?*

ENRICO: *Es wäre völlig sinnlos, wenn ich es dir sagte. Du siehst mich in diesem Zustand – und glaubst mir nicht! Du glaubst, ich würde dich nicht lieben und hätte keine Wertschätzung für dich … Falsch! Das Gegenteil ist der Fall. Ich leide, weil ich dich liebe und schätze. Ein Wahnsinn, ja, ja! Wer sagt etwas anderes? Aber wenn ich doch sogar frage, schau: warum bist du mir überlassen worden, mir, dem Letztbesten? Ich denke, du könntest lieben …*

GIULIA: *Lieben …*

ENRICO: *Lieben, ja – sag nicht jetzt!*

GIULIA: *Doch niemanden wie dich!*

ENRICO: *Ich weiß! Einen schon, allerdings, den hast du geliebt … wenigstens – die anderen Trottel möglicherweise nicht, das glaub' ich dir.*

Aber wieso haben dir nicht die Lippen gebrannt, wenn du Ich liebe dich zu bestimmten Blödmännern gesagt hast! …

Diese Gedanken Enricos sind wohl auch Luigi durch den Kopf gegangen, als er siebzehnjährig mit seiner schönen Verlobten Lina durch Palermo spazierenging, die vier Jahre älter war als er, mithin eine ausgewachsene Frau, und sich von dem einen oder anderen ihrer früheren Verehrer beobachtet fühlte und in ihren Blicken etwas Höhnisches zu erkennen glaubte, bisweilen sogar Mitleid …

Nein, nein, dann ist eine arrangierte Ehe, eine Vernunftehe hundertmal besser.

»Wer hinausgeht, kommt heraus«, sagt man in Sizilien. Wem es gelingt, den Kreis der Rückständigkeit, der Konventionen, des Zögerns, der Gewohnheiten, der überaus strengen, wenn auch nie geschriebenen und den Sizilianer einengenden Gesetze zu durchbrechen, der ist, allein aufgrund der Tatsache, daß er die Fesseln der Einschränkungen abgeworfen hat, dazu ausersehen, außerhalb der Insel Erfolg zu haben. Dieses Sprichwort scheint sich im Fall Pirandellos nicht zu bewahrheiten. Er hat Freundschaft mit wichtigen Literaten geschlossen, er geht ins Café Aragno, doch am Ende ist er nicht in der Lage, ohne die Hilfe von zu Hause auszukommen. Daher schickt er der Familie einen chiffrierten Brief:

Ich habe keinerlei Willen mehr, und eigentlich möchte ich mich völlig dem der anderen überlassen. Dies sage ich euch mit allem Ernst … Macht mit mir, was ihr wollt.

Wenn man den Code dechiffriert, bedeutet das, daß seine Verwandten nicht mehr länger seine vorherigen, entschlossenen Äußerungen zur Ehelosigkeit beachten sollen, daß er also für vernünftige Vorschläge zugänglich ist, sofern sie seinen weiteren Aufenthalt in Rom nicht in Frage stellen und es ihm ermöglichen, Schriftsteller zu bleiben.

Ungefähr um die gleiche Zeit hat auch Don Stefano eine chiffrierte Botschaft erhalten. Ein Schwefelhändler, Calogero Portolano, mit dem Don Stefano sowohl freundschaftliche als auch geschäftliche Beziehungen unterhielt, muß sich für eine bestimmte Zeit von Girgenti wegbegeben und übergibt ihm zwei Umschläge, von denen der eine siebzigtausend Lire enthält und die Aufschrift »Aussteuer meiner Tochter Antonietta«. Eine Botschaft, die in Wirklichkeit keine Dechiffrierung nötig hatte, weil sie explizit als Vorschlag einer Heirat ihrer beiden Kinder verstanden werden sollte.

Don Stefano hat nicht nur keinen Vorbehalt, sondern begrüßt den Vorschlag mit einem gewissen Enthusiasmus, weil er möglicherweise die ideale Lösung für Luigis wirtschaftliche Probleme beinhaltet. Antonietta, die Don Stefano weder je gesehen noch kennengelernt hatte, braucht gar nicht erst befragt zu werden, denn sie muß sich ohnehin dem Willen ihres Vaters beugen. Allenfalls kann man sie freundlich über ihre bevorstehende Verlobung mit jemandem in Kenntnis setzen, den sie noch nie hat nennen hören.

Dagegen verhält sich Don Stefano Luigi gegenüber umständlicher. Er schreibt ihm und sagt, er habe ihm ein Geschäft vorzuschlagen: es handele sich um die Verlobung mit einer gottesfürchtigen jungen Frau, die man angesichts ihrer Mitgift von rund einhunderttausend Lire auch durchaus als reich ansehen könne. Will sagen, sie besitze bereits zwei der drei »F«, die man von einer Braut verlange: fürchterlich (im Aussehen), finanziell gut gestellt, fromm. Luigi gegenüber erwähnt Don Stefano nichts vom Aussehen der künftigen Frau, auch weil er selber nicht weiß, wie sie denn nun aussieht. Luigi antwortet, daß dieses Geschäft möglich sei und er sich wegen der Häßlichkeit oder Schönheit seiner zukünftigen Frau dem Rad der Fortuna überlasse. Dann spricht Don Stefano in den folgenden Briefen nicht mehr über diese Sache, einerseits aus taktischen Gründen, um den Sohn auf die Folter zu spannen, andererseits, weil Calogero Portolano anfängt, die Mitgift zu drücken, indem er immer wieder Spitzfindigkeiten vorbringt und über Prozente redet. Luigi wird unruhig.

Über das zur Frage stehende Geschäft … ließ man mich folgendes wissen: ein verdienstvolles Mädchen, mit einhunderttausend *Lire Mitgift, die in deine Sozialkasse eingezahlt würden, wovon ich ein Drittel des Nettogewinnes erhalten sollte, und dazu jede erdenkliche Zeit für die Verfolgung meiner Ideale. Ich nahm an.*

Endlich nehmen die Verhandlungen die richtige Richtung, und Luigi fährt eilig nach Girgenti. Doch bis zur ersten Begegnung mit der Verlobten muß noch Zeit vergehen, weil Portolano immer wieder neue Fragen aufwirft und damit den Eindruck erweckt, daß ihm der Heiratsvorschlag leid tue, der in der Stadt in ein allertiefstes Geheimnis gehüllt ist. Eines Tages sagte Antonio De Gubernatis während eines Spaziergangs mit Luigi, es gehe das Gerücht um, daß er sich in ein junges Fräulein verknallt habe, die gleich gegenüber von ihm wohne, und er deshalb lange vor ihrem Haus stehen geblieben sei, in der Hoffnung, sie einmal sehen zu können. Lachend erwiderte Luigi, daß sie, wenn die Dinge so stünden, sich nicht mehr auf dem Balkon blicken lasse würde. Dabei verkündete er dem Freund, der es beinahe nicht glauben wollte, daß er sich bald mit Antonietta Portolano verloben werde. Und dann fragte er De Gubernatis, ob er das Mädchen kenne. Auf die verneinende Antwort des Freundes sagte er, daß auch er sie noch nie gesehen habe.

Eine weitere notwendige Parenthese. Diese arrangierten Ehen, die in unserem besonderen Fall »Schwefelehen« genannt wurden, waren zur damaligen Zeit weit verbreitet, auch als Schutzsystem der verschwägerten Händlerfamilien gegenüber den großen ausländischen Gesellschaften gedacht, die inzwischen entstanden waren und sie einige Jahre später in den Ruin treiben sollten. Obwohl es sich bei diesen Ehen um Schwefel mit seinem luziferischen Gestank handelte, waren diese Ehen oft erfolgreich und in einigen Fällen sogar besser als die Liebesheiraten. Unter den Dokumenten meiner Familie habe ich zahlreiche Blätter gefunden, die mit »Schwefellagerung« bezeichnet waren. Das waren gewissermaßen Zertifikate, die von den Lagerverwaltern für die Eigentümer von Schwefelminen ausgestellt wurden. Auf jedem Lagerungsblatt erklärten die Händler, die ein solches Blatt brauchten, die Menge (im sizilianischen Volumenmaß der »Càntara«) des gekauften und in bar bezahlten Schwefels. Und auf einem dieser Blätter aus dem Mai 1891 stehen die Unterschriften von Stefano Pirandello, Calogero Portolano, Carmelo Camilleri und Giuseppe Fragapane. Der Sohn von Stefano Pirandello wird die Tochter von Calogero Portolano heiraten, der Enkel von Carmelo Camilleri wird die Enkelin von Giuseppe Fragapane heiraten. Ich kann dafür garantieren, daß die Ehe zwischen meinem Vater und meiner Mutter hervorragend war und sie sich aufrichtig liebten.

Calogero Portolano, Witwer, ein Händler, der im Ruf stand, ein Wucherer zu sein, hat drei Kinder, zwei Jungen und ein Mädchen: Giovanni und Carmelo leben bei ihm, Antonietta dagegen wird im Kloster der Schwestern des Heiligen Vincenz erzogen. Die männlichen Familienmitglieder im Hause Portolano leiden an übersteigerter Eifersucht, die bisweilen ans Surreale grenzt. Ich irre, das Verb leiden hätte ich für die weiblichen Portolanos verwenden müssen. Seiner Frau hatte Calogero die genauen Maße vorgeschrieben, denen entsprechend sie die Fensterläden öffnen durfte, ein paar Zentimeter, gerade soviel, um einen Streifen Licht und etwas frische Luft hereinzulassen. Sie auch nur eine Idee weiter zu öffnen, wäre unanständig gewesen. Signora Portolano, die arme, hatte diese bedrückenden Vorschriften ihres Mannes so sehr verinnerlicht, daß sie, als sie eine schwierige Geburt hatte und die Hebamme selbst nicht weiter wußte, lieber starb als sich von einem Arzt anschauen zu lassen. Wenn Antonietta sonntags in Reih und Glied mit ihren Freundinnen spazierenging, mußte sie den Blick immer zur Erde wenden.

Und diejenigen, die kontrollierten, daß dies auch der Fall war, waren immer der Vater oder einer der beiden Brüder. Wenn das Mädchen zufällig den Kopf hob und ihren Blick schnell herumwandern ließ, brüllte der wachhabende Familienmann sie gleich an. Das war der Grund, weshalb in Girgenti niemand Antonietta jemals ins Gesicht geblickt hatte.

Nachdem die Modalitäten bezüglich der Überweisung der Quoten der Mitgift mühsam ausgearbeitet worden sind, kommt endlich der Tag, an dem sich die beiden Verlobten kennenlernen. Doch auch noch bei dieser Gelegenheit fällt Calogero Portolano eine weitere Spitzfindigkeit ein. Er hat Angst, daß, wenn die Bekanntschaft aus irgendeinem Grund nicht zur offiziellen Verlobung führt, man über seine Tochter Antonietta nachteilig sprechen, gar über sie klatschen könne und sie damit unweigerlich kompromittiert sei.

Also ersinnt er einen Plan. Zu einer mit größtmöglicher Genauigkeit festgelegten Stunde werden alle Portolanos mit einer Kutsche nach Porto Empedocle fahren, während von dort aus zur selben Stunde sich eine Kutsche mit den Pirandellos nach Girgenti aufmacht. Sofern die Zeit des Aufbruchs und des Weges eingehalten wird, begegnen sich die beiden Kutschen auf der Höhe des Weges, der von der Provinzialstraße zum Haus der Pirandellos in Caos führt. So geschieht es. Und es beginnt die Aufführung, an der ein paar streunende Hunde und der eine oder andere vor sich hindösende Bauer teilnehmen. Nachdem sie aus ihren jeweiligen Kutschen gestiegen sind, tauschen Calogero Portolano und Don Stefano Grüße und Höflichkeiten aus, bis Don Stefano schließlich den schicksalhaften Satz spricht:

»Wieso kommen Sie nicht zu uns? Mein Haus ist doch nur ein paar Schritte von hier entfernt …«

Die Kutschen setzen sich in Bewegung, die der Pirandellos vorne, um den Weg anzuzeigen, die der Portolanos hinterher. Und auf diese Weise ist Antoniettas Ehre gesichert, niemand, der anwesend ist, wird behaupten können, daß die Begegnung arrangiert worden sei, vielmehr sei die Begegnung rein zufällig gewesen.

Im Wohnzimmer sitzen sich die beiden Parteien von Angesicht zu Angesicht gegenüber, sprechen vom Wetter, über Geschäfte, die Frauen sprechen über Kleider. Strengstens verboten ist jeder Hinweis auf eine mögliche Verlobung. Luigi und Antonietta blicken sich gelegentlich an, natürlich völlig unauffällig. Luigis unmittelbare Feststellung ist, daß seiner zukünftigen Frau das dritte »F« fehlt: das für »fürchterlich«. Antonietta ist äußerst anmutig, sanft, freundlich und schüchtern, die Schüchternheit ist möglicherweise auf die Umstände des Zusammentreffens zurückzuführen, das heißt, daß sie wie eine Art feilgebotene Ware betrachtet wird, die dem Geschmack des Käufers vorgestellt wird. In Wirklichkeit ist es natürlich genau umgekehrt: sie ist es, die sich mit ihrer Mitgift einen Ehemann kauft.

Antonietta mag Luigi auf der Stelle, möglich, daß sie zu Hause ihrem Vater gegenüber mit allzu großer Begeisterung über ihn spricht, denn der hört verdrossen zu. Vielleicht ist ja auch Luigi mit von der Partie, und er hat gegen dieses Mädchen nichts einzuwenden.

Seinem Freund De Gubernatis, der ihn tags darauf fragt, wie die Zusammenkunft denn verlaufen sei, antwortet Luigi, er habe gefunden, daß sie eine gute Ehefrau abgibt, daß sie die richtige für die Aufgabe ist, die sie übernehmen soll. Aber, fügt er hinzu, *ich werde eine richtige Frau aus ihr machen.*

Und so schreibt er an seine Schwester Lina:

Bisher stellt sie mich von ihrem äußeren Erscheinungsbild zufrieden, sie kommt mir sympathisch vor, wenn nicht gar insgesamt schön.

Was die Moral angeht, stelle ich fest, daß sie sehr gütig ist und von unserem Schlag: wenig erfahren, doch sie hat Haltung und klugen Anstand.

Dann folgen noch weitere Begegnungen zwischen Luigi und Antonietta, mit geringeren Vorsichtsmaßnahmen nach außen und größeren Vorsichtsmaßnahmen nach innen. Das heißt, die beiden Verlobten bleiben nie alleine, sie können niemals ein vertrauliches Wort wechseln, bei jeder Begegnung muß ein Vertreter der Portolanos und einer der Pirandellos anwesend sein.

Calogero Portolanos ausdrücklicher Befehl lautet: Antonietta darf niemals den Blick vom Boden aufrichten und den künftigen Gatten ansehen.

In eineinhalb Monaten hat er mich meine Verlobte nur zweimal und dann nur flüchtig sehen lassen.

Nach zwei Monaten kehrt Luigi nach Rom zurück, findet eine Wohnung in der Via Firenze und richtet sie ein: hier wird er mit seiner Frau wohnen. Die Sache scheint beschlossen. Doch Calogero Portolano hat eine gewisse Veränderung bei seiner Tochter beobachtet. Irgendwann stellt er zu seinem Entsetzen fest, daß Antonietta von ihrem Verlobten völlig »eingenommen« ist. Und das kann er auf keinen Fall zulassen. Eine Gattin muß unterwürfig und ergeben sein, bereit zur Erfüllung der ehelichen Pflicht – aber verliebt in ihren Mann? Das kommt überhaupt nicht in Frage! Zumal Luigi ihn durchaus nicht beeindruckt hat, im Gegenteil, er war ihm gleich auf Anhieb unsympathisch, und wie sollte es auch anders sein, denn dieser Mann schleppt schließlich seine Tochter ins Bett!

Er fängt an, viele Zweifel an dieser Ehe zu äußern, wenn er Gelegenheit hat, mit Don Stefano darüber zu reden: Antonietta sei ja noch viel zu jung, um zu heiraten, und dann überzeuge ihn der Umstand, daß sie in Rom leben wird, überhaupt nicht. Wäre es nicht besser, Luigi würde nach Girgenti umziehen?

Er weiß, daß Luigi dies niemals akzeptieren würde, und daher beharrt er auf diesem Vorschlag, bis dieser schließlich zu einer unabdingbaren Forderung für die Eheschließung wird. Und so kommt es zu dem, womit Portolano gerechnet hat: da Luigi sich weigert, seinen Hausstand in Girgenti zu gründen, betrachtet Portolano die Verlobung als aufgelöst und den Mitgiftsvertrag als null und nichtig. Und damit auch wirklich keine Meinungsänderung mehr möglich ist, erklärt er Antonietta seinen Willen, sie mit einem girgentanischen Rechtsanwalt zu verheiraten.

Luigi ist wütend, er sieht die Möglichkeit, die Ketten abzustreifen, die ihm immer noch nicht erlauben, im umfassenden Sinn ein vertauschter Sohn zu sein, sich in Luft aufzulösen. Er hatte eine Wohnung mit sieben Zimmern gemietet, war dabei, sie einzurichten, das alles mit dem Geld, das Don Stefano ihm gegeben hatte, jetzt ist er gezwungen, die Wohnung aufzugeben, wodurch er die Kaution und die vorausbezahlten Monate verliert.

Und er muß die gekauften Möbel verhökern. Nicht weniger wütend als er ist Don Stefano:

»Allein der Gedanke, daß ich mit diesem lächerlichen Irren irgend etwas Gemeinsames zu tun haben konnte, widert mich an.«

Portolano hat aber die Reaktion seiner Tochter falsch eingeschätzt. Zum ersten Mal in ihrem Leben weigert sich Antonietta, den Anweisungen ihres Vaters Folge zu leisten. Nein, verehrter Herr, entweder heiratet sie Luigi oder sie wird Nonne. Und nichts bringt sie von ihrem Vorsatz ab. Calogero Portolano muß nachgeben: über Enzo, Luigis jüngeren Bruder, fleht er Luigi an, nach Sizilien zurückzukommen.

Mir widerfährt aber auch wirklich alles! Kommentiert Luigi in einem Brief an Lina.

Auch Don Stefano schaltet sich ein, Portolanos Geld ist in diesem Augenblick für ihn sehr wichtig. Luigi ist gezwungen, eine Verlängerung der Verlobungszeit auf sich zu nehmen. Natürlich bestehen die Regeln während der Zusammenkünfte eisern weiter: sie können nicht miteinander reden. Doch Luigi umgeht dieses Hindernis, indem er Antonietta schreibt. Er schreibt ihr auch dann weiter, als er gezwungen ist, nach Rom zurückzukehren, um eine neue Wohnung zu finden, auch weil sich die vorige als zu klein für all die in Sizilien gekauften Möbel erweist. Die Korrespondenz geht nur in eine Richtung, und bereits in diesen Briefen wird sichtbar, was Luigi meinte, als er zu De Gubernatis sagte, daß er aus seiner Gattin *eine richtige Frau* machen würde.

Antonietta wurde von den Vincenzschwestern erzogen, sie weiß nichts über das Leben, sie ist naiv, ihre Bildung bestand allenfalls aus ein paar Büchlein über das Leben von Heiligen. Ohne jede Rücksichtnahme fängt Luigi an, ihr leidenschaftliche Briefe zu schreiben, die sich mit anderen abwechseln, die Giudice als »terroristisch« bezeichnet hat.

Wir werden niemals etwas wissen, wir werden niemals vom Leben eine genaue Vorstellung haben, sondern nur ein Gefühl, mithin veränderlich und vielgestaltig, traurig oder fröhlich, ganz dem Zufall des Glücks entsprechend. Nichts Absolutes mithin. Was ist das Rechte? Was das Unrechte? Ich fand in diesem Labyrinth keinen Ausweg ... Oh, in was für eine schreckliche Nacht, meine Antonietta, war mein Geist eingehüllt! Meine Träume von Ruhm waren ein jäh verdunkeltes Aufleuchten: und vergebens flehte ich um Licht, vergebens um Sonne ... Nun ist die Sonne für mich aufgegangen! Nun bist du meine Sonne, und du bist mein Frieden und mein Ziel: nun trete ich aus dem Labyrinth heraus und sehe das Leben anders.

Und weiter:

Der Morgendämmer meines neuen Lebens hat für immer die Nebel vertrieben, die meinen Verstand hemmten. Jetzt öffnet sich hell vor mir die Zukunft. Ich habe endlich diese beiden höchsten Ideale miteinander verbinden können: Liebe und Kunst.

Doch er schreibt ihr auch:

In mir sind gewissermaßen zwei Personen. Eine von ihnen kennst du bereits; die andere kenne nicht einmal ich gut. Ich pflege zu sagen, daß ich aus einem großen Ich und einem kleinen Ich bestehe: diese beiden Herren liegen fast ständig miteinander im Krieg, der eine ist dem anderen oft außerordentlich unsympathisch. Der erste ist schweigsam und ständig in Gedanken versunken, der zweite spricht mit Leichtigkeit, macht Scherze, ihm ist weder das Lachen fremd noch das Zum-lachen-bringen. Wenn dieser etwas Törichtes sagt, geht jener zum Spiegel und küßt ihn. Ich bin ständig zwischen diesen beiden Personen aufgespalten. Bald herrscht die eine, bald die andere. Ich gebe natürlich sehr viel um die eine, womit ich mein großes Ich meine; ich richte mich mit der zweiten ein und bedauere sie, die im Grunde ein Wesen wie jedes andere ist, mit seinen allgemeinen Vorzügen ebenso wie seinen allgemeinen Fehlern. Welche dieser beiden Personen wirst du mehr lieben, meine Antonietta?

Im Zweifel enthält Antonietta sich einer Antwort. Und sie antwortet nicht einmal auf die anderen Briefe des Verlobten, wenn er ihr schreibt, daß es in ihrem gemeinsamen Schlafzimmer eine Ecke geben wird, die ein nicht enthüllbares Geheimnis enthält oder andere Rätsel dieser Art. Antonietta schweigt, sie ist ganz sicher verwirrt, wenn nicht gar entsetzt. Wenn er sie bedrängt, erklärt sie Luigi, daß sie nicht einmal mehr schreiben kann. Und vielleicht stimmt das auch, in Antonietta ist bereits eine Art Regression im Gange. Doch Luigi beharrt erbarmungslos.

Stimmt das wirklich, um mir zu schreiben, tust Du Dir Gewalt an?
Das ist unmöglich! Es stimmt doch gar nicht, daß Du nicht zu schreiben
verstehst. Wie kommt es, daß Du mir gar nichts zu sagen weißt?

Schon während der Verlobungszeit überzeugt sich Luigi davon, daß Antonietta ihm nicht folgen können wird *auf diesem außerordentlich noblen Weg, auf den das Schicksal mich hat stellen wollen: den Weg der Kunst*

Nichts zu machen, seine ganze beharrliche Pädagogik wird notwendigerweise an der Mauer der Abwehr zerschellen, die Antonietta verzweifelt aufgerichtet hat.

Verzweifelt. Sciascia schreibt:

»Aber es war ja kein Weg: es war ein Labyrinth. Und das war es bereits, noch bevor sich Antonietta davon zurückzog, bevor sie sich – in einem gewissen Sinne – davor rettete. Schon Balzac hatte gesagt: ›Gott bewahre die Frauen davor, einen Mann zu heiraten, der Bücher schreibt.‹ Und über einen Mann, der Bücher schreibt, von dem hat Pirandello geschrieben?«

Luigi hörte nicht auf, mit Portolano aneinanderzugeraten (»Luigi geriet insgesamt zweimal mit Portolano aus Gründen der Eifersucht aneinander«, schreibt Antonietta an Lina in einem Bericht über einen Tag, und heiratet am 27. Januar 1894, zunächst auf dem Standesamt, danach in der Kirche, und es ist eine Ehe, das erfahren Antonietta und Luigi, die unter dem Zeichen der beiderseitigen Kommunikationslosigkeit geschlossen wird. Aber sie ahnen auch, daß eine echte, tiefe Leidenschaft sie miteinander verbindet, eine wirklich starke körperliche Anziehung, die lange anhalten wird, so daß der Sohn Stefano sagen wird, daß sie in erster Linie Verliebte waren.

Die Portolanos erzählen, daß Luigi seine Frau in dieser ersten Nacht, der Hochzeitsnacht, aus Diskretion nicht angerührt hat. Die Arme, die völlig eingeschüchtert war von dem, was ihr, den Erzählungen der Schwestern zufolge, bevorstehen würde, ängstigte sich noch mehr über das, was sie nicht als eine Geste der Feinfühligkeit erkannte, sondern als Geste der Ablehnung. Ein weiteres Trauma.

Nach acht Tagen des Aufenthalts in Caos ziehen die jungen Eheleute nach Rom um.

Kurz, das glückliche Leben

Luigis und Antoniettas Zuhause in Rom, zwischen der Via del Tritone und der Via Sistina gelegen, ist weitläufig, bequem und gemütlich. Teppiche überall, Vorhänge, ein vornehmer Salon, um die Freunde zu empfangen, die zahlreich sind, allesamt Intellektuelle, Schriftsteller, Künstler. Doch Luigi besucht weiterhin jeden Sonntag das Haus von Ugo Fleres und läßt sich weiterhin im Café Aragno sehen. Mit anderen Worten: sein neues Zuhause verwandelt sich nicht in einen Treffpunkt, wie er es wohl ursprünglich gehofft hatte. Das Problem dafür liegt in Antoniettas Verhalten, die dem Freundeskreis ihres Mannes anfangs nicht ablehnend gegenübersteht, doch ganz sicher stellt er für sie etwas absolut Fremdartiges dar. Ihre Erziehung, ganz darauf ausgerichtet, eine gute Ehefrau im traditionellen und sizilianischen Sinn zu sein, erfüllt sie inmitten dieser Männergruppen mit Unbehagen. Zwar bringen diese Männer auch ihre Frauen mit, aber diese waren so ganz anders als sie, in der Art wie sie dachten und sprachen. Darüber hinaus spielte sie vor den Freunden Luigis eine stumme Figur, es fiel ihr einfach schwer zu verstehen, worüber sie sprachen. Sie kann, und sie weiß es, eine gute Hausfrau sein: dazu war sie erzogen worden. Daß sie aus dem Kloster nach Rom katapultiert worden war, daß sie die Verantwortung einer Hausherrin in einer Stadt übernehmen sollte, die sie störte und benommen machte, waren ganz sicher weitere Traumen, die sie zu überwinden wußte, indem sie die offenkundigsten Anzeichen verbarg. Zumal ihr Luigi, der längst davon überzeugt war, daß sie nicht nur nicht die geeignete Gefährtin auf dem Weg war, auf den er sich gemacht hatte, sondern sogar unfähig war, *höher zu empfinden*, sie gewissermaßen hinter sich läßt, damit sie sich um die Lebensmittelvorräte kümmern kann. War Antonietta damit einerseits durchaus zufrieden, so litt sie andererseits doch auch darunter. Das Gefühl der Einsamkeit in jenen Tagen muß sehr groß gewesen sein. Luigi ist zwar immer liebevoll, ein warmherziger Liebhaber, aber es ist auch nicht zu übersehen, daß ihre Ehe einen Sprung bekommen hat.

Endlich hat Luigi die wirtschaftliche Unabhängigkeit von seinem Vater erreicht und seine Identität als vertauschter Sohn ganz und gar erlangt, er schreibt und schreibt, und das mit einem Glück, das er vorher nicht gekannt hat. Jeden Monat erhält er von Don Stefano eine Geldüberweisung, seinen Anteil an den Erlösen des Unternehmens, dessen Kapital zum einen Teil aus der Mitgift Antoniettas besteht. Er kann sich den Luxus leisten, einige seiner Novellen veröffentlichen zu lassen, ohne ein Honorar zu verlangen. Nach einigen Monaten fängt Antonietta an, unter Migräne zu leiden. Luigi hat einen Verdacht *(wenn es nicht schon das ist, was ich aus ganzer Seele nicht möchte ... wenigstens für den Augenblick)*, der sich bestätigt: im Juni 1895 wird ihr erstes Kind geboren, ein Junge, dem, der Tradition entsprechend, der Name Stefano gegeben wird.

Ach, in welche Trunkenheit mich das tiefe Gefühl des Guten in mir versetzt, meine zärtliche Liebe zu diesem Kind, die mich in den innersten Fasern der Seele in einem Glücksgefühl erzittern läßt, das keinen Namen hat, nur bei dem Gedanken, daß der Junge für mich und für seine Mutter existiert, bei dem plötzlichen Erscheinen seines Gesichtes vor meinen Augen, so wie ich ihn mir ausdenke! Ich sehe überall, überall das Gesicht meines Jungen, das mir fast so etwas wie der spontane Ausdruck dieser zärtlichen Liebe in mir zu sein scheint, ein Ausdruck, der sich auf alles Lebendige ausbreitet, von den niedrigsten bis zu den erhabensten Dingen!

Der Wille der Mutter und der gesamten Verwandtschaft ist es, daß der Kleine getauft wird. Gegenuber Lina macht Luigi seinem Herzen Luft:

Das sind doch herkömmliche Lügen, die heutzutage jeder praktiziert, und wenn man sich dagegen auflehnt, setzt man sich der Gefahr aus, als Irrer zu gelten oder Schlimmeres noch!

Für diese Geburt ist er in der Lage, noch jubelndere und vor allem absolut ungewöhnliche Töne zu finden. Er hat eine Vision in der Art von Pellizza da Volpedo: er, Luigi, der mit dem Jungen an der Spitze »einherschreitet«, dann folgen die Leidenden, die Krüppel, die Ausgestoßenen dieser Erde in einer lange Reihe hinter ihm.

Auch mystisch-soziale Pläne von Wiedergeburt streifen ihn, aber sind nur von kurzer Dauer und finden auch keinen Niederschlag in dem, was er unterdessen schreibt. Doch einer Sache ist er sich absolut gewiß: dieser Sohn, Stefano, soll sich zu keinem Zeitpunkt je als vertauschter Sohn empfinden, er wird nicht nur mit sich selbst ganz eins sein, sondern auch mit seinen Gedanken und Vorstellungen. Hier, das ist er, der Gefährte auf dem schwierigen Weg der Kunst, der seine Frau Antonietta nicht hat sein können, dieser Gefährte wird ganz sicher dieser Sohn. Sicher, Luigi weiß nur allzu gut, daß er ohne die Zinsen, die Don Stefano ihm monatlich anweist, nicht in der Lage wäre, allein die Last der Familie zu tragen: er dachte, er könnte die Hebamme mit dem Erlös aus der Veröffentlichung zweier Novellen bezahlen, aber es wird nur eine gedruckt. Und manchmal, trotz allem, was Antoniettas Mitgift einbringt, reicht das Geld nicht aus.

Dieses verdammte Geld wird immer der Nagel meines Lebens sein ... Das ist demütigend! Und ich habe den Schreibtisch voller Manuskripte, die mich aus meiner Verlegenheit befreien könnten! Aber es gibt keinen Verlegerhund, der auch nur einen Soldo dafür bezahlen will ... Für vierhundert Lire würde ich dem miesesten aller Teufel meine Seele verkaufen! Wie schade, daß die Zeit vorüber ist, in der die Teufel so miese Kerle waren, daß sie eine wertlose Seele für alle Schätze und Lustbarkeiten der Welt und des Lebens eintauschten! Ich hätte gerne einen derartigen Vertrag geschlossen und ihn, wie vorgeschrieben, mit dem Blut meiner Adern unterzeichnet. Was ist denn meine Seele schon wert? Nicht einmal einen Soldo, sagen die Verleger in Italien.

Gegen Ende 1895 tritt Calogero Portolano mit einem unglücklichen Einfall an ihn heran: er will das Geld der Mitgift zurück haben, denn er ist der Ansicht, daß Don Stefano riskante Spekulationsgeschäfte macht, die das Geld der Tochter durch den Kamin jagen. Auch wenn Portolanos Befürchtungen sich einige Jahre später als begründet herausstellen, hat er keinerlei Anspruch auf die Rückerstattung der Mitgift. Luigi explodiert.

Dieser widerliche Typ eines ganz und gar vulgären Mörders vergiftet die Milch, mit der Antonietta meinen Sohn nährt!

Doch Antoniettas Vater besteht nicht auf seiner Forderung, und Luigi überläßt Don Stefano weiterhin die Verwaltung der Mitgift.

Im Juni 1897 wird das Töchterchen Lietta in der neuen Wohnung in der Via Vittoria Colonna geboren, wohin die Pirandellos inzwischen umgezogen sind. Lietta wird vom Vater ungeheuer geliebt, doch zu ihr wird Luigi später ein schwieriges Verhältnis haben.

Mit Calogero Portolano scheinen sich die Dinge geregelt zu haben, denn Luigi, Antonietta und die Kleinen verbringen einige Sommer in Girgenti, im Ortsteil Bonamorone, wo sich das Landhaus der Portolanos befindet. Natürlich ist das Verhältnis zwischen Luigi und seinem Schwiegervater von kalter Förmlichkeit, auch wenn er sich gelegentlich zu einer subtilen Anspielung hinreißen läßt, die so subtil ist, daß Calogero sie nicht einmal bemerkt.

Der Sommer 1899

Im Juni 1899 wird das letzte Kind des Ehepaars geboren, Fausto. Alle Kinder von Luigi und Antonietta sind im gleichen Monat geboren. Und wie es ist, seit sie geheiratet haben: Antonietta möchte nach Sizilien fahren und den Sommer im Landhaus des Vaters verbringen, in Bonamorone. Nicht im Haus der Pirandellos in Caos. Auch wenn sie sich bei ihrem Vater und bei ihren Brüdern nicht vollkommen glücklich fühlt, so möchte Signora Pirandello doch mit ihrer Familie zusammensein. Sie will sich damit ihrem Gatten gegenüber mehr oder weniger unbewußt schadlos halten, der in Rom die Gesellschaft von Freunden bevorzugt, zu denen sie keinerlei Beziehung hat. Daher soll ihr Gatte in Bonamorone im täglichen Umgang mit seinem Schwiegervater und seinen Schwägern wenigstens ein bißchen von dem ertragen, was sie in Rom ertragen muß. Luigi ahnt möglicherweise etwas von den Gründen seiner Frau, macht sich auf eine lange und mühevolle Reise, im Zug von Rom nach Neapel, mit dem Postschiff von Neapel nach Palermo, in der Kutsche von Palermo nach Girgenti, eine Reise, die durch die Hitze und die ungezogenen Kinder noch unerträglicher wird, und er wappnet sich mit heiliger Geduld, um den Aufenthalt in Bonamorone ohne allzu große Auseinandersetzungen mit dem *widerwärtigen* Schwiegervater durchzustehen.

Wie es damals üblich war, fuhren die Pirandellos vor ihrer Abreise nach Rom zwischen Girgenti und Porto Empedocle für die Verabschiedungszeremonie hin und her. Vor jedem Besuch präsentierte sich tags zuvor ein Hausmädchen, das – natürlich im Dialekt – den rituellen Satz aussprach:

»Ich teile mit, daß morgen nach dem Mittagessen gegen fünf Signora 'Ntunietta Pirandello der Herrin unseres Hauses einen Besuch abstatten möge und zwar in Begleitung ihres Gatten.«

Am folgenden Tag nach dem Mittagessen gegen fünf wurde dieser Besuch gemacht. So war es auch bei der Familie Fragapane in den ersten Septembertagen des Jahres 1899. Signor Fragapane war nicht anwesend, er hatte eilig nach Caltanisetta aufbrechen müssen, wo er eine Mine besaß.

Luigi begleitete seine Frau zum Haus der Fragapanes und ging dann zu seinem Freund Giuseppe (Pepè) Malato, der seit sechs Jahren Bürgermeister von Porto Empedocle war. Ein Historiker aus Porto Empedocle schrieb:

»Er besaß ein absolut ungewöhnliches Temperament und muß über besonderen Charme verfügt haben, den er nicht nur gegenüber Frauen eingesetzt hat, sondern auch gegenüber den hohen Polizeibeamten, den Carabinieri und den Präfekten von Girgenti, die ihn, trotz seiner stürmischen Angelegenheiten innerhalb und außerhalb der Ehe, seiner Duelle, seiner unglückseligen Finanzabenteuer, immer wieder für eine ganze Reihe ritterlicher Auszeichnungen vorschlugen und dafür seine unzweifelhaften Meriten aufzählten, die er sich bei der Vertretung unseres Ortes in Rom und auch im Ausland erworben hatte. Das Volk mochte ihn immer sehr.«

Jedesmal, wenn Pepè nach Rom fuhr (und hier muß gesagt werden: ihm genügte schon der geringste Vorwand, um das zu tun), kam er Luigi besuchen, der sich unbändig amüsierte, wenn er ihn von seinen wagemutigen Unternehmungen erzählen hörte. Aus einer dieser Unternehmungen machte Pirandello einen Einakter, dem er den Namen des Hauptakteurs gab, *Cecé* und nicht *Pepé*, wie es eigentlich hätte heißen müssen, aber hier spielte die Diskretion gegenüber dem Freund eine Rolle.

Indessen bemerkt Signora Fragapane, daß Antonietta schweigsam und geradezu unfreundlich ist. Sie hat Fausto mitgebracht, der auf ein Bettchen in einem Nebenzimmer gelegt worden ist und schläft. Im Salon entdeckt Antonietta einen schönen neuen Flügel: ohne um Erlaubnis zu fragen, steht sie vom Sofa auf, klappt den Deckel des Instruments hoch, nimmt den bestickten Samtläufer von den Tasten, setzt sich hin und fängt an zu spielen. Signora Fragapane versucht irgendein Gespräch, aber Antonietta reagiert nicht, sie scheint nicht einmal zu hören, sie spielt einfach weiter. Hin und wieder allerdings bricht die Melodie ab, Antonietta haut geradezu auf die Tasten, voller Wut, macht es so noch eine Weile weiter, dann fängt sie wieder an, ein erkennbares Thema zu spielen. Signora Fragapane fängt an, sich Sorgen zu machen, fragt Antonietta, ob sie vielleicht einen sizilianischen Kaffee, einen Rosolio, eine Granita möchte … Nichts, nur dieses unaufhörliche Herumgeklimpere, in einem Augenblick normal, im nächsten Augenblick mit falschen, mißtönenden Noten. Sie weiß nicht, was sie tun soll. Glücklicherweise kommt in diesem Augenblick Signor Fragapane aus Caltanisetta zurück, und seine Frau setzt ihn gleich in Kenntnis über das, was hier stattfindet. Daraufhin geht Signor Fragapane Luigi suchen, aber es ist nicht leicht, ihn zu finden, man hat ihn gesehen, unten am Hafen, wo er mit dem Bürgermeister spazierenging. Endlich erblickt er ihn, unterrichtet ihn und bringt ihn mit nach Hause. Hier nimmt Luigi einen Stuhl, setzt sich neben seine Frau und beginnt, leise mit ihr zu sprechen. Die Fragapanes haben den Eindruck, daß Luigi handelt, als sei er schon einmal in dieser Lage gewesen und würde wissen, was er sagen und tun müsse. Doch Fausto ist es, der mit seinem Schreien im Nebenzimmer die Situation löst. Der Kleine ist aufgewacht und hat Hunger. Antonietta geht, gefolgt von Luigi, in das Zimmer, um Fausto zu stillen, und sie schließen die Türe hinter sich ab. Signor und Signora Fragapane sehen sich entsetzt an, sie wissen nicht, was sie tun sollen. Dann öffnet sich die Türe, Luigi verabschiedet sich verlegen und geht mit Antonietta weg, die den Kleinen an ihre Brust drückt und ihren Mund nicht einmal aufbringt, um Guten Tag zu sagen.

Diese kurzzeitige Störung Antoniettas (und andere werden noch folgen) wird der Schwächung der Frau nach den Geburten zugeschrieben, drei in vier Jahren, und dem Stillen. Keiner weiß, daß es sich in Wirklichkeit um etwas wesentlich Schwerwiegenderes handelt. Doch die Schwere der Krankheit seiner Frau hat Luigi schon seit langem bemerkt, nur daß er mit niemandem darüber gesprochen hat, außer mit seinem Vater, und das schon im Februar des letzten Jahres.

Was ich, ohne es je merken zu lassen, in diesen Jahren meiner Ehe gelitten habe, in der Gemeinschaft mit einer Frau, die unfähig ist, mich zu verstehen und höhere Gefühle zu empfinden, das könnte keine menschliche Sprache je ausdrücken.

Und doch habe ich stets jede natürliche Regung in mir gezügelt und bezähmt und mich immer wieder bemüht, sie voller Liebe und mit dem Beispiel eines untadeligen Lebens zu mir emporzuheben …

Luigi will die eigentlichen Worte zwar noch nicht gebrauchen, aber es ist, als wolle er vorbauen, als wolle er die Verantwortung angesichts dessen abgeben, was höchst wahrscheinlich eintreten wird: die Umwandlung der psychischen Zerbrechlichkeit Antoniettas in eine deutliche Form von Paranoia.

Und ganz sicher geht es nicht darum, diese arme Frau auf seine Höhe *emporzuheben*, sondern sie so weit wie möglich von diesem Rand des Abgrunds wegzuholen, an dem sie sich im Gleichgewicht hält, in den sie aber jeden Tag mehr hinabzustürzen droht.

Ebenfalls vom Februar 1898, als er dem Vater von seinem schwierigen Verhältnis zu Antonietta schreibt, datiert ein Brief an seinen Freund Ugo Ojetti.

Meine Manuskripte (und es sind schon so viele!) verstauben weiter in einer Lade meines Schreibtisches. Einerseits tut mir das leid; andererseits tröstet es mich, von Zeit zu Zeit zu sehen, daß sie, auch wenn sie so eingeschlossen sind, nicht altern. Und weißt du, weshalb? Jeder versucht, eine gewisse Zeit zu der seinen zu machen, indem er ihr eine Mütze überstülpt, die mit dem eigenen Herrschaftszeichen versehen ist. Aber die Knechtschaft der Zeit dauert nur kurz. Ist der Herr tot, wirft sie die Mütze wieder ab. Das Aufstülpen ist nur vorübergehend. In der Kunst gehört die Zeit der Ewigkeit. Nicht dir gehört sie, nicht mir, nicht diesem oder jenem System. Wer will, mag sich schmeicheln, er könne die Zeit zu der seinen machen, die doch auch mir gehört und allen und keinem. Ich lasse ihn gewähren. Ich weiß, daß die wahre Kunst keine Monopole und keine Alleinherrschaft zuläßt.

Luigi spürt mithin, daß die Aufnahme seiner Arbeiten, die er immerhin veröffentlicht, in der literarischen Welt anders ausfallen müßte, doch er hat ein ruhiges, unbeschwertes Bewußtsein vom Wert seines Werks, das die Zeit überdauern wird.

Andererseits war der quälende Geldmangel nicht mehr so stark. 1897 erhält er eine Dozentenstelle an der Pädagogischen Lehranstalt für Frauen, deren Direktor der Lyriker Giuseppe Aurelio Costanzo aus Syrakus ist. Luigi unterrichtet »Linguistik und Stilistik, Formale Erziehung und Studium der griechischen und lateinischen Klassiker in den besten Versionen«.

Freilich, das ist ein Schritt zurück, verglichen mit seinem anfänglichen Anspruch, ein »Berufsschriftsteller« zu werden, doch die Erträge aus der Lehrtätigkeit füllen die monatlichen Zinsbeträge aus der Mitgift Antoniettas auf, weshalb er sich dem Schreiben widmen kann, ohne das Hintergrundgetöse, das Störende, die Sorge um das Notwendige länger ertragen zu müssen.

Über Pirandello als Professore ist meines Wissens nicht viel geschrieben worden. Es gibt die Bezeugung einer Studentin der Jahre 1916–17, Maria Alajmo, die eine Lieblingsstudentin von Pirandello war.

Die Alajmo behandelte in der Zulassungsprüfung das Aufsatzthema »Ein Ort, der Ihnen wegen seiner Schönheit oder wegen mit ihm verbundener Erinnerungen lieb ist« und konzentrierte es auf Girgenti, wo sie geboren war und die Schule besucht hatte, bevor ihr Vater Libertino, ein bekannter Augenarzt und Freund Pirandellos, nach Rom umzog. Luigi schätzte die Themenbehandlung sehr. Und von da an hatte er sozusagen häusliche Beziehungen zur Alajmo, die er dann sogar viele Jahre später der Schauspielerin Marta Abba mit den Worten vorstellte: *Sie ist eine der intelligentesten Studentinnen gewesen, die ich an der Lehranstalt hatte.*

»Leopardi lag ihm am Herzen, vor allem der *Zibaldone*. Wenn er über Leopardi sprach, nahm er sowohl in seiner Haltung als auch im Ton, im Tonfall der Worte, etwas an, das … wir heute als romantischen Gestus bezeichnen könnten. Ich erinnere mich, wie er einige Gesichtspunkte der Gedichte, aber auch über Leopardi selbst herausstellen konnte, die sich im *Zibaldone* finden.«

»Wenn er uns dann an bestimmten Tagen Übungen eigener Wahl ausführen ließ, dann kam hierin seine ganze Genialität zum Ausdruck. Niemals hat er wirklich auf sein eigenes Werk hingedeutet …«

»Allerdings, wenn er die Arbeit von einer von uns kritisierte, dann kam es ganz selten wohl auch vor, daß er völlig beiläufig auf die eine oder andere seiner Novellen verwies; so als wollte er sozusagen Momente der Kunst, wie er sie behandelt hatte und wie sie vielleicht auch in unglücklicher Weise von einer von uns behandelt worden war, gegenüberstellen. Ihm gefielen die Seiten, in denen die Studentin sich einfach ihren Erinnerungen oder den Ausdrucksweisen ihrer Welt überließ.«

»Er haßte alles Mechanische, alles Manieristische, alles, was gelegentlich den Luftzug des Moralisierenden an sich hatte, ohne jemals eine Entsprechung im wirklichen Leben zu finden.

Manchmal allerdings verschloß er sich, erstarrte er auch angesichts des menschlichen Verständnisses, das in seinen Novellen so lebendig ist. Manchmal kam es einem wirklich vor, als mangele es ihm daran, und zwar in seiner Eigenschaft als Mensch, als Professor, als Prüfer, von Mann zu Mann, von Person zu Person. Dann war es, als würde das Katheder mehr aus einer Lebensnotwendigkeit da sein als für seine leidenschaftlichen Ausbrüche.«

Auch bei seinen anderen Professorenkollegen schien er keine lebendigen Freundschaftsbezeigungen zu äußern. Er stand immer ein bißchen abseits. Nicht daß dies eine Pose gewesen wäre, vielmehr war ja seine gesamte Haltung einzigartig.

»Auch die Art, wie er sich kleidete und wie er sprach … Er hielt sich in den Fluren mit den Pedells auf, und er sprach sehr bescheiden mit ihnen.«

Jede Bemerkung einfachen Personen gegenüber, jeder Hinweis auf eine bescheidene Geistigkeit brachte ihn immer gleich in Fahrt.

»Er kleidete sich, wenigstens zu dieser Zeit, immer grau. Sehr distinguiert. Im übrigen verlieh seine schlanke Figur ihm etwas Distinguiertes. Der breitkrempige Hut, die Zigarre, die er stets im Mund hatte, die immer halb geschlossenen, fernen Augen.

Er zog es vor, sich mit Handbewegungen zu helfen. Er bediente sich viel des Daumens, beinahe wie ein Bildhauer …«

Maria Alajmo hat angemerkt, Luigi habe gelegentlich gezeigt, daß er, wie eine für einen Augenblick eintretende Unachtsamkeit, »mehr aus einer Lebensnotwendigkeit als wegen seiner leidenschaftlichen Ausbrüche« auf dem Katheder stand. So war es ja auch. Und dennoch mußte er lange um die Anerkennung kämpfen, die ihm als Lehrer zukam. 1908 schrieb er an Massimo Bontempelli, daß er nach elf Jahren Dozententätigkeit immer noch außerplanmäßiger Professor war, *ohne mein Gehalt auch nur um einen Soldo erhöht bekommen zu haben.* Und Gogol hätte die absurde Situation erfinden können, in der er sich mit der Ministerialbürokratie befand: wenn zufällig sein Antrag auf eine planmäßige Professorenstelle nicht berücksichtigt werden würde, müßte er als außerplanmäßiger Professor wieder an der Stellenausschreibung um eine außerplanmäßige Professorenstelle teilnehmen.

Bei seinen Studentinnen war er sehr beliebt: »Jede Studentin fühlte, daß ihr Herz für ihn brach«, erklärte die Schriftstellerin Paola Boni-Fellini, die seine Studentin war. Die Studentinnen machten sich für ihn besonders hübsch, sie putzten sich für ihn richtig heraus.

»Es war wirklich die Zurückhaltung dieses Mannes nötig, seine Seriosität, sein Verantwortungsbewußtsein, damit sich diese Vorlesung nicht in einen ›Liebeshof‹ verwandelte.«

Noch einmal ist es Paola Boni-Fellini, die uns einige Episoden dieses kollektiven Verliebtheitswahns berichtet, auf die Luigi, dem Zeugnis seines Sohnes Stefano nach, mit offenem Verdruß reagierte, wie bei jenem Mal, als eine Studentin ihm schrieb, daß sie sich umbringen würde, wenn der Herr Professor sich ihr gegenüber weiterhin so gleichgültig zeige, woraufhin Luigi, entsetzt über die Verantwortung, in die Direktion stürzte; oder das andere Mal, als eine Studentin anfing, ihm kleine Liebesbotschaften auf Zetteln in die Manteltaschen zu stecken, bis Luigi diese Tatsache vom Katheder herab öffentlich verkündete und dabei die Zettel zerriß und sie in den Papierkorb warf. Und natürlich, so schreibt Giudice, stürzte sich die gesamte Klasse, kaum daß der Professor gegangen war, auf die Schnipsel und setzte sie wieder zusammen.

Dieser Bericht von Paola Boni-Fellini bezieht sich auf die ersten Jahre seines Unterrichts. Es lohnt sich aber auch, sie mit den Worten einer anderen Studentin, Lucia Pagano, in Erinnerung zu behalten:

»Fast immer begnügte er sich, mit wenigen, ironischen Sätzen die kreativen Anstrengungen von uns armen Fräuleins zu zerstören, die wir vor Erregung zitternd aufstanden, um die wenigen Seiten des Protokolls vorzulesen, die so sorgfältig in der eitlen Hoffnung gefüllt worden waren, ein ermutigendes Wort von diesen seinen Lippen zu hören, die halb zwischen dem Oberlippenbart und dem grauen Spitzbart verborgen waren, und er die Haltung eingenommen hatte, die er gewöhnlich einnahm: mit auf dem Katheder gestützten Ellbogen und die Stirn auf der Hand, so, als wäre er immer müde, todmüde …«

Und müde muß er wohl gewesen sein, wenn er nicht mehr in der Lage war, seine Müdigkeit zu verbergen, wenn er jetzt die Aufsätze seiner Studentinnen mit geißelnder Ironie kommentierte, genauer gesagt: zerstörte, wenn diese Hand an der Stirn nicht nur dazu diente, den Kopf aufzustützen, sondern auch, um all diese Gesichter von jungen Frauen, die ihn ekstatisch anstarrten, aus seinem Blickfeld teilweise auszublenden.

Das verfluchte Jahr 1903

Die Vermutungen Calogero Portolanos hinsichtlich der Unüberlegtheit bestimmter Spekulationen von Don Stefano, die Luigi abgetan hatte, erweisen sich alle als richtig.

Don Stefano hatte eine große Schwefelmine in der Umgebung von Aragona gepachtet, das nur wenige Kilometer von Girgenti entfernt lag. Die Mine, deren Maschinen und sonstige Ausrüstung er mit dem Einsatz seines gesamten Vermögens erneuert hatte, lief anfangs gut. Dann überflutete sie ganz plötzlich (es könnte auch sein, daß sie in Brand geriet – wie auch immer, sie wurde zerstört und verursachte Tote, Ruin, Trostlosigkeit allenthalben), und die Schadensschätzung überstieg den Betrag von vierhunderttausend Lire. Das war das Ende. Und Don Stefano schrieb das alles an seinen Sohn Luigi. Doch weil Luigi in der Lehranstalt war, wurde der Brief Antonietta ausgehändigt, die, als sie die Handschrift ihres Schwiegervaters erkannte, den Brief wie gewöhnlich öffnete und las.

Ein paar Stunden später kam Luigi nach Hause und fand Antonietta halbgelähmt, mit verlorenem Blick, zerstört in einem Sessel vor. Das ist der offenkundige Beginn jener Geisteskrankheit, die in den ersten Jahren ihr Auf und Ab hat, sich aber mit der Zeit verschlimmert.

Bei der Lektüre kurzer biographischer Anmerkungen zu Pirandello stößt man oft unweigerlich an einem bestimmten Punkt auf die Behauptung, daß Antonietta aufgrund des Verlusts ihrer Mitgift wahnsinnig geworden wäre, eines Verlusts, der durch falsche Spekulationen ihres Schwiegervaters eingetreten sei. Gewiß, die Sache verhält sich im wesentlichen so, doch wenn man alles auf das Wesentliche reduziert, führt das letzten Endes dazu, daß sich im Kopf des nicht ganz so erfahrenen Lesers der Eindruck von einer Frau festsetzt, die so sehr dem Geld hörig ist, daß sie den Verstand verliert, sobald das Geld verschwunden ist.

Ist das Eheleben für Luigi ganz sicher nicht glücklich geworden, so ist es für Antonietta noch viel weniger glücklich verlaufen. Mit ihr sprach Luigi nicht über seine Arbeit als Schriftsteller, denn er hielt sie nicht für ebenbürtig, und es ist zu vermuten, daß er ihr nicht einmal etwas über die Probleme erzählte, mit denen er während des Unterrichts konfrontiert war. Wenn er nach Hause zurückkam, fing er an zu schreiben, Aufsätze zu korrigieren, und manchmal konnte er es einrichten, seine Freunde zu besuchen. Wenn andererseits Antonietta sich als Mutter um drei kleine Kinder kümmern mußte, so lebte sie als Frau in unglaublicher Einsamkeit, gewissermaßen ausgegrenzt, was fraglos ihr zartes Nervenkostüm schwer belastete, wofür die Krise während Faustos Stillzeit ein Anzeichen war, aber von allen – und allen voran ihrem Mann – unterschätzt worden war.

Das Bindemittel, das ihre Identität als Ehefrau zusammenhielt, war ja gerade die Rendite aus ihrer Mitgift: durch sie bekräftigte Antonietta tagtäglich ihre Präsenz, ihr Dasein. Sie war es, die das tägliche Brot für alle garantierte, und sie war es auch, die es ihrem Mann letzten Endes ermöglichte, weiter zu schreiben.

Wenn nun aber diese Rendite ausblieb, reduzierte sich ihre Stellung innerhalb der Familie auf den engen Rahmen einer Versorgung der Kinder, die acht, sechs und vier Jahre alt waren (was jetzt, ohne Geld, vor allem zu einem großen Problem wird). Da sich ihr »Wert« aufgelöst hat (und das in einem ganz und gar kommerziellen Sinn, denn auf dieser Grundlage war die Ehe ja errichtet worden), ist sie in den Augen ihres Gatten nur noch eine tote Last. Und die Lähmung ist nichts anderes als die Konkretisierung dieser Metapher.

Und Luigi? Mit Bitterkeit muß er sich in die Einsicht fügen, daß er sich nur dem Augenschein nach von der Kette um seinen Hals zu befreien vermocht hatte, sie war da, sie blieb auch weiterhin da, und wie! Ein unerwartetes Rucken an der Kette, von der er sich befreit zu haben glaubte, reichte aus, um ihn zu ersticken. Wieder kommt der Vater zurück, um Schaden bei ihm anzurichten, und dieses Mal gibt es keine Auswege. Der vertauschte Sohn muß wieder ganz von vorne anfangen. In den Tagen, die unmittelbar auf diesen Schlag folgen, denkt er ernsthaft daran, sich das Leben zu nehmen. Er will einen überlegten, durchkalkulierten Selbstmord begehen. Wenn er tot ist, können Antonietta und die Kinder nach Girgenti zurückkehren, wo Calogero Portolano sich notwendigerweise um sie kümmern muß.

Doch fast unmittelbar darauf erhält er von seinen Freunden, kaum daß sie von seinen Schwierigkeiten erfahren haben, Zeichen konkreter Solidarität. Über die dramatische Veränderung seiner wirtschaftlichen Verhältnisse schreibt er an Angiolo Orvieto:

Ich, lieber Angiolo, will nicht nur nicht ausruhen, sondern kann es auch nicht, kann es nicht mehr. Du mußt wissen, daß seit etwa einem Jahr die finanziellen Verhältnisse meiner Familie aufgrund eines plötzlichen Unheils nicht mehr die von früher sind. Eine große Schwefelmine, die meinem Vater und uns allen ein angenehmes Leben ermöglichte, ist überflutet, und die Überflutung hat Schäden von mehr als vierhunderttausend Lire verursacht. Dieses Unheil ist nicht völlig unersetzlich. Mein Vater hat in einem Jahr bereits zweihunderttausend Lire für den Bau einer Wasserleitung und einer Rampe ausgegeben. Jetzt fängt die Mine an sich zu entleeren, aber es braucht mindestens noch ein weiteres Jahr, bevor man wieder mit dem Abbau des Minerals beginnen kann. Unterdessen bin ich … mit drei Kindern und meiner Frau … verblieben, Du kannst Dir vorstellen, in welchem Zustand! Das armselige Gehalt als außerplanmäßiger Professor an der Lehranstalt reicht gerade einmal um die Miete zu zahlen. Ich muß mir mit Händen und Füßen helfen, um Geld zu verdienen, indem ich schreibe. Das ist eine schreckliche Prüfung, mein Freund! Eine unerwartete!

Du weißt, daß ich der ›Marzocco‹ seit vielen Jahren unentgeltlich meine Mitarbeit zur Verfügung stelle. Du kannst Dir vorstellen, mit wieviel

Freude ich weiterhin von Zeit zu Zeit die eine oder andere Novelle schik-
ken würde. Aber … ich hab's dir gesagt, ich hatte eine, und für fünfund-
zwanzig Lire habe ich sie an eine andere Zeitung geschickt!

Ich will Adolfo unter gar keinen Umständen drängen: du verstehst
mich! Wenn er will, könnte ich mich für denselben Betrag verpflichten,
auch ihm eine kleine Novelle jeden Monat zu schicken, anfangend mit
dem kommenden Januar… Ach, wenn Du wüßtest, wie sehr ich leide, Dir
in dieser Form zu schreiben …

Die Antwort von Adolfo Orvieto, dem Bruder von Angiolo
und Herausgeber der Zeitschrift, kommt postwendend: er zahlt
nicht nur dreitausend Lire für die Novellen, die Luigi ohne irgendein Honorar veröffentlicht hatte, sondern er erhöht die Ver-
gütung für jede Novelle auf dreißig Lire. Die Zeitschrift ›Nuova
Antologia‹ (Neue Anthologie) öffnet ihm ihre Türen. Er selber
trifft die Entscheidung, Privatunterricht in Italienisch für auslän-
dische Schüler zu erteilen und deutschen Sprachunterricht für italienische Schüler. Außerdem stellt er den Antrag, als Prüfungskom-
missar außerhalb von Rom geschickt zu werden, weil er mit den
Sonderzulagen etwas auf die Seite legen kann, und seinem Antrag
wird entsprochen.

Doch so wahr es einerseits ist, daß der Ruck an der Eisenkette ihn
aufgrund seiner Heftigkeit, vor allem aber aufgrund seiner Unvor-
hersehbarkeit fast erstickte, ist es andererseits ebenso richtig, daß
mit diesem Ruck die Halskette endgültig zerbrochen ist. Dieses
letzte Element, das ihn mit seiner Familie verband, existiert nicht
mehr, jetzt ist er wirklich der vertauschte Sohn, der seinen Weg
selber gehen muß, und zwar mit dem einzigen, wirklichen Reichtum, über den er verfügt: dem Schreiben.

Und just in den Tagen bittet ihn Giovanni Cena, der Herausgeber der ›Nuova Antologia‹ um einen Roman, den er in Fortset-
zung in seiner Zeitschrift veröffentlichen will. Um Luigis Lust an-
zustacheln, überweist er ihm einen Vorschuß von tausend Lire. Das
wäre nicht nötig gewesen. In den freien Stunden, wenn er weder
öffentlich noch privat unterrichten muß, stürzt sich Luigi, der sich

bäuchlings neben seiner Frau aufs Bett geworfen hat, die sich nicht bewegen kann, verzweifelt in die Niederschrift einer Geschichte, die er sich Seite für Seite erfinden muß.

Er beendet sie im November desselben Jahres: und während er dies seinem Freund Orvieto mitteilt, bietet er ihm Novellen und kleinere Gedichte für ›Il Marzocco‹ an. Er kann sich keine Ruhepause gönnen.

Der Roman erscheint in der ›Nuova Antologia‹ zwischen April und Juni 1904, dann wird er im selben Jahr noch in Buchform veröffentlicht. Der Roman ist gleich ein großer Erfolg, und das ist die so lange erwartete und ersehnte Anerkennung.

Und von dieser unverhofften Aufnahme macht er gleich seinem Freund Orvieto Mitteilung.

Noch während der Drucklegung ist er für die französische Übersetzung von Henry Bigot angefordert worden, der ihn wahrscheinlich in der ›Revue de Paris‹ veröffentlichen wird, und danach in einem Band; und auch aus Deutschland bin ich danach gefragt worden, von Signora Nina Knoblich, die bereits zahlreiche Novellen von mir übersetzt hat.

Nur daß Matilde Serao wollte, daß eines ihrer Bücher in der ›Revue de Paris‹ veröffentlicht wird und daher mit allen Mitteln Ganderax, den Herausgeber der Zeitschrift, zu überzeugen versuchte, ihren Roman dem von Pirandello vorzuziehen. Ganderax, der Bigot bereits seine Zusage gegeben hatte, befand sich damit in einer Lage, von der er nicht wußte, wie er da herauskommen sollte.

Graf Primoli übernahm es zu vermitteln und erreichte es, daß Luigis Roman zunächst in ›L'Écho de Paris‹ veröffentlicht und danach als Buch von dem Verleger Calmann-Lévy gedruckt wurde. Pirandello akzeptierte widerwillig. Mit Deutschland ging es wesentlich besser: von der am weitesten verbreiteten Zeitschrift Wiens gedruckt, wurde Pirandello ein Vorschuß von sechshundert Mark überwiesen, das war ein stattlicher Betrag.

Der Roman war *Mattia Pascal*.

In der Zeit zwischen der Veröffentlichung des Romans in der ›Nuova Antologia‹ und seiner Druckfassung als Buch erscheint im Lokalteil einer wichtigen Mailänder Tageszeitung die Nachricht vom »Hinscheiden« des Marchese von Chignolo, Luigi Cusani. Da dieser Edelmann eine relativ bekannte Persönlichkeit ist, veröffentlicht die Tageszeitung am folgenden Tag eine Unzahl von Nachrufen. Nur daß sich kaum zehn Tage später herausstellt, daß der Marchese durchaus lebendig ist und der vorgetäuschte Tod von ihm selbst in Szene gesetzt worden war, wahrscheinlich, um sich seinen Gläubigern zu entziehen.

In seiner Rezension des Romans in der ›Illustrazione Italiana‹ im November 1904 erinnert Graf Ottavio, Pseudonym von Ugo Ojetti, an das mißlungene Verschwinden des Marchese Cusani:

»Nun erscheint, kaum einen Monat später, ein Roman von Luigi Priandello, voll von Abenteuern, von sanfter Philosophie und von Humor, mit dem Titel *Mattia Pascal*. Es ist die Geschichte eines unseligen Gatten, der eines Tages, nachdem er voller Verzweiflung den Krallen seiner Schwiegermutter und seiner Frau entflohen war und sich beim Roulettespiel in Montecarlo unvorstellbar bereichert hat, auf dem Weg nach Hause in einer Zeitung die Nachricht von seinem Selbstmord liest, das heißt über den Selbstmord eines Menschen, den alle für ihn halten. Und seine liebevolle Schwiegermutter schwört sogar, daß sie ihn wiedererkennt. Darüber ist Mattia Pascal glückselig, in seinem Inneren vollzieht er die Beisetzung, er tauft sich auf den Namen Adriano Meis und beginnt fröhlich ein neues Leben, ohne Schwiegermutter, ohne Gattin. Könnte Signor Cusani nicht die Geschichte gelesen und versucht haben, Mattia Pascal Konkurrenz zu machen, und zwar mit einer einfacheren und sagen wir: moderneren Methode, nämlich mit der Todesanzeige auf der vierten Seite? Von woher er die Idee auch immer haben mag, sie ist ein anmutiges Zeichen unserer Zeit. Die Menschen langweilen sich nicht mehr zu leben, sondern zu sehen, daß sie leben, und sie versuchen auf jede nur denkbare Weise, von der Namensänderung bis zum vorgetäuschten Selbstmord, sich beim Sterben und bei der Auferstehung zuzusehen. Vor fünfzig Jahren, als die Romantik auf ihrem Höhepunkt war, brachte sich der ›blasse, der fatale‹ Mann um aus Vergnügen, vielleicht auch aus Neugier; der moderne Mann, rundum gesättigt, verkündet, tot zu sein. Der Fortschritt steht auf der Seite des Lebens: bewundern wir ihn also.«

Wenn dem Marchese Cusani die Idee von der Inszenierung seines vorgetäuschten Todes wirklich durch die Lektüre von Pirandellos Roman gekommen sein sollte, ist er einem grundlegenden Irrtum aufgesessen: im Glauben, er würde sich von einer erfundenen Geschichte inspirieren lassen, meinte er, die Entdeckung der Wahrheit, das heißt, daß sein Tod nur vorgetäuscht war, wäre nur durch eine Untersuchung möglich, die der Fährte der Phantasie folge. Etwas, was für die Polizeibehörden des Königreichs nahezu unmöglich war.

Er wußte auch nicht, daß *Mattia Pascal* durchaus kein Phantasiegebilde war, sondern einerseits so etwas wie die mögliche Lösung der äußerst unangenehmen Situation, in die das Schicksal den Autor gestürzt hatte, und andererseits eine Art Tagebuch über ein bereits stattgehabtes Ereignis.

Mit anderen Worten: die Verwandlung von Mattia Pascal in Adriano Meis ist nichts weiter als der – hier zweckmäßigerweise in einen Roman gebrachte – Vorgang des Sterbens des einstigen Luigi Pirandello, Sohn von Stefano Pirandello, und seiner schließlichen Wiedergeburt als Luigi Pirandello, vertauschter Sohn und mithin ohne eine reale Vaterschaft.

Vielleicht ist die von mir gebrauchte Formulierung »eine Art Tagebuch« übertrieben. Besser, einige Abschnitte aus der Textanalyse von Giuditta Rosowsky zu zitieren.

»Ein Titel, bestehend aus einem Eigennamen, dem im Italienischen das einsilbige Wort für einen verstorbenen Menschen vorangeht, also ein Zeichen des Todes und der Abwesenheit, ein Roman, geschrieben in der ersten Person Singular, also ein Zeichen von Anwesenheit: im Spiel der Verweise, das diese erste Beziehung für den Leser schafft, modulieren sich die Fragen über die Verflechtung der Erzählung und über die Bedeutung des Schreibens. Des Schreibens als Gestus eines Lebens, der sich im Buch erfüllt, des Schreibens als Arbeit einer Rekonstruktion und des Überdenkens, sofern die Partikel ›fu‹ (verstorben) im italienischen Titel eine Veränderung in der Figur bedeutet, des Schreibens als Wiederholung; was immer auch seine Funktion ist, das Problem der Autobiografie liegt hier, in der Beziehung, die zwischen zwei klar unterschiedenen Erzählsituationen und zwei Ebenen verläuft, deren Ineinanderwirken die Gestaltung des Textes umreißt.«

Der eine oder andere Kritiker wirft dem Roman vor, seine Geschichte sei derart unwahrscheinlich, daß er ins Absurde abstürze. Pirandello nimmt sich das zu Herzen, und in den ab 1921 erscheinenden Auflagen des Romans fügt er eine *Anmerkung über die Skrupel der Phantasie* hinzu, in der er zu seiner Verteidigung gleich anfangs zwei Ereignisse berichtet, deren Quellen er nennt. Das erste betrifft die Geschichte des Mr. Albert Heintz von Buffalo, der eine zwanzigjährige Geliebte hatte und eine Ehefrau und nicht wußte, ob er sich für die eine oder die andere entscheiden sollte. Daraufhin hatte er den herrlichen Einfall, beide Frauen zusammenzurufen und mit ihnen die Situation zu diskutieren. Die Begegnung nimmt bald schon den Charakter einer Tragödie an, und die drei gelangen zu dem Schluß, sich das Leben zu nehmen. Mrs. Hertz, eine Frau, die ihr gegebenes Wort hält, kehrt nach Hause zurück und erschießt sich. Ihr Mann ist dabei, das gleiche zu tun, als ihm bewußt wird, daß mit dem Tod seiner Frau jedes Hindernis für seine Liebe zu der Zwanzigjährigen beseitigt ist. Und so heiraten die beiden und hätten auch glücklich miteinander gelebt, wenn sich die Polizei nicht eingeschaltet und die Geschichte zu einem *durch und durch vulgären Abschluß* gebracht hätte.

Das zweite Ereignis konnte man im ›Corriere della Sera‹ vom 27. März 1920 lesen und hatte den – ziemlich pirandellianischen – Titel *Ehrfurchtsbezeigung eines Lebenden an seinem eigenen Grab.* Ich zitiere hier Pirandello ausführlich.

Ein einzigartiger Fall von Bigamie, ermöglicht durch den zwar amtlich beglaubigten, aber nicht tatsächlich stattgehabten Tod eines Ehemannes, ist dieser Tage aufgedeckt worden. Werfen wir einen Blick auf die Vorgeschichte.

Am 26. Dezember 1916 fischten ein paar Bauern im Bezirk Calvairate bei ›Cinque Chiuse‹ die Leiche eines mit kastanienbraunem Pullover und ebensolchen Hosen bekleideten Mannes aus dem Kanalwasser. Der Fund wurde den Carabinieri angezeigt, die Ermittlungen einleiteten. Die Leiche wurde kurz darauf von einer gewissen Maria Tedeschi sowie von Luigi Longoni und Luigi Majoli als die des 1869 geborenen Elektrikers Ambrogio Casati, Sohn des Luigi, des Ehemanns der Tedeschi, identifiziert. Tatsächlich sah der Ertrunkene Casati sehr ähnlich.

Nach dem jetzigen Stand der Erkenntnisse war diese Zeugenaussage, insbesondere von seiten Majolis und der Tedeschi, von erheblichem persönlichem Interesse bestimmt. Der wahre Casati war nämlich am Leben! Er war jedoch seit dem 21. Februar des Vorjahres wegen eines Eigentumsdeliktes in Haft gewesen und hatte seit langem, wenn auch nicht legal, von seiner Frau getrennt gelebt. Nach sieben Trauermonaten war die Tedeschi eine neue Ehe mit dem Majoli eingegangen, ohne auf irgendein bürokratisches Hindernis gestoßen zu sein. Casati hatte die Haftstrafe am 8. März 1917 verbüßt, aber erst in diesen Tagen erfuhr er, daß er … tot sei und seine Frau sich wieder verheiratet hatte und verschwunden war. Das alles wurde ihm mitgeteilt, als er auf dem Einwohnermeldeamt vorstellig wurde, weil er ein Dokument benötigte. Der Angestellte hinter dem Schalter hatte ihn unerbittlich fixiert:

»Sie sind doch tot! Ihr ordentlicher Wohnsitz ist der Musocco-Friedhof, Feld 44, Grab Nr. 550 …«

Alle Proteste dessen, der für lebendig erklärt zu werden wünschte, blieben vergeblich. Casati nimmt sich vor, sich sein Recht auf … Wiederauferstehung anerkennen zu lassen; sobald hinsichtlich seiner Person der Personenstand berichtigt ist, wird die zweite Ehe der wiederverheirateten angeblichen Witwe annulliert werden.

Indes hat das äußert befremdliche Abenteuer Casati keineswegs betroffen gemacht: Man könnte im Gegenteil sagen, es habe ihn in gute Laune versetzt; da er einmal ein ganz neues Gefühl kennenlernen wollte, entschied er sich zu einer Stippvisite bei … seinem eigenen Grab, legte dort zu dem treuen Gedenken an sich selbst einen Kranz nieder und entzündete eine Votivkerze!

Pirandello kommentierte die Nachricht auf folgende Weise – und behielt dabei immer die Vorwürfe der Absurdität und der Unwahrscheinlichkeit im Blick, die gegen den Roman vorgebracht worden waren:

Der mutmaßliche Selbstmord in einem Kanal; der aus dem Wasser gezogene und von der Ehefrau sowie von dem, der dann ihr zweiter Mann wird, wiedererkannte Leichnam; die Rückkehr des scheinbar Toten und sogar noch die Ehrung am eigenen Grab! All die tatsächlichen Fakten der Geschichte also, natürlich ohne all das andere, das der Angelegenheit allgemein-menschlichen Wert und Sinn geben sollte.

Ich kann nicht unterstellen, daß der Herr Elektriker Ambrogio Casati, meinen Roman gelesen – und die Blumen in Nachahmung des seligen Mattia Pascal auf sein Grab gelegt hat.

Das Leben jedoch – in seiner ungenierten Verachtung jeglicher Wahrscheinlichkeit – konnte problemlos einen Priester und einen Bürgermeister finden, die Herrn Majoli und Frau Tedeschi in der Ehe vereinten, ohne sich um die Fakten zu kümmern, von denen man zweifellos leicht hätte Kenntnis haben können; nämlich, daß der Ehemann Casati sich in Haft befand und nicht unter der Erde.

Die Phantasie hätte gewiß Skrupel gehabt, sich über solch eine Tatsache hinwegzusetzen, und eingedenk des Vorwurfs der Unwahrscheinlichkeit, den man ihr auch hier gemacht hat, genießt sie es jetzt, darauf hinzuweisen, zu welchen tatsächlichen Unwahrscheinlichkeiten das Leben fähig ist, sogar in jenen Romanen, die es, ohne dessen gewahr zu werden, von der Kunst abschreibt.

Folglich:

Die Absurditäten des Lebens haben es nicht nötig, wahrscheinlich zu wirken, weil sie wahr sind. Im Gegensatz zu denen der Kunst, die, um wahr zu wirken, wahrscheinlich sein müssen … Daher ist es eine Eselei, wenn man ein Kunstwerk im Namen des Lebens der Absurdität und der Unwahrscheinlichkeit bezichtigt.

Damit kann man voll übereinstimmen. Nur daß Pirandello gerade mit der Auswahl dieser beiden banalen Ereignisse so etwas

wie eine Ablenkung durch Unterlassung vollführt. Denn die Ko-
inzidenzen zwischen den Zeitungsnotizen und dem Roman sind
dermaßen oberflächlich, daß sie ebenso akzeptabel wie irrelevant
sind. Der eigentlich interessante Punkt wird von Pirandello sehr
bewußt übergangen. Im ersten Fall: Mrs. Heintz bringt sich um,
und die beiden anderen erkennen die Sinnlosigkeit ihres eigenen
Selbstmords. Wenn sich anstelle von Mrs. Heintz die junge Geliebte umgebracht hätte, hätte sich das Ehepaar wieder versöhnt.
Mr. Heintz wäre also in jedem Fall der Gewinner in dieser Geschichte gewesen. Warum schaltet sich die Polizei ein? Sie vermutet seitens des Gatten und der jungen Geliebten einen gigantischen Betrug gegenüber der Ehefrau, durch den sie sie in den
Selbstmord treiben. Das ist es, was zählt, das ist der eigentliche Fall.

Die andere schwerwiegende Unterlassung beim zweiten Fall:
Wie aufrichtig, wie ernsthaft waren die Tedeschi und der Majoli
bei der Identifizierung der Leiche aus dem Kanal als der des Ambrogio Casati? Nutzten sie eine einzigartige Ähnlichkeit aus? Und
warum sollte man nicht noch weiter gehen und die These aufstel-
len, daß die Tedeschi und der Majoli, die Geliebte waren, sämtliche Voraussetzungen schufen (einschließlich die der Ermordung
eines Unbekannten), damit die vorgetäuschte Erkennung stattfinden konnte?

Doch Pirandello mag bei diesen Fragen nicht verweilen. Indem
er im Flug den Satz »ohne auf irgendwelche bürokratischen Hin-
dernisse zu stoßen« aus dem Corriere della Sera aufnimmt, bringt
er Priester und Bürgermeister ins Spiel, Kirche und Rathaus,
schuldig, einen Irrtum ermöglicht und bestätigt zu haben. Gerade
mit den von ihm angeführten Beispielen scheint Pirandello den
Sinn seines Romans auf eine »Tragödie des bürgerlichen Staates«
[oder »Personenstandes« – das ist doppeldeutig hier, A. d. Ü.] (wie
ein Drama verächtlich definiert wurde) reduzieren zu wollen, womit er einer freieren Lesart Grenzen setzen, ihr einen Riegel vor-
schieben will.

Jean Michel Gardair hält in seinem Buch *Pirandello und sein
Doppelgänger* von 1972 den *Mattia Pascal* »sicher für die sowohl the-

matische als auch strukturelle *Summa* der Doppelgängerfiguren, die das erzählerische Werk Pirandellos ins Spiel setzt«.

Und indem er weit im Leben des Autors zurückgeht, sagt er:

»Denn Pirandellos gesamte Existenz ist auf das *Double* ausgerichtet, allerdings zwei radikal entgegengesetzten Erfahrungsebenen entsprechend. Die Erfahrungen der ersten sind rein reflektierend und leidenschaftlich, um nicht zu sagen passiv innerhalb eines Bewußtseins, das von Mal zu Mal durch die eigene Mannigfaltigkeit zerrissen wird, eingemauert in seine Einsamkeit oder anderen gegenüber entfremdet; die zweiten sind freiwillig und positiv, die darauf abzielen, die vorhergehenden Erfahrungen sowohl zu negieren als auch umzukehren.

Pirandello machte seit frühester Jugend die Erfahrung der inneren Verdoppelung.«

Darum geht es im wesentlichen.

Wir sind davon überzeugt, daß der junge Pirandello niemals die Erfahrung einer inneren Verdoppelung gemacht hat. Das *große Ich* und das *kleine Ich,* die zum Beweis von Gardair angeführt werden, sind nichts weiter als ein verbreitetes Kinderspiel, das Pirandello gegenüber Antonietta ein bißchen verdreht anwendet. Ich persönlich habe ein kleines Mädchen gekannt, das sich oft mit einem kleinen »o« traf, das mit ihm redete, und oft stellte sich in der Diskussion dann auch ein großes »O« ein. Mindestens bis zu diesem Augenblick (denn später wird sich das Problem des Doppelgängers einstellen) ist Luigis Drama gerade das des vertauschten Sohns gewesen. Ein Drama nach Familienbucheintragungen, nicht nach der Substanz. Ein Drama der Nichtzugehörigkeit.

In diesem Sinn und sehr viel scharfsichtiger schreibt Nino Borsellino in seinem *Pirandello – Ein Portrait*, nachdem er auf mögliche Verbindungen zu dem früher erschienenen Roman *Bufera (Sturm)* von Edoardo Calandra und, mit noch größerer Bezugnahme, zu dem Roman *Redivivo (Der Wiederauferstandene)* eingegangen war:

»Im Grunde wird die tiefere Rechtfertigung für das autobiografische Erzählen im ersten Kapitel antizipiert, wo gleich das

Thema der Identität offen dargestellt wird: *Das wenige, ja das einzige, was ich mit Gewißheit wußte, war dies: daß ich Mattia Pascal hieß. Und das habe ich ausgenutzt.* Der Name war für die Hauptfigur einmal die einzige Gewißheit, und das wiederholte er vor sich und vor den anderen, um wenigstens … seine Anwesenheit … zu erkennen. Doch schon damals, noch bevor sein Abenteuer seinen Anfang nahm, konnte er seine Abwesenheit von aller Realität feststellen, seine Unmöglichkeit, sich als Person zu erkennen …«

Richtig: Wenn man sagt »Ich heiße Luigi Pirandello«, so ist das nicht das gleiche, wie wenn man erklärt »Ich bin Luigi Pirandello«.

Apropos Identität. Leonardo Sciascia widmet in seinem *Alfabeto pirandelliano (Pirandello-Alphabet)* ein Stichwort dem russischen Schaupieler Iwan Iljitsch Mosjoukine, der sich französisch naturalisiert hat und in der Filmversion des *Mattia Pascal* von 1925 unter der Regie von Marcel L'Herbier ein unvergeßlicher Interpret war, so daß »alle Leser des Romans, die den Film gesehen hatten, vielleicht sogar Pirandello selber, sich seine Figur nicht mehr anders als mit der Gestalt, den Bewegungen und dem Gesichtsausdruck Mosjoukines vorstellen konnten«. Und er fügt hinzu: »Nach diesem Film wurde Mosjoukines Leben, das an sich schon ziemlich pirandellianisch war, vollends pirandellianisch.« In welchem Sinn aber? Sciascia spricht von Identitätsproblemen und zählt, beinahe wie zum Beweis, die Rollen des Schauspielers auf, von der *Lebendigen Leiche* Tolstojs bis zu Casanova. Doch auf dieser Linie wären auch noch der *Kean* von Dumas und der *Danse macabre* von Volkhoff hinzuzufügen, die Geschichte eines Dirigenten, der sich dermaßen mit dem *Danse macabre* von Camille Saint-Saëns identifiziert, daß er verrückt wird. Doch wir glauben, daß man Mosjoukines Leben als pirandellianisch bezeichnen kann, eben weil auch er ein vertauschter Sohn war: von reicher adeliger Großgrundbesitzerfamilie geboren, wurde er nach dem Besuch des Gymnasiums von seinem Vater in Jura immatrikuliert. Dort studierte er zwei Jahre lang, dann lief er davon und wurde Schauspieler. Er hatte einen natürlichen Sohn, den französischen Schriftsteller Romain Gary, der die Identitätsprobleme seines Vaters erbte, sie sogar noch stärker befrachtete und schließlich durch Selbstmord starb.

Doch wenn er jetzt, in diesen Tagen, in denen der Roman gedruckt wird, der ihm internationalen Ruhm einbringen wird, auf seine Weise, kunstgerecht, die ferne Geschichte niederschreiben sollte, die ihm das Hausmädchen Maria Stella erzählt hatte, als er klein war, würde er sie gewiß nicht mehr als »Märchen« bezeichnen.

Dritter Teil

Der grauenvolle Abgrund

Von der Fast-Lähmung, die sie befallen hat, erholt sich Antonietta, auch dank der ständigen Aufmerksamkeit, die Luigi ihr zukommen läßt, was so weit geht, daß er die Kinder, die ja noch klein sind, aus der Wohnung weg und bei Verwandten unterbringt. Damit will er vor allem vermeiden, daß sie bei Antoniettas immer häufiger stattfindenden Szenen anwesend sind, aber gleichzeitig will er seine Freizeit auch ganz dem Schreiben und der Fürsorge für die Kranke widmen. In einem an seine Schwester Lina gerichteten Brief vom September 1906 zieht Luigi eine verheerende Bilanz seines Lebens als vertauschter Sohn.

Mit vierzig Jahren halb kahl, mit fast zur Gänze weißem Bart; alles Vermögen verloren; das Heim in Trümmern; von meinen Kindern getrennt … Mein Schicksal ist wahrhaft tragisch, liebe Lina, und für mich gibt es keinen Ausweg.

Und zwei Wochen später, als er offensichtlich auf die Worte der Schwester antwortet, die ihn ermutigten, doch nur ja Hoffnung zu haben, ist Luigi drastisch.

… diese unglückselige Frau kann nicht gesund werden … ich habe den grauenvollen Abgrund dieser Seele fühlen und ausmessen können. Sie wird nicht gesund werden, sie kann es nicht.

Was ist geschehen? Antoniettas immer stärker unkontrollierbarer Wahnsinn hat sich in das gleiche Flußbett ihrer Familie, der Portolanos, ergossen, in dem der Fluß der Eifersucht reißend, bisweilen auch über die Ufer tretend dahinjagt. So, wie ihre Brüder es mit ihr gemacht hatten, wenn sie, damals noch Klosterschülerin, sonntags in Reih und Glied mit ihren Mitschülerinnen spazierenging, und die Brüder da standen und kontrollierten, um zu sehen, wohin sie ihre Bücke richtete, so steht Antonietta jetzt am Tor der Lehranstalt und wartet, daß ihr Mann nach dem Unterricht herauskommt, und manchmal versteckt sie sich, um Luigi zu überraschen, wenn er ein kurzes Wort oder ein kurzes Lächeln mit einer seiner Studentinnen wechselt, die es sich unter anderem nicht verkneifen können, ihm mit Blicken oder mit Gebärden zu verstehen zu geben, wie sehr sie von ihm eingenommen sind.

DER MANN MIT DER BLUME: *Da … Sehen Sie dort? Da, an der Ecke … sehen Sie den Schatten der Frau? … Sie hat sich versteckt!*
DER GAST: *Wieso? Wer … wer war das?*
DER MANN …: *Haben Sie sie nicht gesehen? Sie hat sich versteckt.*
DER GAST: *Eine Frau?*
DER MANN …: *Ja, meine Frau.*
DER GAST: *Ach! Ihre Frau?*
DER MANN …: (nach *einer Pause) Sie überwacht mich von weitem. Glauben Sie mir, am liebsten würde ich sie mit Fußtritten verjagen. Aber das wäre zwecklos. Sie ist wie eine dieser streunenden, störrischen Hündinnen. Je mehr man sie wegstößt, um so dichter bleiben sie einem auf den Fersen.* (Pause.) *Was diese Frau durch mich zu leiden hat, das können Sie sich nicht vorstellen. Sie ißt nicht mehr, sie schläft nicht mehr, sie folgt mir Tag und Nacht, so … immer mit Abstand. Wenn sie wenigstens diese alte Dohle, die sie auf dem Kopf trägt, und ihre Kleider mal abbürsten würde! Sie sieht gar nicht mehr aus wie eine Frau, eher wie ein Scheuerlappen. Auch ihre Haare, da, an den Schläfen: grau vom Staub, für immer. Dabei ist sie gerade erst vierunddreißig.* (Pause.) *Sie glauben gar nicht wie rasend sie mich macht. Manchmal stürze ich mich auf sie und schreie sie an: Du blödes Weib! und schüttele sie dabei. Sie nimmt alles hin, steht da und schaut mich an mit einem Blick … mit einem Blick, ich schwöre es, daß es mich in den Fingern juckt, daß mich eine wilde Lust überkommt, sie zu erwürgen. Aber nichts. Sie wartet, bis ich weitergehe, und dann läuft sie wieder hinter mir her.* (Die Frau streckt wieder den Kopf vor.) *Da, sehen Sie … sie schaut wieder um die Ecke.*

Das ist eine Stelle aus dem Schauspiel *Der Mann mit der Blume im Mund*. Zwar sind die Voraussetzungen, die die Ehefrau der Hauptfigur dazu bewegen, ständig ihrem Mann zu folgen, völlig verschieden, dennoch wird ein Teil der Verfolgung, der Luigi durch Antonietta ausgesetzt war, auf diese Bühnensituation abgefärbt haben. Nur daß Antonietta Luigis Reaktionen nicht unterwürfig und ohne zu reagieren hingenommen hat: ganz im Gegenteil, sie wird ganz besonders gewalttätig, sie überschüttet ihren Mann mit wüsten Beschimpfungen. Einmal, als Luigi auf der Straße ganz ruhig mit einer seiner Studentinnen spricht, verfolgt sie die beiden mit einem Regenschirm. Manchmal sind es die Studentinnen, die für die Situation bezahlen, die sich die schnellen Stimmungswechsel, bestimmte unnachgiebige, ja sogar erboste Standpunkte ihres Professors nicht erklären können. Wie einmal, als er darauf bestand, daß die Behandlung eines bestimmten Aufsatzthemas bei Poe abgeschrieben worden sei und dies der Studentin vorwarf, die den Namen Poe aber (und Luigi wußte das) noch nie gehört hatte.

Luigi war sozusagen von Natur aus treu, und dafür mußte er einmal, aufgrund der Situation, sozusagen öffentlich den Beweis erbringen. Eines Tages stellte sich eine junge Frau vor ihn hin, die gerade von ihrem Verlobten verlassen worden war. Dieser Verlobte wiederum war einmal ein Student von Luigi gewesen. Die junge Frau war das Opfer eines hysterischen Anfalls geworden, zog sich splitternackt vor Luigi aus und bot sich ihm an. Als einzige Antwort half Luigi ihr, sich wieder anzukleiden. Die Episode verdient vielleicht eine kurze Betrachtung: als dies geschah, können lediglich die beiden Personen anwesend gewesen sein, andernfalls hätte es die junge Frau niemals dazu kommen lassen, sich völlig auszuziehen. Wer also war es, der diese Geschichte erzählt hat? Ganz sicher nicht die Frau, die nicht nur alles zu verlieren hatte, sondern auch eine Demütigung gegenüber ihrer weiblichen Faszinationskraft hätte eingestehen müssen. Es war also Luigi selbst, der diese Geschichte bekannt gemacht hat, natürlich immer unter der Voraussetzung, daß sie sich denn auch wirklich zugetragen hat, und er hat es wohl einerseits aus einer gewissen Selbstgefälligkeit getan, andererseits ein bißchen, um sich den Ruf der Unbestechlichkeit zu schaffen, der ihm andere mögliche Unannehmlichkeiten mit Antonietta erspart hätte.

Und Antonietta wurde sich gelegentlich des Zustands bewußt, in dem sie sich befand. Im Schlafzimmer, einer weiteren Folterkammer, wie Giovanni Macchia das genannt hat, befand sich eine große Fotografie von der gerade verheirateten Antonietta. Eines Tages fragte sie ihn:

»Wieso behältst du es noch hier? Noch jetzt …«

Und, auf ihr Bild deutend, sagte Luigi: »Ich behalte es, weil sie es ist, nicht du, die mich glücklich gemacht hat.«

Dieser schlimme, dieser schwerwiegende Ausspruch (der ja vor allem auch die gegenwärtige körperliche wie psychische Zerstörung seiner Frau ungeheuer belastet) wurde von Gaspare Giudice aufgrund einer Mitteilung von einer Nichte Antoniettas zitiert. Und man muß ihn wohl für authentisch halten, eben weil er eine ziemliche Dosis von Groll und Feindseligkeit enthält.

Die Urteile, die Luigi in diesen Jahren über Don Stefano abgibt, haben nicht den Tonfall des Grolls, sondern den der völligen Verachtung. Luigi hätte es gerne gewollt, daß Don Stefano die verlorene Mitgift als Schuld anerkennt und irgendwie für ihre Rückzahlung sorgt. Don Stefano war demgegenüber der Ansicht, daß die Mitgift kein Darlehen war, sondern wesentlicher Bestandteil des in die Gesellschaft eingebrachten Kapitals, folglich besteht nach dem Bankrott der Gesellschaft Luigi gegenüber keinerlei Verbindlichkeit.

Zu alledem mischt sich zwischen die beiden Streitenden auch noch der Fiskus ein, weil für Antoniettas Mitgift ein ansehnlicher Steuerbetrag, nämlich zwanzigtausend Lire, fällig sind, Geld, das Luigi nie gesehen hat. Luigi weigert sich zu zahlen, und seine Möbel werden gepfändet. Seine Erbitterung steigert sich aufs äußerste.

Was ich dem, dessen Name ich trage, nie vergeben kann, das ist nicht so sehr der nicht wiedergutzumachende materielle Schaden als vielmehr die schreckliche moralische Qual, der er mich so viele Jahre hindurch unterworfen hat, indem er in niederträchtiger Weise darauf beharrte, das Geld der erschlichenen Mitgift *als heilige Schuld zu betrachten.*

Die Wahrheit ist, daß Don Stefano nichts mit List und Tücke

entrissen hat. In dem »Geschäftsvertrag«, das heißt dem Ehevertrag, hat Luigi ausdrücklich unterschrieben, daß die Mitgift in das von Don Stefano verwaltete Gesellschaftskapital einfließt, der dafür Sorge trägt, ihm die monatlichen Zinsen zu überweisen. Und außerdem: Wieso hat er nie die Alarmzeichen zur Kenntnis nehmen wollen, die ihm Calogero Portolano hatte zukommen lassen?

Jedenfalls, Don Stefano wird als *der, dessen Name ich trage* bezeichnet, nicht als Vater. Ein schwerer Fehler im Personenstandsregister, eine schwerwiegende Verwechslung. Als vertauschter Sohn will er nicht einmal mehr diesen Namen tragen.

Das Schlafzimmer

Luigi blickt von dem Blatt Papier auf, das er mit Wörtern vollschreibt, er muß eine Novelle abschließen und sie an den ›Corriere della Sera‹ schicken, er sieht auf die Taschenuhr, die neben dem Tintenfaß liegt. Mitternacht ist seit ein paar Minuten vorbei, und er fühlt schlagartig die Müdigkeit, die ihm auf den Augenlidern lastet. Das Licht, das die vom Nachtkasten zum Schreibtisch gebrachte Lampe spendet, ist schwach, hat einen Gelbton, aber so muß es sein, damit Antoniettas Schlaf möglichst nicht gestört wird. Das, was in der ersten Zeit der Ehe ein einfaches, bequemes, aufgeräumtes Schlafzimmer war, ist jetzt ein wüstes Durcheinander. Da befindet sich zum Beispiel auf Antoniettas Seite ein kleiner Tisch, auf dem stehen an die zehn Fläschchen mit Medikamenten, Beutel mit Pülverchen, ein Spirituskocher, um Wasser heiß zu machen, wenn Antonietta zufällig nachts irgendeinen Kräutertee zubereiten muß. Luigi hat auch einen kleinen Schreibtisch gebracht, an dem er arbeiten kann, ohne daß er jeden Augenblick gerufen wird, wie das vorher der Fall war:

»Luigi, wo bist du? Was machst du?«

»Ich bin hier. Ich schreibe.«

»An wen? An irgendeins von deinen Weibsstücken, was?«

So aber kann Antonietta, wenn sie will, aus dem Bett aufstehen, ohne das geringste Geräusch zu machen, und nachsehen, ihm über die Schulter blicken und lesen, was ihr Mann da schreibt. Aber selbst, wenn die Worte, die sie gelesen hat, ganz eindeutig nicht die Worte eines Liebesbriefes sein können, beunruhigt sie sich manchmal noch mehr.

»Hast du alle diese Frauen gekannt?«

»Welche Frauen, 'Ntunièe?«

»Die, über die du dann eine Novelle schreibst.«

»Aber wo denkst du hin? Das ist doch alles nur Phantasie. Die gibt es doch gar nicht!«

»Doch, doch, die gibt es, die gibt es.«

»Aber wo denn, heiliger Herrgott?!«

»In deiner Phantasie, das hast du gerade selbst gesagt.«

Jetzt spürt er, daß Antonietta wach ist, sie ist zu Bewußtsein gekommen wie eine Ertrunkene aus der Tiefe eines bleiernen Schlafes, in den sie von Zeit zu Zeit für kurze Augenblicke versinkt, sie atmet schwer. Ihre Augen starren ihn an, sie spricht nicht, sie beschränkt sich darauf, ihn anzusehen, und Luigi hat das Gefühl, als würden ihn hinter seinem Kehlkopf zwei Bohrerspitzen durchbohren. Unter diesen Bedingungen kann er nicht weiterschreiben, zu wissen, daß sie ihn mit weit aufgerissenen Augen anstarrt, lähmt ihn. Er steht auf, er reckt und streckt sich, denn die Haltung hat ihn starr werden lassen, er nimmt die Lampe, stellt sie wieder auf den Nachttisch, dann geht er hinaus, ständig unter dem insistierenden Blick Antoniettas.

»Wo gehst du hin?«

»Wohin soll ich schon gehen? Ins Bad, ich ziehe mich aus.«

»Danach kommst du? Oder machst du's wie beim letzten Mal, wo du dich zum Fenster runtergelassen hast und mit den Weibsstücken auf und davon bist?«

Er antwortet ihr gar nicht. Also wirklich! Sich nächtens zum Fenster hinunterlassen! Was wird sie ihm wohl beim nächsten Mal vorwerfen, diese Frau, deren Gehirn sich zermartert, um Geschichten von einem unmöglichen Ehebetrug zu erfinden, die ihm als wahr vorgeworfen werden?

Im Bad nimmt er sich Zeit, er zieht sich langsam aus, er wäscht sich und vermeidet es sorgsam, sein Gesicht im Spiegel zu betrachten.

»Was machst du? Bist du immer noch da?«

»Ich komme schon.«

Er hatte kaum Zeit, die Decke über sich zu legen. Sie packte ihn, preßte sich mit Gewalt an ihn, verzweifelt, *und küßte ihn und biß ihn und raufte ihm die Haare,* dann fing sie an zu weinen, und unter Schluchzen und mit völlig veränderter Stimme wollte sie wissen, wie er eine andere, eine nicht existierende andere geliebt hatte, dabei blies sie ihm ihren dichten Atem einer Kranken ins Gesicht:

So, nicht? Sie drückte dich so ... die Arme, so? Die Hüfte ... wie drückte sie die ... so? so? und deinen Mund? Wie hat sie denn geküßt? So?

Er ließ sich gehen, er ließ sich in diesen Strudel ziehen, mit Abscheu. Aber er konnte nicht anders als sich da hineinziehen zu lassen. Als sie ihren »Liebesbeweis« erhalten hatte, kam Antonietta nicht zur Ruhe. Am liebsten hätte sie ihn aus dem Haus geschickt, so, ohne jede Manneskraft, um sicher zu sein, daß ein physischer Betrug völlig unmöglich war. So, wie sie ihren Mann ja auch gezwungen hatte, mit dem abgezählten Straßenbahngeld in der Tasche herumzulaufen, damit er, für den Fall, daß ihm die Lust auf eine Frau gekommen wäre, nicht gewußt hätte, womit er sie bezahlen sollte.

Dann versank sie wieder in schlickigen Schlaf. Luigi wälzte sich noch lange im Bett hin und her, aber leise, um Antonietta nicht aufzuwecken, bevor auch er endlich die Augen schließen konnte.

Der Wahnsinn meiner Frau bin ich

Es kommt einem zwar unmöglich vor, doch in den folgenden Jahren verschlimmert sich Antoniettas Wahnsinn. Zeugnis dafür ist unter anderem ein langer Brief an Ugo Ojetti, datiert am 10. April

1914, der von der Ablehnung der ›Lettura‹, einer Beilage des ›Corriere della Sera‹, ausgeht, den Roman *Si gira* in Fortsetzungen abzudrucken (der dann den endgültigen Titel *Hefte des Arbeiters Serafino Gubbio* erhält). Die Ablehnung wird ihm nicht von Renato Simoni mitgeteilt, dem Herausgeber der ›Lettura‹, sondern von Albertini selbst, dem Herausgeber des ›Corriere‹, der sich lang und breit in Rechtfertigungen und Begründungen ergeht, die hier nicht interessieren. Für Luigi ist das ein schwerer Schlag, er hat sehr mit dem gerechnet, was die Veröffentlichung ihm einbringen würde.

Mein lieber Ugo,

ich weiß nicht, was ich sagen soll! Der lange Brief Albertinis, der gewiß überaus höflich und voll Anerkennung ist, das ist schon richtig – aber dennoch war er für mich in diesem Augenblick so etwas wie der Gnadenschuß!

Ich werde Dir sagen warum ... aber vielleicht ist es Dir schon seit einer Weile zu Ohren gekommen, die Nachricht von meinen unverdientermaßen verzweifelten Familienverhältnissen. Ist's nicht so? Meine Frau, lieber Ugo, ist seit fünf Jahren wahnsinnig. Und der Wahnsinn meiner Frau bin ich – was Dir beweisen mag, daß es sich um einen echten Wahnsinn handelt – ich, der ich stets ganz für meine Familie gelebt habe, ausschließlich, und für meine Arbeit, der ich mich von jeder menschlichen Gemeinschaft ausgeschlossen habe, um ihr, um ihrem Wahnsinn auch nicht den geringsten Vorwand zum Ausbruch zu geben. Aber leider hat es nichts genützt; denn hier kann nichts mehr nützen! Die Ärzte haben erklärt, es handle sich um eine unheilbare Form der Paranoia, die übrigens in ihrer Familie erblich ist ...

Du wirst verstehen, daß in dieser Situation, soviel ich auch verdienen mag mit meiner unter diesen Bedingungen geleisteten Arbeit, sosehr sie, meine Frau, auch gewisse Renditen haben mag, das Geld niemals ausreicht: Alles, was hereinkommt, wird sofort verschlungen, wird aufgefressen von dem Chaos, das in meinem Hause als absoluter Souverän herrscht und auf dem Kopf die Schellenkappe des Wahnsinns trägt.

Zudem habe ich nicht nur ein Haus, nicht nur ein Inferno, sondern zwei Häuser, ein doppeltes Inferno, eins hier in Rom, das andere in Agri-

gent; und zwei- oder dreimal jährlich darf ich meine Familie, meine drei unglücklichen Kinder, aus dem einen Inferno ins andere übersiedeln, zu ihrer Mama, die auf der Suche nach ihrer verlorenen Vernunft umherirrt und sie doch an keinem Ort finden kann. Bald glaubt sie, sie hier zu finden, und bleibt einen Monat oder zwei in Rom; sie findet sie nicht und flieht wieder dort hinunter. Im Augenblick ist sie hier bei mir; aber am Montag, noch diesen Montag wird sie wieder nach Sizilien fahren. Die Koffer sind schon gepackt, und ich muß sie mit einem der Kinder in Agrigent absetzen.

Du siehst also, die Ablehnung des Romans, auf dessen Ertrag ich für dringende und hohe Ausgaben gezählt habe, trifft mich gerade im besten Augenblick ...

Warum behauptet Luigi in einem Brief von 1914, seine Frau sei seit fünf Jahren wahnsinnig, wo doch jeder weiß, daß die eigentliche Krankheit gut elf Jahre früher begonnen hatte, also 1903. Die Sache ist die: die allmähliche Verschlimmerung von Antoniettas Krankheit bis zu dem Punkt, wo Luigi sich gezwungen sah, sich häufiger von zu Hause wegzubegeben (oder seine Frau entfernen zu lassen), und zwar über mehrere Monate hinweg und das wegen der zunehmenden Gewalt der Eifersuchtsszenen, geht ganz genau auf das Jahr 1909 zurück: zu diesem Zeitpunkt erhält sie die Mitteilung vom Tod ihres Vaters. Don Calogero, der von Gerichts wegen gezwungen worden war, die Mitgift der Tochter wieder sicherzustellen, allerdings mit nicht übertragbaren Titeln, die nur eine minimale Rendite abwarfen – damit wollte er seinem Schwiegersohn eine neuerliche Kränkung zufügen –, und auf diese *bescheidene Rendite* Antoniettas bezieht Luigi sich in seinem Brief, hatte seiner Tochter immer sehr nahe gestanden. Sein Tod zerstört und kappt die letzte zerbrechliche Verbindung Antoniettas mit der Realität. Auf Bitten Luigis schrieb Portolano ihr häufig Briefe, die wenigstens für eine gewisse Zeit dazu dienten, die Exzesse einzudämmen. Nach dem Tod des Vaters will Antonietta keinerlei Beziehung mehr zu ihrem Mann, sie haßt ihn, sie verabscheut ihn. Andererseits bewirkt auch der Tod keine Veränderung in Luigis grundlegender Verachtung für den Schwiegervater. Und

als die Schwäger (die das väterliche Testament verschwinden ließen, in dem Antonietta begünstigt wurde) den inzwischen bekannten Schriftsteller bitten, die Inschrift auf Portolanos Grabstein
zu diktieren, da zieht Luigi sich nicht zurück, ganz im Gegenteil.

HIER ENDLICH RUHT
NACH EINEM LEBEN VOLLER ARBEIT
MEHR ZU DER ANDEREN
ALS ZUM EIGENEN WOHL
CALOGERO PORTOLANO ...

Nun war es sowohl in Girgenti als auch in Porto Empedocle bekannt, daß der Verstorbene zu Lebzeiten niemals an Krankheiten
gelitten hatte, und so war es klar vor aller Augen, daß es sich hier
nicht um einen Grabstein handelte, sondern um eine Steinigung.
Dieses *endlich* war der Seufzer einer glücklichen Zufriedenheit
Luigis, daß er von der irritierenden Gegenwart des Schwiegervaters befreit worden war, der keine Gelegenheit ausließ, ihm die
Leichtfertigkeit vorzuwerfen, Don Stefano die Mitgift Antoniettas
überlassen zu haben. Außerdem, dieser Hinweis, daß Portolano
immer *zu der anderen Wohl* gearbeitet habe, ist ein sehr doppeldeu-
tiger Satz, denn jedermann wußte ja, daß der Verstorbene nicht
nur ein Händler, sondern auch ein Geldverleiher war und dafür
Wucherzinsen verlangte.

Und um noch einmal auf mehrdeutige Sätze zurückzukommen. *Der Wahnsinn meiner Frau bin ich.* Gewiß, die Bedeutung
springt beim ersten Lesen deutlich hervor und soll besagen, daß
das Objekt von Antoniettas Wahnsinn Luigi ist, der sich wiederum
bemüht, den Satz, der ihm aus der Feder geflossen ist, gewissermaßen als unbewußten Fehler zu erklären und den Freund an sein
tägliches Opfer erinnert, das er ihrem Wahnsinn darbringt, nämlich daß er *ausgegrenzt* ist *aus der menschlichen Gemeinschaft*. Doch
anders als bei der Doppeldeutigkeit des Grabsteins, scheint es hier
um eine unbewußte Doppeldeutigkeit zu gehen. Der mit diesem
genauen Satz angefangene Gedanke ändert gleich darauf die

Richtung, entschließt sich, einen anderen Weg zu gehen, der weit von einer möglichen zweiten Lesung wegführt, ja sie sogar unmöglich macht. *Der Wahnsinn meiner Frau bin ich*: ein schrecklicher Satz, der halb in der Luft hängt.

Der stechende Verdacht

Antonietta, *die darauf brennt, ihrer Vernunft zu folgen*, macht sich wieder einmal auf den Weg nach Girgenti, in das abseits gelegene Haus von Bonamorone, wo ihr Vater nun nicht mehr lebt. Sie nimmt Lietta und Fausto mit, während Stefano in Rom bei seinem Vater bleibt. Sie bleiben einige Monate dort, dann läßt Antonietta ihren Mann wissen, daß sie zurückkommen möchte. Luigi macht sich auf, um sie in Bonamorone abzuholen, nur hat Antonietta inzwischen ihre Meinung geändert, jetzt will sie bleiben. Die Sache ist durchaus nicht einfach: während die Kinder für die Schule wieder nach Rom zurückmüssen, gibt es auch für Antoniettas Aufenthalt einige Probleme. Denn ihre Brüder können sie nicht ständig versorgen, weil sie wegen ihrer Geschäfte in Girgenti leben müssen und nicht in einem einsamen Haus auf dem Land. Luigi und die Portolano-Brüder treffen eine Übereinkunft, sie siedeln Antonietta in ein abseits gelegenes Haus in Girgenti um und nehmen eine Krankenschwester, die ihr ununterbrochene Anwesenheit gewährleisten kann. Eines Abends beim Essen aber springt Antonietta unversehens vom Stuhl auf, nutzt die Verdutztheit der Krankenschwester aus, läuft in ihr Zimmer, schließt sich dort ein, reißt das Fenster weit auf und beginnt, verzweifelt zu schreien. Die Krankenschwester versucht, die Türe einzurammen, aber es gelingt ihr nicht. Nun liegt das Haus zwar isoliert, doch in der Nähe kommt immer jemand vorbei, Bauern, die von der Feldarbeit zurückkommen, Tagelöhner, vorüberziehende Girgentaner. So kommen also durch das ständige, verzweifelte Schreien Leute herbeigelaufen, die glauben, etwas Schlimmes sei passiert. Sie versuchen auf alle nur mögliche Weise, die Wahnsinnige zu beruhigen. Was dann passierte, ist nicht ganz klar, das einzig Sichere ist, daß Luigi, sobald er informiert ist, von Rom herbeieilt, eine Verfügung des Polizeipräsidenten vorfindet, mit der ihm die Pflicht auferlegt wurde, seine Frau in eine Irrenanstalt einsperren zu lassen. Antonietta, die verstanden hat, klammert sich an Luigi, fleht ihn an, sich dieser Verfügung zu widersetzen. Luigi braucht nicht erst Antoniettas Verzweiflung zu sehen, um dem Polizeipräsidenten Nein zu sagen, er würde sie nicht einmal im Traum einschließen lassen, es wäre gegen seine ureigensten Grundüberzeugungen. Auf der Rückreise läßt er sie von einem hochangesehenen Arzt untersuchen: dessen Antwort gibt keinen Anlaß zur Hoffnung, auch er rät zur Einlieferung in eine geschlossene Anstalt. Doch Luigi nimmt die gesamte Verantwortung auf sich und bringt Antonietta nach Hause zurück.

Natürlich reicht ihm das Geld für die Krankheit seiner Frau nicht aus. An Nino Martoglio schreibt er am 27. Mai 1913:

… Samstag brauche ich wenigstens 500 Lire. Könnte ich die von der »Cines« bekommen? Ich weiß, daß Lucio Dir von meiner Absicht erzählt hat, Dir einige bis in alle Einzelheiten ausgearbeitete und drehbuchmäßig durchgestaltete Filmthemen vorzuschlagen. Ich habe eines Im Zeichen – sehr schön – fast fertig; weitere könnte ich in ein paar Tagen fertigstellen, und ich wäre auch bereit, mich durch Vertrag zu verpflichten, zu einem angemessenen Betrag für jeden Film, wenn ich nur gleich in Form eines Vorschusses diese 500 Lire bekomme.

Martoglio, der künstlerische Leiter der Cines (später ist er in der gleichen Position bei der Morgana Film, mit der er *Sperduti nel buio (Verloren im Dunkel)* produziert und inszeniert, dieses Meisterwerk des Realismus *ante litteram*), ist im Augenblick nicht in der Lage, ihm eine Antwort zu geben. Luigi fährt noch einmal ein derartiges Geschütz am 5. Februar des folgenden Jahres auf.

Könnte nicht auch ich irgend etwas tun? Ich hätte unendlich viele Themen jeder Art, Du weißt es! Und ich müßte in diesem Augenblick viel, viel, viel verdienen: Du weißt es! Ich bin verzweifelt wegen der 500 Lire, die ich so dringend benötige, und ich weiß nicht, wie und wo ich sie finden kann. Könntest du nicht dafür sorgen, daß ich sie als Vorschuß bekomme, der mich verpflichtet, Dir eine Arbeit zu liefern, was ich sofort auf Anfrage könnte? … aber ich brauche auf der Stelle diese 500 Lire.

Ich bitte Dich, tu' alles, daß ich sie bekomme: ich werde Dir unendlich dankbar sein.

Und noch einmal fünf Tage später:

Danke toto corde für das, was Du für mich getan hast … Alles geht gut; nur … Du verstehst mich, ich brauche unbedingt und sehr dringend einen Vorschuß von 500 Lire, wie wir vereinbart haben … mir steht das Wasser bis zum Hals, wie Du siehst!

Pirandello sieht sich gezwungen, sich an Sabatino Lopez zu wenden, den Präsidenten der Autorenschutzvereinigung, der ihm ein Darlehen von tausend Lire gewährt.

Jedenfalls werden in diesen Jahren, dank des Einsatzes von Ojetti und Martoglio, ein paar Theaterstücke Luigis, *Der Biß (La morsa), Zitronen aus Sizilien (Lumie di Sicilia), Die Pflicht des Arztes (II dovere del medico),* mit Erfolg in Rom aufgeführt. Auf der Stelle verändert Antoniettas Eifersucht ihr Ziel: jetzt sind es nicht mehr die Studentinnen, die ihren Mann belagern, sondern die Schauspielerinnen, die für eine wie sie, die von den Schwestern erzogen wurde, die absolute Verkörperung des Bösen darstellen müssen. Nur um sie ruhig zu halten, geht Luigi nicht zu den Proben, es sei denn heimlich oder unter demütigenden Vorwänden. Um die Wohnung zu verlassen, folgt er einer bestimmten Prozedur, die darin besteht, daß er Antonietta den Grund für sein Weggehen mitteilt, die ungefähre Zeit kalkuliert, die er benötigt, um das zu tun, was er ihr gesagt hat, und sich dann zum festgelegten Zeitpunkt wieder zu Hause präsentiert. Manchmal muß er sich gleich nach seiner Rückkehr erschöpft in einen Sessel werfen. Er hat schneller laufen müssen als ein Hundertmeterläufer, aber wenigstens kann seine Frau ihm keine Szenen machen.

Doch da beginnt ein anderer Verdacht in Antonietta zu bohren. Sie fängt an, Lietta, ihre Tochter, schief anzusehen und sie schlecht zu behandeln. Und dabei liegt die ganze Last der Haushaltsführung und der Krankenpflege auf den Schultern dieses armen Mädchens, das, wenn es ein bißchen Freizeit hat, sogar als Sekretärin für ihren Vater arbeitet. Luigi vergöttert sie, er ist voll zärtlicher Rührung für ihre hingeopferte Jugend.

Eines Tages weigert Antonietta sich, das zu essen, was ihre Tochter für sie gekocht hat, sofern Lietta in ihrem Beisein nicht zuerst probiert. Sie befürchtet, vergiftet zu werden, sie argwöhnt eine Übereinkunft zwischen Vater und Tochter, um sie umzubringen und sich in den Besitz des wenigen Geldes zu bringen, das sie hat. Dann, eines Tages, platzt es aus Antonietta heraus. In einem Brief vom 15. April 1916 beschreibt Luigi das, was vorgefallen war, auf folgende Weise:

Die unglückselige Frau, die meine Frau ist, ist, nachdem sie seit ihrer Rückkehr aus Sizilien die arme Lietta gemartert hat, eben jetzt, gepackt von einer ihrer schrecklichsten Krisen, mit unerhörter Bösartigkeit über sie hergefallen. Und mein armes Kind, so von dem Schrecken ergriffen, hat sich in einem Augenblick der Verzweiflung in seinem Zimmer eingesperrt und versucht, sich umzubringen.

Liettas Grauen muß ungeheuer gewesen sein, als sie sich von ihrer Mutter die Anschuldigung anhörte, sie habe eine inzestuöse Beziehung mit ihrem Vater: Grauen, gewiß, für eine ebenso schreckliche wie unbegründete Beschuldigung, aber noch mehr und noch verwirrender wegen des brodelnden Vipernnestes, zu dem Antoniettas krankes Gehirn geworden war. Lietta ist erschüttert und aufgewühlt, sie findet einen Revolver im Haus und schießt auf sich. Doch die Waffe versagt. Daraufhin verläßt sie die Wohnung und will sich in den Tiber werfen, aber sie weiß nicht, wie man zum Tiber gelangt, denn ihr Leben war bis dahin das einer Klausur und der Aufopferung. Sie läuft mit starrköpfiger Verzweiflung durch Straßen und Gassen, bis ein Freund des Vaters sie trifft, ihre tiefe Verwirrung erkennt, mit sich nimmt und Luigi verständigt. Der eilt herbei, um seine Tochter wieder an sich zu nehmen, doch kann er sie nicht nach Hause führen.

»Entweder sie oder ich«, sagt Antonietta gnadenlos.

Und Lietta fährt nach Florenz, wo sie Gast der Familie ihrer Tante Lina ist.

Luigi stimmt der Einlieferung Antoniettas in eine geschlossene

Anstalt erst nach der Rückkehr der Söhne Stefano und Fausto aus dem Weltkrieg zu, im Jahr 1919. In die Klinik begleiten sie Stefano und Fausto, Antonietta folgt ihnen zufrieden, denn seit langem fleht sie darum, von Luigi getrennt leben zu können. Den will sie nie mehr wiedersehen. Luigi bleibt alleine.

Neun ganze Jahre hatte er nur für diese Frau gelebt, hatte sich sein Denken nur um sie gedreht, ausschließlich und quälend, damit sie niemals einen Grund haben sollte, sich zu beklagen oder über ihn auch nur im geringsten zu argwöhnen; mit ausdauernder, gewissenhafter, furchtvoller Überwachung seiner selbst. Sozusagen mit geschlossenen Augen, mit verstopften Ohren hatte er neun Jahre lang gelebt. Gewissermaßen abseits der Welt, so als hätte die Welt gar nicht existiert. Er fühlte sich plötzlich so, als wäre er ins Leere gesprungen, vernichtet … in dieser leeren Wohnung, die doch gleichzeitig voll war, wie seine Seele, von den stechenden Verdächtigungen seiner Frau …

Luigi weist die Söhne an, ihre Mutter jeden Tag zu besuchen. Auch er selber würde sich liebend gern jeden Tag auf den Weg zu ihr machen, und das nicht nur aus einem Pflichtgefühl heraus, doch Antoniettas Verhalten hindert ihn daran: sie wird zur Furie, sobald sie ihn nur auftauchen sieht. Die letzten fürchterlichen Szenen gegenüber ihrem Mann hat sie während des Krieges gemacht, als sie erfährt, daß Stefano in Gefangenschaft geraten ist. Zu Luigis Angst über das Schicksal des Sohnes kommen die tätlichen Angriffe Antoniettas, die ihren Sohn, koste es, was es wolle, zurückhaben will. Aus der Novelle *Berecche und der Krieg (Berecche e la guerra):*

Die verzweifelte Mutter will nichts hören: sie schreit und schreit, bis es ihr schier die Kehle zerreißt, und dazu hebt sie die Arme empor und schüttelt die Hände … sie sieht nichts, sie hört nichts; und ab und zu wirft sie sich gegen die Tür des Studierzimmers; sie stößt sie auf, indem sie mit Faustschlägen und Stößen der Schultern und Knie dagegentrommelt, und stürzt sich auf den Gatten, pflanzt sich vor ihm auf mit gekrallten Fingern, als wolle sie ihn zerfleischen, und schreit ihm mit Ingrimm zu: »Ich will meinen Sohn wiederhaben, meinen Sohn! Mörder! Meinen Sohn will ich, meinen Sohn!«

Wie es logisch und vorhersehbar ist, werden die Besuche der

Söhne immer seltener. Luigi beklagt sich darüber bei der fernen Lietta.

Da Deine Brüder die Mama nicht besuchen gehen, wenn ich es ihnen nicht drei- bis viermal die Woche sage ...

Als er erfährt, daß Antonietta sich gehen läßt, sich nicht mehr pflegt, immer dasselbe, inzwischen längst verschlissene Kleid anzieht, schickt er eine Schneiderin in die Klinik, die ihr ein neues schneidern soll. Doch Antonietta will sie nicht einmal sehen.

Antonietta Portolano wird am 20. Dezember 1959 in der psychiatrischen Klinik sterben.

Warum?

Jeder Pirandello-Biograph oder Pirandello-Forscher hat sich die Frage gestellt: Warum hat Pirandello unter allen Umständen mit dem Wahnsinn seiner Frau leben wollen, auch dann noch, als ihm sowohl Verwandte als auch bedeutende Vertreter der Psychiatrie die Einweisung seiner Frau angeraten hatten? Erst 1919 willigte er schweren Herzens und auf Drängen seiner Söhne ein. Auf diese Frage wurden unterschiedliche Antworten gegeben.

Jean-Michel Gardair hat geschrieben:

»Pirandello hat mindestens bis zur Einweisung Antoniettas (im Jahr 1919) selbst *die Wahl* getroffen, sich Tag für Tag durch das paranoide Delirium seiner Frau entfremden zu lassen. Er hat sich immer geweigert, ihren Wahnsinn als Tatsache zu betrachten und der Krankheit die geringste Macht der Entscheidung über Vernunft und Unvernunft zuzugestehen. Und wie bei seinen eigenen Gegenüberstellungen hat er dem ›Wahnsinn‹, einem gefälligen Paradox entsprechend, nicht das Privileg der Wahrheit zuerkennen wollen. Alles in allem hat er das Problem selbst des ›Wahnsinns‹ (von Antonietta) so lange wie möglich offen gelassen.«

Und etwas später:

»In seiner Beziehung zu Antonietta ist Pirandello einerseits Opfer des unendlich gewitzten Diskurses über den ›Wahnsinn‹: die

Weigerung, Antonietta einzuliefern, bedeutet, ihr Recht zu geben (sich schuldig zu bekennen), indem man es ablehnt, an ihrem Verstand zu zweifeln; sie einliefern bedeutet, die Wahrheit ihrer Worte unumkehrbar anzuerkennen, und zwar in demselben Augenblick, in dem man behauptet, sie als falsch zu betrachten.«

Gardair zufolge hat Pirandello also freiwillig die Wahl getroffen, »sich entfremden zu lassen«. Eine durchaus eindrucksvolle Hypothese, die allerdings nichts über die rationalen und emotionalen Gründe aussagt, die diese sogenannte Wahl herbeiführten. Im Gegenteil, wir glauben nicht, daß es sich um eine Wahl handelt, sondern um etwas Selbstauferlegtes, das auch die Gefahr einer möglichen Entfremdung in sich barg. Zudem schreibt Gardair, daß »die Weigerung, Antonietta einzuliefern, bedeutet, ihr recht zu geben (also sich schuldig zu bekennen)«. Aber schuldig wessen? Der Vorwürfe des Treuebruchs, die ihm tagtäglich von seiner Frau gemacht wurden?

Kaum war er allein, war es ihm, als würde er in sich, ganz lebendig, bei jedem Schritt … bei jeder Geste, jenes andere Ich entdecken, das in Frizzis krankhafter Vorstellungswelt lebte, dieses triste, verhaßte Gespenst, das ihn innerlich verhöhnte, indem es zu ihm sagte: »Ha, siehst du? Du gehst jetzt, wohin du Lust hast, du schaust jetzt hier hin und da hin, auch die Frauen schaust du an; jetzt lächelst du, jetzt bewegst du dich, und du glaubst, das ist ganz unschuldig? Weißt du nicht, daß das alles böse, böse, böse ist? Wenn sie das wüßte! Wenn sie dich sähe! Dich, der du immer geleugnet hast, dich, der du ihr immer gesagt hast, es mache dir kein Vergnügen, irgendwo hinzugehen, in irgendein Lokal, Frauen anzuschauen, nicht zu lächeln … Aber weißt du was? Auch wenn du es nicht tust, glaubt sie trotzdem, du hättest es getan; daher tu's schon, tu's schon, ist doch ganz gleich!«

Mit diesem Zitat aus *Giustino Roncella geborener Boggiòlo (Giustino Roncella nato Boggiòlo)* trägt Georges Piroué die Hypothese vor, daß »das Paar« (des Romans, doch als Projektion des Paares Luigi/Antonietta) »aus einem realen (Ich) besteht, das zu einem Gespenst geworden ist, und einem gespenstischen (Er), das real geworden ist. Und dies in jedem der beiden Ehegatten.«

Aber dies alles scheinen mir Konsequenzen zu sein, Wirkungen, nicht die eigentlichen Ursachen.

Sehen wir doch etwas genauer hin, wie das Paar Luigi/Antonietta entstanden ist. Antonietta wurde Luigi als gutes »Geschäft« (dieses Wort stammt nicht von uns) präsentiert, als einzigartige »Ware«, weil sie dem Käufer das notwendige Geld für ihren Kauf anbot. Luigi witterte das Geschäft, das es ihm ermöglichen würde, vom Vater wirtschaftlich unabhängig zu werden, und unterschrieb. Wenn Luigi im Lauf der Zeit seine Frau weiterhin als Ware betrachtet hätte, und sei es auch als kostbare Ware, hätte er sie in dem Augenblick, in dem diese Ware beschädigt worden wäre, mit Sicherheit veräußert (man sehe mir diese unfreiwillige Ironie nach). Nun aber wollte und konnte Luigi Antonietta nicht einfach als Ware-Ehefrau, als Kindergebärerin und Hausfrau betrachten. Er versuchte, sie in eine Gefährtin nicht nur für das Leben zu verwandeln, sondern vor allem für den Weg seiner Kunst. Er suchte also nach einem Mehrwert, den die Ware nicht hatte. Indessen wurde er unrettbar von Antoniettas Schönheit »ergriffen«, was dazu führte, daß der Ladung das zugefügt wurde, was nicht Teil der Ladung sein sollte: das Gefühl.

Sciascia schreibt:

»So ist Maria Antonietta Portolano: eine gute Ehefrau, welche die Magenschmerzen, die finanziellen Sorgen, den Groll für eine erlittene Ungerechtigkeit, wohl auch die blinde Eifersucht verstehen kann; doch sie kann nicht das Unwohlsein verstehen, das von den Gedanken und der Phantasie herrührt, die Besorgnis über eine Idee oder eine Figur, die man gestalten will, und die Freude, daß es einem gelungen ist.«

Pirandello versucht über einige Jahre hinweg – auch auf terroristische Art – Antoniettas Umwandlung zu erreichen, bewirkt in ihr aber das Gegenteil, eine Art Verschlossenheit, Weigerung, die gewissermaßen zu einer Rückentwicklung führt. Als Luigi abläßt, findet sich Antonietta in eine Art Familienghetto verbannt, dafür bestraft, daß sie nicht in der Lage war, den von ihrem Ehemann geforderten Mehrwert zu erzeugen, der unterdessen »in eine ihr unbekannte Dimension entschwindet« (Sciascia), und schließlich, eingepreßt in den Zangengriff von Calogero Portolano, der sich von Luigi betrogen fühlt, von Don Stefano, der ihre Mitgift in der Hand hat, und von ihrem Ehemann, »der verloren und weit entfernt in einer undechiffrierbaren Welt lebte, wird sich Antonietta Portulano gefühlt haben, als wäre sie in eine ›Form‹ gezwängt und würde lediglich eine Mitgift darstellen« (Sciascia).

Wie immer die Sache aber auch sein mag, die von den Nonnen erzogene junge Frau hat es verstanden, sich in das zu verwandeln, wozu sie erzogen worden war: eine gute Ehefrau, eine gute Mutter zu sein. Und Pirandello hatte, ganz abgesehen von seiner natürlichen Veranlagung zur Monogamie, von »seiner« Familie (denn seine war es wirklich, von ihm in aller Freiheit gewollt) eine genaue, strenge Vorstellung, die sich auf die Ehrlichkeit und Festigkeit der Ehegattenbeziehung gründete. Für die Krankheit, die Antonietta heimgesucht hat, ist sie nicht verantwortlich, und auch, wenn er nicht katholisch, ja nicht einmal gläubig ist, weiß Luigi zutiefst und aus seiner Tradition heraus (weil er es in seinem Blutkreislauf hat), daß er und seine Frau ein Fleisch sind; daß er sich durch die Ehe genaue Pflichten auferlegt hat, die er ganz und gar zu erfüllen trachtet. Er ist zu Recht davon überzeugt, daß, wenn er erkrankt wäre, Antonietta an seinem Bett bleiben würde, ergeben, bereitwillig und fügsam, wie er es verstanden hatte zu sein.

Andererseits hätte ihre Entfernung das Eingeständnis der Niederlage des vertauschten Sohnes bedeutet: er besitzt nur dieses Leben, das er sich unbeirrt hatte schaffen wollen und dessen unvorhersehbares, schreckliches Los er jetzt ertragen muß. An den Wahnsinn ist er irgendwie gewöhnt, zumindest hat er eine Ahnung davon bekommen, als seine Schwester Lina angefangen hatte, die Menschen für Tiere zu halten und Don Stefano die Schuld dafür wegen des Ehebruchs auf sich nehmen wollte. In »seiner« Familie wird es keinen Ehebruch geben, keine Teilaufhebung der Pflichten, die die Ehe mit sich bringt.

Ausgestreckt auf dem Bett neben seiner gelähmten Frau liegend, hat er begriffen, daß man das Leben leben kann, indem man es schreibt, und man kann es schreiben, indem man es lebt (auch wenn er später mit einer Endgültigkeit, die einen argwöhnen läßt, behauptet, daß *man das Leben entweder leben oder aber schreiben kann*). In jenen Nächten, die er mit der Niederschrift des *Mattia Pascal* zugebracht hat, hat er entdeckt, daß, da er das Leben nicht mehr ändern kann, weil er es schon einmal geändert hat, es sich, wenn überhaupt, in einer Unzahl deformierter Projektionen seiner selbst brechen kann. Die Lähmung, die Antonietta betroffen hat, ist der höhnische, der materielle Beweis dafür, daß er diesen Weg nur alleine zurücklegen kann.

Und was das *Sich-schuldig-Bekennen* betrifft: wenn er Antonietta in eine geschlossene Einrichtung geschickt hätte, dann hätte sich Luigi wirklich die Befähigung zu einer gewissen Schuldhaftigkeit angeeignet: nicht nur hinsichtlich der allein in der Phantasie existierenden Ehebrüche, deren ihn seine Frau beschuldigt, sondern auch jenes von ihm durchgeführten blasphemischen Versuchs, Antonietta zwingen zu wollen, ihr ureigenes Wesen zu verraten. In diesem Doppelspiel, das die Ehe nun einmal ist, in dieser täglichen Buchhaltung von Geben und Nehmen, kann Luigis Schuld gegenüber Antonietta niemals getilgt werden, weil sie in keiner Weise quantifizierbar ist.

Er hat während seiner Verlobungszeit und in den ersten Jahren der Ehe versucht, eine einfache Gattin in eine Art geistige Krankenschwester umzuwandeln, die ihm die geeignete Medizin reichen könnte, damit er den Frieden der künstlerischen und geistigen Arbeiten erlangt, er hat sich sogar eine Zeitlang der Illusion hingegeben, daß dies geschehen sei: *Ich habe endlich diese beiden höchsten Ideale miteinander verbinden können: die Liebe und die Kunst.*

Antoniettas Gehirn hat aber statt dessen einen Kurzschluß gemacht, und dieser Blitz hat den Weg erleuchtet, nach dem Luigi gesucht hat.

Luigi hatte der Kinder wegen sehr gelitten, die, noch klein, dem Fortschreiten der Krankheit der Mutter zusehen mußten, ohne zu verstehen, was da geschah. Oft wurden sie in aller Eile angezogen, voneinander getrennt und zu Freunden hier und Verwandten dort gebracht, in Erwartung, daß eine Krise ihrer Mutter vorübergehen würde, die bei ihnen sicher ungeheure Angst auslöste, eben weil alles so unerklärlich war. Luigi hat über sie gewacht, so gut er konnte. Als sie anfangen, größer zu werden und eine eigene Persönlichkeit zu entwickeln, kann Pirandello wirklich eine tiefe Zufriedenheit über ihre noch zarten und unsicheren Neigungen empfinden: Stefano, der Erstgeborene, ist eindeutig für die Schriftstellerei bestimmt, während Fausto instinktiv und sehr natürlich der bildenden Kunst zuneigt.

Die beiden Jungen können sich ganz eindeutig nicht als vertauschte Söhne bezeichnen, auch weil ihr Vater sich vorgenommen hat, sich so zu verhalten, daß sie nie, aber auch wirklich nie das Gefühl haben müssen, anders zu sein als die Familie. Außerdem stellt Fausto die Wiederaufnahme des unterbrochenen Diskurses mit der Malerei dar, mit dem Luigi ja ebenfalls begonnen hatte.

Pirandello hatte Lucio D'Ambra gegenüber geäußert: *Ich bin kein geborener Bühnenschriftsteller.* Vielmehr fühlte er sich als geborener Maler. Antonio Alessio hat dazu geschrieben:

»Wohin er auch ging, vor allem im Sommer, nahm er seine Farbenschachtel und hielt auf Holztäfelchen, mit denen er sich immer versorgte, die Impressionen fest, die die Natur in ihm wachrief, deren Schönheit er schätzte, doch noch wichtiger war es ihm, in ihre Bedeutung und ihr Geheimnis einzudringen. Die Beobachtung der Natur führte ihn eher zur Meditation als dazu, sich abzulenken. Einmal, als er einen dicht mit Bäumen bewachsenen Hang betrachtet und, anders als sonst, die Natur als *dumm* bezeichnet hatte, antwortete er jemandem, der ihn fragte, warum er sie dann male: ›Tja … gerade deswegen‹ … und malte gleich darauf intensiv weiter.«

Er malte durchaus nicht wie ein (im positiven Sinn) Dilettant. Auf seinen Holztäfelchen, die im allgemeinen das Maß von fünfzehn mal zehn Zentimetern hatten, ist nichts Naives zu erkennen, allenfalls die Anpassung an einen Zeitgeschmack (sein großer Freund Ugo Fleres, mit dem er sogar Malwettstreite austrug, wurde später der Direktor der Nationalgalerie für Moderne Kunst in Rom). Einige seiner Bilder waren in Rom während einer Gewerkschaftsausstellung am Trajansmarkt ausgestellt worden. Außerdem rezensierte Pirandello in den Jahren 1895-96 zahlreiche Ausstellungen in Tageszeitungen und Kunstzeitschriften.

Und was bleibt über Lietta zu sagen? Bereits als kleines Mädchen lebt sie ein aufopferungsreiches Leben. Sie geht mit der Mutter weg und begleitet sie beim Einkaufen. Das tut sie sowohl, um ihr zu helfen, als auch, um sie unter Kontrolle zu halten. Von Rom kennt sie nicht viel mehr als die Geschäfte in unmittelbarer Nähe der Wohnung, sie hat keinen ihrem Alter angemessenen Zeitvertreib. Sie reift sehr schnell, sie wird sich ihrer Verantwortung und ihrer Pflichten sehr rasch bewußt. Sie so heranwachsen zu sehen, erfüllt Luigi mit Genugtuung und gleichzeitig mit Schmerz, für seine Lillinetta möchte er ein normales Leben, wie das der Mädchen in ihrem Alter. Und zu der überaus starken väterlichen Liebe fügt sich so etwas wie herzzerreißendes Mitleid, wie wehmütiges Verständnis, das die Beziehung zwischen beiden so fest zementiert, daß sie vor Antoniettas von Eifersucht verzerrtem Blick Argwohn erregt.

1915

Im Juli 1915 wird Stefano einberufen und geht möglicherweise im blutrünstigsten Augenblick des Krieges an die Front. Pirandello war für den Eintritt Italiens in den Krieg, und ich denke, es hätte – angesichts der patriotischen Vergangenheit sowohl seiner väterlichen wie mütterlichen Familie – gar nicht anders sein können. Doch die Abreise des Sohnes trifft ihn zutiefst, die Besorgnis über sein Schicksal zermürbt ihn Tag für Tag.

Bei solchen Gelegenheiten färbt sich sein väterliches Empfinden auch mit mütterlichen Tönen.

Seine Frau nimmt augenblicklich die Gelegenheit wahr, ihm neue gewalttätige Vorwürfe zu machen: nun nicht mehr wegen ihrer Eifersucht, sondern sie beschuldigt ihn, Stefanos Entfernung absichtlich betrieben zu haben. Die familiäre Situation wird von Tag zu Tag risikoreicher: eines Nachts wacht Luigi plötzlich auf und sieht Antonietta neben seinem Bett stehen, die ihn mit einem Messer in der Hand anblickt.

Kurz nach Stefanos Einberufung erkrankt Luigis Mutter schwer. Ihre Kinder Lina und Giovanni eilen nach Porto Empedocle, Luigi sieht sich außerstande, mit ihnen zu fahren und vertraut ihnen einen Brief für Donna Caterina an.

Du, Mama, die Du mehr Mut hast als wir alle, Du, die soviel Kraft aus ihrem wechselvollen Leben voll schwerer Augenblicke ziehen konnte, in denen Dein Herz in Abgründe der Opferbereitschaft gestürzt ist und Dein Sinn sich zu höchsten Einsichten jenseits aller guten, aller bösen Aspekte dieser kümmerlichen irdischen Existenz aufgeschwungen hat, Du, Mama, befiehl für uns alle Deinem müden und gequälten Körper, noch einmal zu widerstehen: wir wollen uns doch noch einmal gemeinsam wiederfinden, wenn mein kleiner Stefano heimkommt, und unseren Sieg feiern, den Sieg Italiens.

Doch Donna Caterina ist nicht mehr in der Lage, ihrem Körper auch nur das geringste zu befehligen. Sie stirbt am 13. August. Luigis Brief wird ihr zwischen die Hände geschoben und mit in den Sarg gegeben. Donna Caterinas letzter Wille, das Haus in Caos dem Sohn Vincenzo zu überlassen, wird von den anderen voll und ganz respektiert.

Pirandello begreift in aller Klarheit, daß der Tod der Mutter eine unumkehrbare Wende in seinem Leben darstellt. Donna Caterina widmet er eine Arbeit, die etwas ebenso Bebendes wie Unkontinuierliches hat, in der die Vaterlandsrhetorik mit echter, tiefempfundener Bewegung abwechselt. Eine einmalige Arbeit, deren Verbreitung in den italienischen Tageszeitungen der Autor untersagen zu sollen glaubte. Diese *Unterhaltung* ist Teil einer Sammlung, die den Titel *Gespräche mit den Personen* trägt. Doch diese Gespräche finden nicht nur mit Personen statt, die seine Phantasie erschaffen hat, sondern auch mit solchen, die wirklich gelebt haben, wie eben seine Mutter. Warum also nennt er sie *Personen*? Vielleicht aus einem ersten Versuch der Objektivierung heraus? Vielleicht, weil sein Hauptwerk bereits dunkel Gestalt anzunehmen beginnt und er anfängt, die Veränderung durchlebter und durchlittener Erfahrungen in den Formen und Weisen der Theaterfiguren zu sehen? Wie auch immer, in jenen langen Tagen der unausweichlichen Erinnerungen wird Luigi mit Sicherheit den Weg an der Seite der Mutter noch einmal zurückgelegt haben, die auch bitteren Familienereignisse, und ein Moment dieser schmerzlichen Reflexion taucht in dem *Gespräch* auf, wenn Donna Caterina den Sohn auffordert, *die Dinge auch mit den Augen derer zu betrachten, die sie nicht mehr sehen.* Was mit einfachen Worten bedeutet, zwischen der Leidenschaft der Anteilnahme und der Kälte der Reflexion eine Entfernung einzuschieben, und in dieser wiedergewonnenen Distanz eine nicht von Nebensächlichkeiten berührte Sicht der Dinge zu gewinnen und anzuwenden.

Am 2. November desselben Jahres werden Pirandellos schlimmste Befürchtungen wahr. Stefano gerät in Gefangenschaft. Luigi schreibt darüber an Martoglio, der wiederum gerade seinen Bruder im Krieg verloren hat.

Du sollst wissen, daß er am Morgen des 2. November, um halb acht, nach einer Feuernacht, bei der Schlacht von Oslavien in Gefangenschaft geriet, an der Brust verwundet, zum Glück nur leicht. Eine andere Verwundung hatte er tags zuvor abbekommen; man hatte ihn ein paar Tage freigestellt, in denen er sich ärztlich vorsorgen lassen sollte; er verweigerte die Freistellung, weil er wußte, daß sich die Attacke in der Nacht wiederholen würde, und so geriet er in Gefangenschaft. Nun sind es bereits zwei Monate! Von allem Unheil, das ihn treffen konnte (er ist ja nur durch ein Wunder am Leben!), ist dies sicher das geringste. Ich weiß von ihm selbst, daß die Wunden völlig verheilt sind, und daher bin ich den Umständen entsprechend beruhigter.

Beruhigter? Die Ausübung des Vaterseins kompliziert sich für

Luigi mit neuen Sorgen. Der Sohn ist in Gefangenschaft. Was bedeutet das, ein Gefangener zu sein? Wie kann ein junger Mann wie Stefano auf die Regeln, auf die strengen Verpflichtungen eines Gefangenenlagers reagieren? Und wird er nicht psychische Wunden davontragen, die ihn vielleicht unauslöschlich zeichnen? Aus der Ferne will Luigi in bestimmter Weise die Gefangenschaft lenken.

Mut, mein lieber Stefano: ergib Dich nicht zu sehr dem Nachdenken und arbeite, arbeite soviel Du kannst: Es gibt kein besseres Heilmittel für diese Krankheit des Lebens. Niemand weiß das besser als ich, aus eigener Erfahrung.

Mithin erscheint sein Empfinden, ein Gefangener zu sein, eingepfercht in einen Namen, von dem er behauptet, daß er ihm nicht gehört, gleich mit der echten Gefangenensituation des Sohnes: unterschiedliche Aspekte *dieses Übels des Lebens.* Er versucht sogar eine völlige Identifizierung:

*Gestern, am 2. November, dem Jahrestag Deiner Gefangennahme …
bin ich um sechs Uhr aufgewacht und gleich in Gedanken an den Ort gelaufen, an dem Du Dich vor einem Jahr befunden hast, und ich habe versucht, mit meiner Vorstellungskraft die schrecklichen Stunden jenes Morgens zu durchleben. Du kannst Dir vorstellen, was ich gelitten habe!*

Noch einmal der Krieg

Der andere Sohn, Fausto, wird einberufen und nach Castelfranco di Sotto geschickt. Doch Faustos Gesundheit ist nicht die beste, er unterzieht sich den Mühsalen der militärischen Ausbildung, obwohl er noch Rekonvaleszent nach einer kurz vorher durchgeführten Operation ist. Die Zeiten sind hart, und Fausto wird ein Mindestmaß an Ruhe verweigert. Als Pirandello davon erfährt, eilt er in die Kaserne seines Sohnes, findet ihn aber nicht: er ist zu einem Marsch aufgebrochen. Dieser Marsch ist so kräftezehrend, daß Fausto sich bei seiner Rückkehr neben den Vater stellt und in seinen Armen ohnmächtig wird. Pirandello sieht rot, er beginnt zu wüten, er zwingt den General, dem Sohn eine Rekonvaleszentenzeit zu gewähren. In Florenz findet man schließlich heraus, daß Fausto tuberkulös ist, und das ist durchaus kein Vorwand, um ihn vom Militärdienst zu befreien. Er wird nach Hause entlassen. Nachdem die dramatische Episode mit Fausto abgeschlossen ist, kehrt die Besorgnis um Stefano um so mächtiger zurück. Für Stefano liefen die Dinge nicht gut. Von Mauthausen (ein Name, der heute grauenhafte Vorstellungen in uns wachruft, damals aber nur ein überfülltes Kriegsgefangenenlager bezeichnete) wurde er nach Böhmen verbracht, nach Plan, wo die Behandlung äußerst hart war. Alle litten Hunger, auch die Gefangenenaufseher, und daher kamen die Pakete, die Luigi schickte, oft nicht bei ihrem Empfänger an. In den durch und durch feuchten Baracken, die nicht vor dem Regen schützten, war das tägliche Leben äußerst beschwerlich und bewegte sich am Rand des Überlebens. Und Stefano erkrankt, wie Fausto, an den Lungen.

Der Vaterinstinkt in Luigi wird da gewissermaßen zu einer Obsession. In ihm wirkt mit Sicherheit ein unbewußter, jedoch angebrachter Impuls, ein Vergleich mit dem Verhalten, das seiner Überzeugung nach Don Stefano ihm gegenüber an den Tag gelegt hatte: nein, auch nicht einen Augenblick lang darf Stefano glauben, von anderem Blut zu sein; er muß die drängende Gegenwart der Liebe spüren, die ihn auf der Stelle neben sich haben will, auch wenn das bedeutet, die Barrieren der Entfernung und der Gefangenschaft zu durchbrechen.

Also ersinnt er einen verwickelten Plan, um die Befreiung des kranken Sohnes durchzusetzen.

Über einen Freund, der Journalist ist, gelingt es ihm über viele Umwege, einen Kontakt zu Kardinal Gasparri herzustellen. Das Problem bestand aber in Pirandellos hinreichend bekanntem Antiklerikalismus, was so weit ging, daß Gruppen junger Katholiken dafür gesorgt haben, daß das Schauspiel *Denk' dran, Giacomino!* *(Pensaci, Giacomo!)* vom Spielplan des Alfieri-Theaters in Turin genommen wurde. Zwischen dem Vatikan und Pirandello bestanden also durchaus keine guten Beziehungen. Gasparri erwies sich aber als guter Diplomat, er zog es vor, über den Bühnenautor und Pro-saschriftsteller Pirandello hinwegzusehen, um sich – christlich – um einen Vater zu kümmern, der Sorge um das Schicksal seines Sohnes hat.

Gasparri überredete Papst Benedikt XV., einen persönlichen Brief an die österreichische Regierung zu richten (und zwar über die kirchlichen Stellen), in welchem er um die Freilassung Stefano Pirandellos bat, für den im Gegenzug ein österreichischer Gefan-gener freigelassen werden würde, und dieser Austausch sollte in der Schweiz stattfinden. Die Österreicher brauchten viel Zeit für ihre Antwort. Als sie eintraf, rief Gasparri Pirandello zu sich. Die Österreicher hatten den Preis erhöht: im Austausch für Stefano wollten sie die Freilassung von drei österreichischen Gefangenen, deren Namen sie beifügten. Und diese Forderung rechtfertigten sie »mit der Tatsache, daß Stefano der Sohn eines berühmten Schriftstellers ist«. Paradoxerweise wurde die von Luigi so obsessiv hochgehaltene Vaterrolle jetzt einerseits zu einer Art erschweren-dem Umstand, andererseits aber bestimmte sie auf unanzweifel-bare Weise das Gewicht und die Folgen eines hingenommenen Namens gegenüber demselben Namen, den Luigi am liebsten ver-leugnet hätte. In der einen oder anderen Form stellte sich der Schatten Stefanos, des »abgeschafften« Vaters, als welchen Giudice ihn bezeichnet hatte, wieder ein.

Wie auch immer, jetzt mußte die italienische Regierung eine Entscheidung treffen. Pirandello bat um Audienz bei Vittorio Emanuele Orlando, einem Sizilianer, der ihn wertschätzte, und er-hielt sie. Orlando versprach, sich in dieser Sache einzusetzen, und als erstes stellte er Nachforschungen über die drei von den Öster-reichern genannten Namen an. So erfuhr er, daß es sich um drei erfahrene und mutige Marineoffiziere handelte, die, erst einmal freigelassen, ganz sicher für Kriegshandlungen gegen Italien ein-gesetzt würden. Orlando rief Pirandello zu sich, weihte ihn in die Situation ein und sagte am Ende:

»Entscheide du.«

In Wirklichkeit handelte es sich hier um keine freie Entscheidung. Würde Pirandello diesen Austausch akzeptieren, hätte das bedeutet, einem patriotischen Ideal zu entsagen, das in Pirandello immer noch vorhanden war, wenn auch ziemlich abgeschwächt. Er lehnte ab.

In tausend Jahren wird dieser schreckliche Krieg, der jetzt die ganze Welt mit Grauen erfüllt, in wenigen Zeilen in die große Geschichte der Menschheit eingeordnet sein; und keinen Hinweis wird es geben auf all die kleinen Geschichten dieser Tausende und Abertausende obskurer Wesen, die jetzt, in ihn verwickelt, verschwinden, von denen doch ein jedes die Welt, die ganze Welt in sich aufgenommen und wenigstens für einen Augenblick seines Lebens ewig gewesen sein wird, mit dieser Erde und diesem sternenfunkelnden Himmel in seiner Seele und dem eigenen Häuschen in weiter Ferne, und den weinenden Lieben, dem Vater, der Mutter, der Ehefrau, den Schwestern und vielleicht den noch unwissenden und ganz mit ihren Spielen beschäftigten kleinen Kindern in weiter, weiter Ferne. Wie viele ungeborgene, auf dem Schnee oder im Schlamm sterbende Verwundete …

Lietta will heiraten

Der Wahnsinn der Mutter hatte sie gezwungen, ihr Elternhaus zu verlassen und bei Verwandten in Florenz zu leben. Doch Lietta beginnt, des Lebens müde zu werden, das sie zu führen gezwungen ist. Wie ihr Vater in längst vergangener Zeit einmal dachte, so denkt auch sie jetzt, daß die Ehe die Situation lösen könnte. Und diese Vorstellung teilt sie Luigi in einem Brief mit, den wir nicht besitzen. Der Vater antwortet ihr am 4. Oktober 1918.

Und so komme ich zu dem heikelsten Punkt Deines kleinen Briefes. Ich kenne nicht den Namen des jungen Mannes, von dem Du mir erzählst. Sicher, für ihn ist, was Du mir sagst, keine gute Empfehlung, nämlich: daß er Dir völlig gleichgültig ist, und daß Du glaubst, seine beste Eigenschaft bestehe darin, reich zu sein und über die Gabe zu verfügen, mit Umsicht seinen Besitz zu verwalten. Willst Du mit Gleichgültigkeit einen umsichtigen Geldsack heiraten? – Meine liebe Lietta, ich

weiß nicht: die Art und Weise, wie Du über diese Sache sprichst, das Ur-
teil, das Du implizit über den jungen Mann abgibst, das, was Du mir im
Umkreis Deiner Neigung für ihn deutlich machst und wie Du absolut die
Frage ausklammerst, die Du mir am Ende stellst: »Wozu rätst Du mir,
mein lieber Papa?« *Ich kann Dir nicht anders antworten als dadurch,*
daß ich Dir die Frage zurückgebe: »Aber was soll ich Dir denn raten,
mein liebes Töchterchen?« *Bist Du geneigt, ihn zu heiraten, wo er*
Dich bittet, seine Frau zu werden, oder bist Du es nicht? Ist er ein ern-
ster, gütiger, ehrlicher *junger Mann* von gesundem *moralischen We-*
sen, aus guter Familie, *mit freundlichen Umgangsformen, abgesehen da-*
von, daß er reich ist? Weiß er über die materielle wie moralische Lage
Deiner Familie Bescheid, ich meine über Deine Mitgift und das Unglück
Deiner Mutter? Über nichts von alledem sagst Du mir etwas. Wie willst
Du dann, daß ich Dir einen Rat gebe?

In Wirklichkeit hat er der Tochter einen Rat gegeben, und was
für einen! Dem Augenschein nach handelt es sich um einen klugen Rat, der allerdings nicht seine eigene Erfahrung mitberück-
sichtigen will. Die Ehe mit Antonietta hatte Luigi als Geschäft betrachtet, und so hatte er es auch offen definiert: Warum also der
Tochter nicht die Möglichkeit einräumen, ein Geschäft abzuschließen, das sich möglicherweise vorteilhafter als sein eigenes
herausstellen könnte? Wenn der Wahnsinn nicht dazwischenge-
kommen wäre, wäre die Ehe mit Antonietta, auch wenn sie nur
den Rang einer einfachen Gattin und nicht den einer Gefährtin
der Kunst, wie er es erhofft hatte, eingenommen hätte, eine gute
Ehe wie so viele andere gewesen.

Sicher ist es nicht Luigi, der gegen Ehen ohne Liebe predigen
kann. Und dann ist da unter dem Mantel des Pflichtbewußtseins
noch die beiläufig gestellte verfänglichste Frage: *Weiß er ... über das*
Unglück Deiner Mutter? Zu verlangen, daß Lietta einem jungen
Mann gegenüber, der ihr schüchtern ein paar Aufmerksamkeiten
bezeigt, gleich enthüllt, daß sie eine wahnsinnige Mutter hat, bedeutet, daß jeder Bewerber in eine Lage des Unbehagens und der
Verunsicherung versetzt wird. Sicher, es ist mehr als richtig und
ehrlich, wenn Lietta ihrem möglichen Verlobten *das Unglück* der

Mutter offenbart, doch zum richtigen Zeitpunkt, dem, den sie für geeignet hält, anderenfalls würde sie sich doch ihre eigene Grube graben. Und das weiß Luigi, denn der Brief fährt folgendermaßen fort:

Ich will Dich nicht dazu verurteilen, meine Lietta, an meiner Seite ein Leben der Entsagung und des Opfers zu leben … Ich weiß sehr wohl, was ich tun muß, um mein Töchterchen zufriedenzustellen, und ich würde es zu diesem einzigen Lorbeer auch gerne tun, nämlich dem, sie glücklich zu sehen.

Auch aus diesem Grund, um zu verhindern, daß Lietta endgültig das Haus verläßt, wartet Luigi ungeduldig auf Stefanos Rückkehr aus der Gefangenschaft: die schmerzvolle Entscheidung muß getroffen werden, Antonietta in eine geschlossene Einrichtung einzuliefern.

Don Stefano kommt

Nach dem Tod seiner Frau ist Don Stefano alleine geblieben, seine Kinder haben sich ihre eigenen Familien geschaffen.

Zudem hat sich seine Gesundheit verschlechtert: er ist halb blind, er geht nur mit Schwierigkeit, er braucht Unterstützung. Sicher hat es einen Briefwechsel unter den Kindern gegeben, um eine würdevolle Unterbringung für den alten Vater zu finden, doch am Ende löst sich alles so auf, daß man der alten sizilianischen Tradition folgt, die darin besteht, daß der Vater, wenn er verwitwet oder krank ist, in die Obhut der ältesten Schwester kommt, auch wenn sie verheiratet ist. So geht Don Stefano in Begleitung seines Sohnes Giovanni zu Lina nach Rom, wohin sie mit der Familie gezogen ist. Lina stellt ihm ein kleines Zimmer in ihrer Wohnung zur Verfügung. Sie befindet sich unter der Pirandellos. Sicher gibt es einen Streit zwischen Luigi und der Schwester: Lina ist finanziell nicht in der Lage, die Bedürfnisse Don Stefanos zu erfüllen, und Luigi wird sich verpflichtet haben, seinen Anteil an den Ausgaben beizusteuern. Das ist eine Beteiligung, der er sich nicht entziehen kann, auch wenn er es wollte: es »trifft« ihn, wie man dazu bei ihm (und bei mir) sagt, es ist seine Pflicht. Aber es ergibt sich eine logistische Situation, die Luigi in der ersten Zeit sicher in Bedrängnis bringt, der seit langem die Beziehung zu seinem Vater abgebrochen hat. Die kleine angemietete Villa befindet sich in der Via Pietralata, ist umgeben von einem kleinen Garten, und man gelangt über einen *schlammigen, unbefahrbaren Weg, fast einen Feldweg* dahin. Ein Foto aus jenen Jahren zeigt uns Don Stefano im Garten, beide Hände fest um den Gehstock geklammert, Schiebermütze auf, kleine Augen hinter der Brille, hager vom Alter und von der Krankheit, und hinter ihm erblickt man die kleine Villa, in der er mit seinen Verwandten wohnt. Die Begegnungen mit dem Vater werden also unumgänglich, vor allem, wenn er auf einen kurzen Schwatz zu seiner Schwester Lina geht, mit der er immer noch eng verbunden ist. Und oft wird er von seinem Fenster aus gesehen haben, wie Don Stefano auf wackeligen Beinen durch den Garten ging, wird er die tiefgreifende körperliche Veränderung dieses Mannes gesehen haben, der in seiner Erinnerung noch jung, tatkräftig und gewalttätig weiterlebt. Und andere Male wird er ihn eingeschlafen auf der Bank im Garten oder in einem eigens dorthin getragenen Korbsessel gesehen haben.

Er schlief einen ganz anderen Schlaf: einen Schlaf mit offenem Mund, den Schlaf eines müden und kranken Alten. Es schien, als hätten die dünnen Lider nicht einmal mehr die Kraft, sich über die harten schmerzenden Äpfeln der verschleierten Augen richtig zu schließen. Die Nasenflügel zogen sich zusammen in der pfeifenden Anstrengung seines unregelmäßigen Atems, der die Herzkrankheit deutlich verriet.

Das gelbe, ausgemergelte, spitz gewordene Gesicht ... mit diesem Speichelfaden, der von der hängenden Lippe herunterhing ... Was für eine Grausamkeit, was für ein grausames Schauspiel, dieser Schlaf eines Alten! Und auch in der unendlichen Misere dieses erschöpften, verwahrlosten Körpers lag die deutlichste Darstellung der neuen Wahrheiten, die sich ihm offenbart hatten.

Dieses Zitat stammt aus einer Novelle mit dem Titel *Der Glaube (La fede)*, die 1922 als Band erschien.

Sie erzählt von einem jungen Priester, der fühlt, daß er seinen Glauben verloren hat und dies einem alten Priester mitteilen will, von dem er abhängig ist, aber er findet ihn schlafend vor. Und *die neuen Wahrheiten, die sich ihm offenbart hatten*, beziehen sich in der Novelle natürlich auf die Glaubenskrise des jungen Priesters. Doch hat der bittere Schlaf des alten Don Stefano seinerseits Luigi nicht eine neue Wahrheit geoffenbart? Das hatte ihm die Figur der Mutter ja bereits 1915 in der *Unterhaltung* gesagt:

Sieh die Dinge auch mit den Augen derer an, die sie nicht mehr sehen! Du wirst darüber einen leisen Kummer verspüren, mein Kind, der sie dir heiliger und schöner erscheinen läßt.

Und zuvor hatte sie über den Gatten erzählt:

Ich war damals schon siebenundzwanzig Jahre alt und hatte nicht mehr vor zu heiraten. Ich mußte es doch tun, weil er es wollte, der mein Herz durch sein angenehmes Äußeres und vor allem – in diesen Jahren des Aufruhrs – durch seine Begeisterungsfähigkeit bezwang, die ihr an ihm kennt, weshalb er noch jetzt, im Alter, jubelt und erschüttert wird wie ein Kind bei jeder Tat, die die Ehre des Vaterlandes vermehrt …

Und Luigi wird ihn ganz sicher vor Erschütterung weinen gesehen haben, da, in dem Garten, als die schönen Nachrichten über den siegreichen Krieg eintrafen.

Ja, genau das: ihn ansehen und wieder ansehen, diesen Vater, vor allem ihn, wie etwas, das man mit anderen Augen betrachten muß: vielleicht mit den Augen, mit denen ein Autor eine mögliche Figur betrachtet. Wie es ja auch schon bei der Mutter der Fall war.

Der Vergleich

Im übrigen war Don Stefano ja bereits eine Theaterfigur in den drei Akten von *Das Recht der anderen (La ragione degli altri)*, in denen es um die Beziehung des Vaters zu der Cousine und früheren Verlobten ging. In der Wirklichkeit war diese Episode unauflösbar mit einer Handlung verbunden: der nämlich, daß Luigi der Geliebten des Vaters ins Gesicht gespuckt hatte, während sich der Vater hinter einem Vorhang versteckt hielt und man nur seine Schuhspitzen erkennen konnte. Jetzt geht es darum, diesen Vorhang aufzureißen, den ins Scheinwerferlicht zu stellen, der sich hinter dem Vorhang verbirgt, ihn als Theaterfigur neu zu gestalten, und zwar nicht mehr mit dem damals beleidigten Blick des Sohnes, sondern mit dem des Autors, einem anderen Blick. Doch um das zu tun, ist keine lange, eingehende Beobachtung notwendig, sondern ein ständiger, ein täglicher Vergleich. Und es ist ein Vergleich, der sich auf zwei Ebenen entwickelt: einmal der realen des alten Vaters und der Ebene Luigis, der seinerseits Vater ist, und auf der des Gedächtnisses, der Erinnerung, als Luigi ein Sohn war, der sich als solcher aber nicht hatte annehmen wollen, sondern sich als vertauschter Sohn verstand.

Aus diesen Jahren stammt eine Novelle mit dem bezeichnenden Titel *Wenn man begreift (Quando si comprende)*. Sie spielt in einem Eisenbahnabteil, es ist ein Dialog zwischen einem Elternpaar, das Abschied von seinem Sohn nimmt, der in den Krieg zieht, und den anderen Reisenden. An einem bestimmten Punkt sagt einer von diesen:

Die Söhne kommen, nicht weil wir sie wollen, sondern weil sie kommen müssen; sie wollen das Leben; und nicht nur das ihre, sondern auch das unsere wollen sie. So steht es! Und wir sind für sie da, nicht sie für uns. Und wenn sie zwanzig sind, ach, dann sind sie genau so, wie ich und Sie mit zwanzig waren. Da war unsere Mutter; unser Vater; aber da waren auch viele, viele andere Dinge, die Laster, das Mädchen, die neuen Krawatten, die Illusionen, die Zigaretten …

Und wir sind da für sie; nicht sie für uns: die Wahrheit dieser Feststellung hat er selber hart erfahren. Er hat sich so sehr eingesetzt, daß er fast seine Würde eingebüßt hätte, nur damit Stefano aus dem böhmischen Konzentrationslager befreit würde; er hat sich in den Augen eines Generals beinahe lächerlich gemacht, um zugunsten seines Sohnes Fausto Protest zu erheben; er hat Lietta ins Exil schicken müssen, um sie vor dem wilden Zorn ihrer Mutter zu bewahren … Doch was hat er erreicht? Bereits jetzt ist er gewahr, daß Fausto es immer verstehen wird, eine gewisse Distanz zwischen sich und die Dinge, die er tut, zu legen, und zwar sowohl als Mensch wie auch als Maler, ganz abgesehen von seiner Kindesliebe; er weiß, daß Lietta bereit ist, ihn zu verlassen, weil sie das Exil als ungerecht empfindet, zu dem er sie gezwungen hat. Und Stefano, hat er die Ratschläge befolgt, die er ihm per Post hatte zukommen lassen, vor allem den, *nicht nachzudenken?* Oder ist etwa dieses aufdringliche, liebevolle Vatergefühl, das nicht nur in den Handlungen, sondern möglicherweise auch in den Gedanken der Kinder stets gegenwärtig ist, ein Ausdruck der in ihrer Substanz zwar ähnlichen, aber in ihrer Form andersartigen Gewalt, die Don Stefano gewohntermaßen in seiner Familie ausübte?

Fragen, Zweifel, Sprachlosigkeit.

Und immer wieder kehrt die Schlüsselepisode in seine Erinnerung zurück, die den Bruch mit dem Vater bezeichnete, als er ihn mit der Geliebten überraschte. »In ihm blieb ein stilles bekümmertes Bewußtsein von Schuld und Gewissensbiß zurück«, schreibt Gaspare Giudice. Und als Pirandello in der 1923 geschriebenen Novelle *Rückkehr* auf diese Episode zurückkommt, sagt er, daß *er sich seit langem schon von dem geheimen Gewissensbiß geplagt fühlte, den Vater verlassen zu haben ... ohne sich darauf einzulassen.*

Und jetzt, wo er ihn jeden Tag vor sich sieht, in diesem schlimmen Zustand, bis wohin reicht da das Unbehagen, das »stille bekümmerte Bewußtsein«?

Und dann vor allem: Wieso riß der damals vierzehnjährige Luigi den Vorhang nicht auf, sondern begnügte sich lediglich, die Frau anzuspucken? Das wäre doch so leicht gewesen und auch logisch und natürlich, zumal er doch so angewidert war und ein Opfer der grausamen Unnachsichtigkeit der Jugend.

Tat er es nicht, um dem Blick seines Vaters nicht begegnen zu müssen? Warum sollte der vom Vorhang verborgene Körper ohne Gesicht bleiben, das sich auf ewig dem Gedächtnis einprägen würde? Spürte er schon damals, daß eines Tages die Stunde der Vernunft kommen würde, die Stunde, *wenn man begreift?*

VATER: Für mich liegt das Drama darin, Herr Direktor: mir ist bewußt, daß jeder von uns sich für »Einen« hält, aber das stimmt nicht. Er ist »Viele«, Herr Direktor, »Viele«, entsprechend all den Möglichkeiten des Seins, die in uns liegen. »Einer« für diesen, »Einer« für jenen – und alle völlig verschieden! Und dabei bewahren wir uns die Illusion, für alle immer »Einer« zu sein, und zwar stets dieser »Eine«, für den wir uns bei jeder unserer Handlungen halten. Das stimmt aber nicht! Das ist nicht wahr. Und das wird uns klar, wenn wir durch einen unglücklichen Zufall plötzlich an irgendeiner unserer Handlungen wie angekettet und aufgehängt sind. Das heißt: wir erkennen, daß diese Handlung nicht unser ganzes Wissen ausdrückt und daß es daher eine fürchterliche Ungerechtigkeit wäre, uns allein nach ihr zu beurteilen, uns an ihr angekettet und aufgehängt am Pranger stehen zu lassen für die Dauer einer ganzen Existenz, als ob die in dieser einen Handlung bestünde.

Das ist die Kernaussage des Vaters in *Sechs Personen suchen einen Autor (Sei personaggi in cerca d'autore)*. Gewiß, die Beweggründe, die die Aufhebung der Vaterfigur notwendig machten, waren zahlreich, aber es besteht kein Zweifel: der Kernpunkt ist darin zu erblicken, daß Luigi den Vater in dem Augenblick *sprachlos und in der Schwebe gehalten* hat, als er ihn mit der Geliebten überraschte. Und gleich nach dieser Passage bringt der Sohn (der hier teilweise Luigi selbst ist) wieder seine Nicht-Verwandtschaft mit der Familie vor, sein Anderssein, sein Vertauscht-worden-Sein, wie er damals noch glaubte:

SOHN: (gereizt) *Laß mich in Ruhe. Ich habe damit nichts zu tun!*
VATER: Wieso nicht?
SOHN: Ich habe nichts damit zu tun und ich will nichts damit zu tun haben. Du weißt genau, daß ich nicht dazu da bin, hier mit euch zu erscheinen.

Das große Puzzle

Der Schriftsteller Arnaldo Frateili erinnert sich, daß Pirandello, gleich nachdem er mit der Niederschrift von *Sechs Personen suchen einen Autor* fertig war, tief bewegt seine Freunde versammelte und ihnen die Arbeit vorlas. Niemand wußte etwas davon oder kaum etwas, der Autor selbst schien von der Macht und der Schnelligkeit überrascht zu sein, mit der das Stück hervorgebracht werden wollte. Frateili schreibt:

»Kaum hatte er die *Sechs Personen* fertig geschrieben, kam Pirandello zu mir und las seine Arbeit in meiner Wohnung vor. Anwesend waren sein Sohn Stefano, Silvio D'Amico, Alberto Cecchi, ich glaube Mario Labroca und zwei oder drei weitere ... wir waren mitgenommen und aufgewühlt, nicht nur wegen des Stücks, sondern auch aufgrund der Leidenschaft, die Pirandello ins Vorlesen legte ... Dies war ein Vortrag, bei welchem er die Rolle sämtlicher Figuren übernahm und durchlebte, beinahe schmerzlich, alle ihre Leidenschaften, ihre Liebe, ihren Haß, ihre Freude und ihren Schmerz, Ekstase und Ironie ... seine Stimme klang im Nebenzimmer nicht wie die von einer, sondern wie die von zehn Personen ... Am Ende ... diskutierten wir wie Rasende um Pirandello geschart.«

Sicher, es ist geradezu lächerlich, über dieses Drama, das »die Quintessenz des modernen Dramas« (Peter Szondi) darstellt, hier Worte zu verlieren. Wir beschränken uns darauf zu sagen, daß es möglicherweise die Vollendung jenes gigantischen Puzzles markiert, das die Verflechtung zwischen dem Leben Pirandellos und seinem schriftstellerischen Werk in einem ständigen Gehen und Kommen von der Realität zu ihrer Transfiguration gewesen ist. In der scharfsichtigen Würdigung für Pirandello, die Massimo Bontempelli in der Accademia d'Italia am 17. Januar 1937 vortrug, wird gesagt, daß »das gesamte Bühnenwerk Pirandellos eine Denunzierung von Konsequenzen« sei. Und er fügt hinzu:

»Viele Jahre, bitte, beachten Sie das, viele Jahre vor den *Sechs Personen* hatte er diese klaren Worte geschrieben: *Die Natur bedient sich des Instruments der menschlichen Phantasie, um ihr Schöpfungswerk weiterzuführen. Und wer dank dieser kreativen, im menschlichen Geist beheimateten Tätigkeit in die Welt tritt, wird von Natur aus zu einem weitaus höheren Leben verpflichtet, als es das Leben dessen ist, der aus dem sterblichen Schoß einer Frau geboren wird. Wer als Figur geboren wird, wer das Glück hat, als lebendige Figur geboren zu werden …* Kurzum: Roman- oder Theaterfiguren sind die einzige Wahrheit. Mit der Figur hat die Menschheit das Unverwechselbare, das Unveränderbare, das Unzerstörbare, das Ewige wiedergefunden. Das heißt: die Gewißheit. Der Vater in den *Sechs Personen*, er, der als Mensch am härtesten geschlagen ist, darf das Haupt hoheitsvoll erheben, wenn er dem Theaterdirektor sagt: *Ich bin wirklich, Sie nicht.*«

Ja, der Vater ist wirklich, er ist eine Gewißheit, eben weil er zu einer Figur geworden ist, während der Theaterdirektor nur auf den Brettern der Bühne lebt. Diese Figur des Vaters, in dem »sich die innerste Wahrheit Pirandellos ausdrückt« (Szondi), eine Wahrheit, die sich durch eine Art Mischung, durch Osmose zwischen dem Autor und der Figur des Vaters noch mehr verdichtet und verstärkt hat. Unterschwellige, in der Tiefe verlaufende feinste Kanäle, die den Lebenssaft von einem zum anderen transportieren und in ihrer Verflechtung miteinander die Identifikation und Bestimmung der Zugehörigkeit erschweren. Und in diesem Licht erscheint die später geschriebene Vorbemerkung wie ein schlecht gelungener Versuch der Ablenkung, so, als wolle der Autor sich die Hände reinwaschen, indem er alles der hohen Phantasie zuschreibt. Doch diese Vorbemerkung nützt nichts, sie reicht nicht aus.

DIREKTOR: Und wo ist das Manuskript?
VATER: In uns, Herr Direktor!

Dialogstellen wie diese:

VATER: Schauen Sie – mein Mitgefühl, mein ganzes Mitleid für diese Frau – (zeigt auf die Mutter) *ist von ihr als grausame Unbarmherzigkeit aufgefaßt worden.*

MUTTER: *Aber du hast mich doch fortgejagt!*

VATER: *Da hören Sie es! Fortgejagt! Sie war der Meinung, ich hätte sie davongejagt!*

MUTTER: *Du verstehst zu reden – ich kann das nicht. Aber glauben Sie mir, Herr Direktor, nachdem er mich geheiratet hatte … wer weiß warum, ich war eine arme, bescheidene Frau …*

VATER: *Gerade deswegen, wegen deiner Bescheidenheit, die mir so gefiel, habe ich dich geheiratet, weil ich glaubte …* (Er unterbricht, da sie abwehrt, hebt verzweifelt die Arme, weil er sieht, daß es unmöglich ist, sich mit ihr zu verständigen, und wendet sich wieder an den Direktor:) *Nein, sehen Sie? Sie sagt nein! Schrecklich, glauben Sie mir, Herr Direktor, schrecklich ist* (schlägt sich an die Stirn) *ihre Taubheit, ihre geistige Taubheit! Herz? Ja, für die Kinder. Aber das Gehirn ist taub und stumpf, zum Verzweifeln stumpf.*

Welche reale Erinnerung schleppen sie mit sich? Sie scheinen sich nicht so sehr auf die Augenblicke der Ehekrise zwischen Donna Caterina und Don Stefano zu beziehen, als er sich wieder mit seiner früheren Verlobten zusammentut, sondern eher, wenn auch in einem anderen Zusammenhang, auf die Beziehung zwischen Antonietta und Luigi, als ihm bewußt wird, daß seine Frau ihm nicht auf *den Wegen der Kunst* folgen kann und er sie »hinauswirft«, das heißt sie auf die reine Mutterfunktion beschränkt.

Und noch eine weitere Stelle des Vaters:

Begreifen Sie jetzt die Niedertracht dieses Mädchens? Sie hat mich an einem Ort, bei einer Handlung überrascht, an dem sie mich nie hätte erkennen dürfen, als einen, der ich für sie nie hätte sein dürfen. Und nun will sie mir eine Wirklichkeit aufdrängen, von der ich nie gedacht hätte, daß ich sie – in einem flüchtigen, beschämenden Augenblick meines Lebens – für sie verkörpern müßte. Das, Herr Direktor, das ist für mich das Entscheidende!

Liegt darin nicht ein Tadel, den Luigi gegen sich selbst richtet, weil er Jahre und Jahre den Vater auf eine einzige Handlung, auf einen flüchtigen Augenblick in seinem Leben, auf einen Fehler festgenagelt, ihn dafür gekreuzigt hatte?

Und in dem Satz der Stieftochter:

> *Schrei doch, schrei doch, Mama! ... Schrei, wie du damals geschrien hast!*

Bezieht sich das *damals* sicher auf die von den Personen in der Phantasie des Autors erlebte Geschichte, als sie sich in einem ängstlichen, einem fiebernden Zustand des unruhevollen Entstehens befanden, doch vielleicht liegt im Schrei der Mutter, die die Stieftochter in den Armen ihres Mannes findet, ein schreckliches Echo des verzweifelten Schreis von Antonietta, als der Wahnsinn sie dazu führte, eine inzestuöse Beziehung zwischen Luigi und der Tochter zu vermuten.

»Das Ende der *Sechs Personen*«, hat Jean-Michel Gardair behauptet, »besteht in dem Prozeß der Entlastung des Vaters von der Beschuldigung des Sohnes, und zwar durch die phantasmatische Überlagerung zweier Szenen: des Ehebruchs und des Inzests. Wenn dieser Text in der Tat fundamental in Pirandellos Werk ist, dann ist er es aus anderen Gründen als denen, die er bewußt herausarbeitet. Pirandello tut so, als würde er glauben, daß er diese Figuren ›abgelehnt‹ habe, weil sie ihn nicht interessierten und nichts mit seinem persönlichen Drama zu tun hatten, um andererseits auf theoretischer Neuartigkeit und der Meisterschaft seiner Schöpfung zu beharren. Nun gesteht er selbst, er habe dieses Stück in einem Zustand von Trance und unter der Last der Notwendigkeit geschrieben. In der Tat dient hier der gesamte konzeptuelle Apparat des Stücks (der Konflikt Schauspieler-Bühnenfiguren, die Unmöglichkeit einer Dramatisierung von Gespenstern in Abwesenheit des Autors usw.) nur dazu, das Bedürfnis (Pirandellos), sich öffentlich anzuklagen (den Vater zu entlasten), zu kaschieren. Dieses Bedürfnis mündete dann in die denkwürdige Geste, mit der

Pirandello bei der (katastrophalen) Premiere der *Sechs Personen* die Maske wegwirft: zum ersten Mal in seinem Leben zeigt er sich auf der Bühne, um das Publikum zu grüßen, und dann muß er die Pfiffe über sich ergehen lassen.«

Und über den Tod des kleinen Mädchens und den Selbstmord des Jungen schreibt Gardair weiter:

»Es darf hier nicht unbetont bleiben, daß das Alter der beiden Kinder, vierzehn und vier Jahre, einerseits mit dem Alter übereinstimmt, in dem eine jüngere Schwester Pirandellos gestorben ist, andererseits mit dem gleichen Alter, das er zur Zeit der in *Rückkehr* wiedergegebenen Szene hatte, in der am nächsten Tag eine andere seiner jüngeren Schwestern plötzlich schwachsinnig geworden war. Und schließlich zieht Pirandello mit dem unheimlichen Lachausbruch der Stieftochter, mit dem das Stück endet, für immer die Rache Antoniettas auf sich, dieser allzu klugen Erinnye, die das schreckliche Privileg der Hellsichtigkeit mit dem Wahnsinn sühnte.«

Die Versatzstücke eines Puzzles, die sich nach Jahren leidvoller Versuche auf wunderbare Weise zu einem einheitlichen Bild zusammenlegen, Lichtblicke, die sich wieder in ihre ursprüngliche Prismenförmigkeit einfügen.

Viele, vielleicht zu viele unterschwellige Beziehungen, manchmal ganz offenkundige, manchmal nur eben angedeutete, andere Male nur erahnte, von denen man nicht weiß, ob es die Mühe lohnt, sie alle ans Licht zu befördern. Doch eines scheint mir sicher: der Revolverschuß, mit dem der junge Sohn seinen Erdentagen ein Ende setzt, tötet auch eine Illusion, die sich über so lange Jahre mit Eigensinn, mit Starrköpfigkeit erhalten hatte: dieser Schuß läßt den vertauschten Sohn verschwinden, wenn er denn je existiert hat. Jetzt weiß Luigi mit schmerzhafter Gewißheit, daß das Blut in seinen Adern das Blut seines Vaters ist. Die Vertauschung des Sohnes in der Wiege hat niemals stattgefunden: wenn Luigi jetzt noch einmal die Geschichte erzählen sollte, die ihm, als er klein war, das Hausmädchen Maria Stella erzählt hat, würde er diese Geschichte ohne jedes Zögern als »Märchen« bezeichnen.

Der Abend der Uraufführung

Der Sturm der Entrüstung und der Beschimpfungen, der im Teatro Valle in Rom am Abend des 9. Mai 1921 nach der Uraufführung der *Sechs Personen* unter der Leitung von Dario Niccodemi losbrach, ist viele Male erzählt und geschildert worden. Adriano Tilgher schrieb in seiner Rezension in der römischen Tageszeitung »Il Tempo« am nächsten Tag:

»Viele, sehr viele Vorhänge am Ende des ersten und des zweiten Aktes, für die Pirandello, ich weiß nicht, wie oft, an die Rampe gerufen wurde. Doch, um die Wahrheit zu sagen, wurde dieser Erfolg von einer Minderheit gegenüber einem völlig desorientierten, ratlosen Publikum durchgesetzt, das im Grunde aber durchaus verstehen wollte. Doch beim dritten Akt, dem schwächsten der drei, der völlig absurd endet, brach ein Sturm los, dem die Befürworter dieser Arbeit aber tüchtig Paroli boten. Und so endete ein Abend, der eine wirkliche Schlacht für alle war, für den Autor, für die Schauspieler, für das Publikum und auch für die Kritiker.«

Eindeutig schreibt Tilgher die Verantwortung für den Absturz dem dritten Akt zu, den er als schwach, absurd und vor allem redundant beurteilt:

»… der dritte Akt tritt im Grunde auf der Stelle, auf der Stelle des zweiten, er erschöpft sich in der wortreichen Diskussion um eine ästhetische These, die in ihrer Neuheit nicht wirklich brillant ist: daß das Leben nicht das Theater ist.«

Viele Jahre später schreibt Peter Szondi aus seiner Sicht, der dritte Akt sei ein »pseudodramatischer Schluß«.

Darüber wäre noch viel zu sagen, über den viel diskutierten dritten Akt, aber dafür ist hier nicht der Ort. In Wirklichkeit erzählt uns Tilgher (der später einmal der sein wird, der Pirandellos Theater mit einer philosophischen Theorie ausstattet), wenn er von einem »desorientierten, ratlosen« Publikum spricht, nur den halben Skandal.

Es stimmt zwar: die Zuschauer waren anfangs desorientiert, als sie beim Betreten des Zuschauerraums sahen, daß der Vorhang offen und auf der Bühne auch nicht der Hauch von einem Bühnenbild zu sehen war. Einige waren überzeugt, daß die Aufführung verschoben worden sei, auch weil ein Bühnenarbeiter irgend etwas festnagelte. Zu jener Zeit machte die Tatsache, daß man ins Innere einer Theatermaschinerie blicken und beobachten konnte, was hinter den Gassen vor sich ging, nicht neugierig, sondern verstörte, verursachte Unbehagen. Natürlich wandelte sich die anfängliche Desorientiertheit der Zuschauer in Ratlosigkeit, als sie vom Theaterdirektor die provozierenden Worte hörten:

Was soll ich denn machen, wenn … es mit uns schon so weit gekommen ist, daß wir Stücke von Pirandello auf die Bühne bringen, und der, der sie versteht, ist tüchtig, Stücke, die absichtlich so gemacht sind, daß weder die Schauspieler noch die Kritiker, noch auch das Publikum jemals richtig zufrieden sind?

Die Haltung des Publikums wurde dann sogar noch schlimmer, als die sechs Personen auftraten. Als sie hörten, daß sie durch die hintere Türe des Zuschauerraums hereinkamen, dieselbe, durch die sie selbst hereingekommen waren, mußten sie sich in ihren Theatersesseln umdrehen, was bedeutete, daß sie gezwungen waren, sich gegen die Orientierung des Zuschauerraums zu verhalten, so als wären sie gezwungen worden, eine Zeile in einem Roman zu lesen, die vom Autor absichtlich auf den Kopf gestellt wurde. Und des weiteren: diese Personen beanspruchten den Platz, der für die Zuschauer reserviert ist, sie gingen durch den Korridor zwischen den Reihen, sie blieben stehen, um mit den Zuschauern zu diskutieren, und das gewissermaßen auf den Füßen der Zuschauer in der ersten Reihe. Die ersten gewalttätigen Reaktionen kamen von den Zuschauern, die ihr »Territorium« verteidigen wollten, das war eine Revolution, der Umsturz einer festgelegten Ordnung.

Irgendwann wurde die Auseinandersetzung zwischen der Minderheit der Befürworter und der Mehrheit der Andersdenkenden handgreiflich, Fausthiebe flogen, der Journalist Orio Vergani tat sich hervor, ein Amateurboxer und Freund Pirandellos, dessen Schwester Vera die Rolle der Stieftochter spielte (und zwar hervorragend, wie die Zeitungen berichteten), auch ein Lyriker tat sich hervor, Arnaldi, der mit den Schultern die Türe einer Loge einrammte, in der Leute saßen, die pfiffen. Oft waren Rufe zu hören wie »Hampelmann« oder »Irrenhaus«.

Pirandello, der seine Tochter Lietta mitgebracht hatte, schienen die Vorgänge überhaupt nicht zu beeindrucken, so daß er sich nach dem dritten Akt so an der Rampe zeigte, als würde er sich für die Pfiffe und den Protest bedanken. Es war wohl auch so, daß man mit Geldmünzen nach ihm geworfen hat.

Wir sind mehr als nur überzeugt, daß die Mehrheit der ablehnenden Zuschauer dunkel spürte, daß sich an diesem Abend im Teatro Valle etwas Unumkehrbares ereignete, nämlich daß das Theater über kurz oder lang nicht mehr so sein würde wie vorher. Sie verteidigten eine Vorstellung von Theater, die an diesem Abend aus den Angeln gehoben wurde.

Pirandello wartete eine ganze Stunde, bevor er mit seiner Tochter das Theater verließ, draußen warteten eine Menge Leute auf ihn, und sie schienen nicht von freundschaftlichen Gefühlen bewegt zu werden. Als er sich endlich entschloß, ging er »durch den Dienstboteneingang auf die Gasse, eine düstere Gasse, in der nicht einmal eine Katze herumschlich« (Vergani). Er wollte unbemerkt die Straßenbahnhaltestelle erreichen, die Ankunft eines Taxis hätte die Gewalttäter argwöhnisch werden lassen. Aber es verlief anders. Orlo Vergani schrieb:

»Er kam heraus, mit seiner Tochter am Arm. Im Licht der ersten Laterne wurde er erkannt. Man stellte sich um ihn, um ihn zu beschützen. Schöne Damen lachten und wiederholten mit lackierten Mündern: ›Irrenhaus!‹ Elegante junge Männer mit weißen Krawatten lachten höhnisch und sagten Beleidigendes. Die Tochter am Arm des Vaters zitterte und konnte beinahe keinen Schritt mehr gehen. Weitere Menschen kamen herbeigelaufen, pfiffen und lachten. Auch die Polizisten wußten nicht, ob sie zugunsten ›Pirandellos, des Verrückten‹ eingreifen sollten. Ein Taxi näherte sich. Im Licht der kleinen Piazza schleuderte man Pirandello Beleidigungen ins Gesicht, dessen Lippen einen leichten Anflug von Ironie erkennen ließen. Solange das Auto nicht abgefahren war, mußten wir alles tun, um es nicht zu Handgreiflichkeiten kommen zu lassen. Er ließ die Tochter einsteigen. Dann stieg er selbst ein, und hinter dem kleinen Fenster sah man, während er die Adresse seines weit entfernten traurigen Hauses nannte, wo er am nächsten Tag wieder zu arbeiten beginnen würde, noch sein Gesicht. Die eleganten jungen Männer warfen Geldstücke. Auch die Damen, die in aller Eile ihre kostbaren Handtaschen geöffnet hatten. Ich höre noch das Geklimper des Kupfers auf dem Pflaster, das Lachen und die Beleidigungen.«

Gesagt werden muß, daß in Mailand am Abend des 27. Septembers desselben Jahres das Stück, von derselben Schauspielertruppe gespielt, vom Publikum äußerst konzentriert verfolgt wurde und mit einem Triumph endete. Die Mailänder hatten alle Muße sich vorzubereiten, weil sie den inzwischen gedruckten Text lesen konnten.

An jenem Abend befindet sich unter denen, die auf der Piazzetta hinter dem Teatro Valle einen schützenden Kreis um Pirandello und seine Tochter vor den Ausschreitungen der wild gewordenen Zuschauer bildeten, ein junger Mann, der ein paar Blicke mit der völlig verängstigten Lietta wechselt. Dieser junge Mann ist Manuel Aguirre, Militärattaché an der chilenischen Botschaft in Rom.

Viele Tränen

Also: Lietta und Manuel lernen sich am Abend der Uraufführung der *Sechs Personen* kennen, und kaum fünfzig Tage später heiraten sie. Ein Blitzstrahl, ganz fraglos, aber man muß auch bedenken, daß die nach der Einlieferung der Mutter aus dem Florentiner Exil heimgekehrte Lietta jetzt klar erkennt, was ihr Los sein würde, wenn sie sich ihm nicht rechtzeitig entzieht: sie würde, ohne ein eigenes Leben gehabt zu haben, im Schatten ihres Vaters verblühen. Und ihr ist klar, daß Luigi nicht einen Finger rühren würde, um diesen Gang der Dinge zu verändern, getrieben, wie er ist, von einer Art egoistischer Blindheit gegenüber der sicher nicht glücklichen Lage seiner Tochter. Diese Ehe hat mithin alle Anzeichen einer Flucht aus dem väterlichen Haus. Eine Flucht, die sieben Monate später wirklich stattfindet, als Lietta und ihr Mann sich in Genua nach Chile einschiffen, und es handelt sich nicht um eine Hochzeitsreise oder um einen kurzzeitigen Ausflug.

Luigi und Stefano begleiten das Paar nach Genua, sind bei der Einschiffung, bei der Abreise zugegen. An diesem Tag weht ein eisiger Wind. Nachdem das Schiff abgelegt hat, geht Luigi, gefolgt von Stefano, wie unter Schock, zwei Stunden lang ziellos umher. Das Hotelzimmer, das sie erwartet, jagt ihm Entsetzen ein. Er trifft abends in Rom ein, und während er durch die kleine Straße geht, die ihn nach Hause führt:

Plötzlich hörte ich, wie mich unter diesem Mond dein liebes Stimmchen begrüßte: »Guten Abend, Papetto!«, wie immer, wenn ich mich aus dem Fenster des Arbeitszimmers beugte, um Dich fortgehen zu sehen. Und das Weinen überwältigte mich, und beinahe wäre ich der Länge nach hingefallen … Nun höre ich es jeden Abend, wenn ich nach Hause komme, Dein Stimmchen: »Guten Abend, Papetto!«, und jedesmal füllen sich mir die Augen mit Tränen, und etwas schnürt meine Kehle zu.

Dieser Brief ist mit dem Datum des 12. Februar 1922 versehen und der erste, den Luigi an *Lillinetta, meine kleine Schöne* schreibt. Als er dann einen Brief von der Tochter aus Barcelona erhält, schreibt er ihr:

Ich weinte wie ein Kind! Wann war das je! … Auch gestern abend haben Stefano und Fausto, als sie vor dem Abendessen gemeinsam nach Hause kamen, mich hier am Tisch im Arbeitszimmer gefunden, in Tränen aufgelöst über Deinem Brief … Ich muß mir unbedingt wieder Mut machen, aber es gelingt mir nicht.

Er ist sehr aufrichtig, wenn er der Tochter mitteilt, wie tief die durch ihre Entfernung hervorgerufene Qual ist, eine Qual, die es ihm unmöglich macht, sich des Theatererfolgs zu erfreuen.

Doch wieviel unbewußte Rache für Liettas Flucht steckt in der Vorhaltung des *nicht wiedergutzumachenden* Schadens, den die

Handlung der Tochter in ihm angerichtet hat? Nachdem er sich der Einsicht gefügt hat, daß Lietta so bald nicht nach Italien zurückkommen wird, denkt er an eine Vortragsreise durch Südamerika, die eine Begegnung ermöglichen soll. Doch niemand hilft ihm. Als er dann erfährt, daß die Tochter eine schwierige Geburt haben wird, läßt ihn das vor Angst fast wahnsinnig werden. Er wendet sich an den Kardinal Gasparri, dem es gelingt, Nachrichten zu erhalten, und zwar gute, über den Nuntius des Vatikans in Chile. Doch daß die Tochter ein Leben fern von seinem Blick lebt, ist ein Umstand, gegen den er aufbegehrt, stur, absurd. Und mit der Zeit wird dieses Gefühl keineswegs schwächer, im Gegenteil. Am 5. Juni 1922 schreibt er:

… Angst und Schmerz wirklich ohne Ende, und ich ertrage es nicht mehr, meine Lietta, Dich so weit weg von mir zu haben! Du weißt, was mein Leben vor Deiner Abreise war. Doch jetzt ist es an einem Punkt, wo es wirklich nicht mehr ertragbar ist.

In einem anderen Brief erklärt er feierlich:

Wenn Du nicht zurückkommst, sterbe ich voller Verzweiflung! Was, meinst Du, bedeutet mir der Ruhm, das Geld …

Und noch einmal:

Du mußt, Du mußt so schnell wie möglich heimkehren, mein Töchterchen, wenn Du nicht willst, daß ich an dieser Angst sterbe, für die es keine Linderung gibt.

Und noch einmal:

Mir bricht das Herz, mir bricht das Herz! Wenn Du nicht bald zurückkommst, meine Lillinetta, findest Du mich nicht mehr hier! Ich habe warten müssen, bis die Tränen mir den Blick wieder freigaben, um mich erneut ans Lesen zu machen. Es ist unmöglich, daß ich fern von Dir leide … Das ist nicht menschlich! Du mußt unbedingt so bald wie möglich zurückkommen!

Liettas Ferne nimmt inzwischen obsessive Formen an: über lange Zeiträume sendet er täglich eine Grußkarte an die Tochter ab.

Wie tiefgreifend die Wandlung des Verhältnisses unterdessen zwischen Luigi und seinem Vater ist, kann man aus den Notizen erkennen, die er Lietta schickt und hier in chronologischer Abfolge vorgelegt werden.

7. März 1922:
Unten, bei Tante Lina, geht es allen gut, einschließlich Nonno. Jedesmal nach dem Mittagessen gehe ich hinunter und besuche sie …

1. April 1922:
Ich habe vergessen, daß Nonno neulich morgens beim Aufstehen aus dem Bett gestürzt ist und sich weh getan hat … Wir haben den Arzt gerufen, der uns glücklicherweise versichert hat, daß es nichts Schlimmes wäre. Tatsächlich geht es ihm jetzt besser, obwohl er sehr leidet und Schwierigkeiten beim Atmen hat. Aber er wird schon wieder.

24. Mai 1922:
Natürlich wurde die Nachricht über die Geburt gleich telefonisch der Mama übermittelt und auch Tante Lina und der Familie mitgeteilt, und selbstverständlich auch Nonno, der nun noch einmal Urgroßvater geworden ist.

18. Juni 1922:
Ich bin bereits in der Zeit der Schulprüfungen, die mich beklemmen; und zusätzlich, als ob das alles noch nicht genug wäre, hat Nonno vor acht Tagen einen Gehirnschlag bekommen und ist dabei, von uns zu gehen. Vielleicht wird er von uns gegangen sein, wenn Dich dieser Brief erreicht, armer Nonno!

2. Juni 1922:
Um das Leben unerträglicher zu machen, kommt zu Nonnos gesundheitlicher Situation jetzt auch noch die durch Arteriosklerose hervorgerufene Demenz. Physisch scheint er sich von dem Schlag erholt zu haben, aber er

ist im Bett geblieben und wahnsinnig und treibt alle zum Wahnsinn, weil er Tag und Nacht schreit, wirres Zeug redet und sich gegen die medizinische Versorgung der Krankenschwester wehrt, die wir haben nehmen müssen (auf meine Kosten, versteht sich) für tags und für nachts.

5. September 1922:
… die Steuern erhöhen sich, die Ausgaben für Nonno und die Krankenschwester erhöhen sich …

Luigi räumt in seinen Briefen dem Großvater von Lietta, Don Stefano, mehr Platz ein als seiner in eine Klinik eingewiesenen Frau. Oft rechtfertigt er sich damit, indem er sagt, über die Mama würden Stefano und Fausto schreiben, die, weil sie sie oft besuchten, besser über alles Bescheid wüßten als er. Doch die Situation mit dem Vater entwickelt sich sehr schnell.

5. Januar 1923:
Ich bin in Mailand gewesen, um mit der Nationalen Theatercompagnie Ruggeri-Borelli-Talli Die Nackten kleiden auf die Bühne zu bringen. Ich war bei den Proben, als mich wie ein Blitz ein Telegramm von Stefano erreichte, mit dem mir Nonnos Flucht aus der Wohnung seiner Tochter Lina (ich will sie nicht mehr Schwester nennen) und die Invasion meines Bettes durch den »Autor meiner Tage« mitgeteilt wurde; Aufforderung also, gleich nach Rom zurückzukehren, für die Maßnahmen in diesem Fall. Ich komme zurück und finde das Schauspiel vor, das Du Dir wohl vorstellen kannst. Die Vorkommnisse unten, während meiner Abwesenheit, waren furchtbar beschämend und abgeschmackt. Nonno sagt, er habe Monate und Monate die bösartige Behandlung der Tochter und der beiden Enkelinnen hinuntergewürgt. Man darf nicht alles für bare Münze nehmen, was er sagt, denn eigentlich ist der Arme inzwischen verdummt und von Altersdemenz heimgesucht. Aber es ist unstrittig, daß ihn unten niemand ausstehen konnte und man mit der Sonderernährung herumknauserte, die der Arzt ihm nach dem Schlag verordnet hatte: und für die bin ich insgesamt aufgekommen. Stell' Dir vor, statt der Brühe hatte man ihm Wasser mit einem Hauch von Butter verabreicht, aus einem einzigen Ei-

dotter wurden zwei Tassen Crème gemacht (das übrige war Mehlzugabe);
und das gesamte Kochobst hatte in einer Untertasse von der Größe zweier
Geldmünzen Platz. Unter dem Strich gaben sie für ihn zwischen acht-
einhalb bis neun Lire aus, von mir aber nahmen sie zehn. Der Streit zwi-
schen Nonno und seiner Tochter brach in seiner ganzen Gewalt über einen
völlig vordergründigen Vorwand aus: über eine Truhe, die Linuccia in dem
kleinen Zimmer abstellen wollte, in dem Nonno schlief. Wutausbrüche,
Ungeheuerlichkeiten, Flüche, Schmähungen. Nonno sagt, er sei aus der
Wohnung geworfen worden; die Tochter sagt, er sei es gewesen, der gehen
wollte, und daß er jetzt, ein für allemal, keinen Schritt mehr in ihre Woh-
nung setzen darf, anderenfalls geht sie. Tatsache ist, daß ich Nonno in mei-
nem Zimmer installiert vorgefunden habe. Ich habe gleich Onkel Giovan-
ni telegrafiert, um einen Familienrat einzuberufen und zu entscheiden,
was gemacht werden muß, denn in meiner Wohnung gibt es keinen Platz,
um noch jemanden dort logieren zu lassen, und ich kann Fausto nicht
dazu verdonnern, an meiner Stelle auf dem Boden zu schlafen wie ein
Hund. Den Hund wollte ich zwar machen, aber Fausto hatte das nicht
zugelassen: er hat mir sein Bett und sein Zimmer gegeben.

Inmitten dieser ganzen Herrlichkeit ist dann auch noch Olindas Ent-
bindung am ersten Tag des Jahres gewesen … Ein ganz bezauberndes
Mädchen … Die unten haben begriffen, daß ich Nonno unmöglich bei
mir behalten kann, und wollen ihn in ein Altersheim geben. Aber wie Du
wohl verstehen kannst, ist es mir verhaßt, einen alten Mann von 87 Jahren
aus dem Haus zu geben.

Auch wenn man nicht alles für bare Münze nehmen kann, was
Don Stefano erzählt, ist klar, daß Luigi Partei für den Vater ergreift
und sich mit einem seiner typischen Wutausbrüche sogar weigert,
Lina weiterhin als seine Schwester zu bezeichnen, ihr sogar sehr
kleinlich die Ausgaben vorrechnet und implizit vorwirft, sie würde noch Geld davon abzweigen.

Aus diesem Brief geht deutlich hervor, daß alle römischen Ausgaben für den Vater, einschließlich des Essens, des Arztes und der
Krankenschwester, alleine Luigi trug: Lina hatte ein kleines Zimmer in ihrer Wohnung zur Verfügung gestellt, das sie von Zeit zu

Zeit in eine Abstellkammer verwandeln wollte, womit sie Don Stefanos Zorn herausforderte. In Luigi scheint bittere Ironie mitzuschwingen, wenn er seinen Vater, in Anführungszeichen, als *Autor meiner Tage* bezeichnet, aber der Kern seiner Aussage ist ein einziger: er wird es nicht zulassen, daß Don Stefano in ein Altersheim eingeliefert wird, er will nicht, daß er unter fremden Menschen stirbt. Andererseits muß eine Lösung gefunden werden, die Wohnung ist zu klein, sie bricht schon aus allen Fugen: dort wohnen Luigi, sein Sohn Stefano mit seiner Frau Olinda und das Neugeborene, Fausto und der gerade dazugekommene Don Stefano. Wenige Zeilen später teilt Luigi der Tochter seine Absicht mit, eine Wohnung zu kaufen, um dort mit seinem Vater und mit Fausto zu wohnen, weil Stefano mit seiner Familie in eine andere Wohnung ziehen will. Luigis Absicht ist klar: den Vater bei sich behalten oder ihn allenfalls bei einem anderen Verwandten unterbringen, der in der Lage ist, ihn bei sich als Gast aufzunehmen. Für diesen zweiten Fall versteht es sich von selbst, daß Luigi sämtliche Kosten übernehmen würde.

19. Januar 1923:
Ich habe meinen Vater wieder bei mir zu Hause, ich glaube, ich habe es Dir in meinem letzten Brief gesagt und auch die Gründe dafür genannt. Ich habe alle Beziehungen zu denen unten abgebrochen. Ich habe Onkel Giovanni für einen Familienrat aus Siena kommen lassen, der zu nichts geführt hat, denn wir waren übereingekommen, an Tante Annetta zu schreiben und sie zu bitten, Nonno bei sich aufzunehmen für einen Monatsbetrag von 650 Lire, doch Tante Annetta antwortete mir, daß sie nicht könne, und zwar aufgrund des überaus traurigen Gesundheitszustands ihres Mannes, der sie zwinge, ihre ganze Pflege ihm zukommen zu lassen. So ist Nonno bei mir geblieben und schläft in Deinem Zimmerchen, das Fausto ja einmal in Beschlag genommen hatte, der sich zum Schlafen auf eine Metallbespannung in seinem Atelier geworfen hat, sich dabei aber der Gefahr aussetzt, sich durch die Farbausdünstungen zu vergiften. Zu Hause ist alles, wie Du Dir vorstellen kannst, alles drunter und drüber, auch wegen der Geburt des Mädchens, das alle auf Trab hält und nachts

häufig schreit, weshalb keiner schlafen kann, auch wegen der Hellhörigkeit der Wohnung. Auch wenn Nonno nicht da wäre, könnte Fausto gewiß nicht im Nebenzimmer schlafen. Ich habe es drei Nächte lang probiert, und ich habe kein Auge zumachen können. Nonno ist taub und hört nichts. Aber so kann es nicht weitergehen.

Es ist das erste Mal, daß Luigi in diesem Brief Don Stefano Vater nennt, wohingegen er ihn in den vorausgegangenen, auch weil er an seine Tochter schreibt, *Nonno* nennt. Nicht einmal im Traum fällt es ihm ein, den endlich wiedergefundenen Vater wegzuschicken, Fausto soll sich für den Augenblick arrangieren, schließlich *kann es so nicht weitergehen.*

Aber es geht weiter:

5. Juli 1923:
Nonno geht es weiterhin einigermaßen gut. Aber er wird von Tag zu Tag unleidiger.

3. August 1923:
... Nonno, dem es mit seinen 88 Jahren äußerst gut geht ...

Es gibt ein Foto gerade aus diesen Tagen des Jahres 1923. Ein schöner sonniger Vormittag. Auf einem Balkon stehend und lächelnd, hält Luigi Stefanos kleine Tochter im Arm, die beglückt lächelt. Neben den beiden lächelt auch Stefano, sein Kopf ist ganz leicht nach vorne geneigt. Vor den dreien sitzt Don Stefano, in einen schweren schwarzen Anzug gekleidet, mit zahnlosem Mund, der zwischen Backen- und Oberlippenbart halb verdeckt ist, mit Brille, den Kopf leicht gegen eine Schulter geneigt, beide Hände auf dem Stock. Wenn man genau hinsieht, lächelt er, der Urgroßvater.

Der Schriftsteller Arnaldo Frateili erinnerte daran, daß Luigi in dieser Zeit die wenigen Freunde dazu überredete, »lange mit dem Vater Karten zu spielen, der, fast schon blind und taub, allerdings immer noch hart und autoritär, immer aufrecht in seiner hochgewachsenen rüstigen Gestalt, diese abendliche Ablenkung forderte, und so bürdete sich Pirandello selbst die Langweiligkeit dieses Spiels auf und auch die Verpflichtung, regelmäßig zu verlieren, um nur ja nicht die Unzufriedenheit des alten Mannes zu wecken«.

Und wenn er gezwungen war, sich wegen der Aufführung eines Stücks von Rom zu entfernen, legte er vor seiner Abreise seinen Freunden mehrere Male ans Herz, den Vater zu besuchen und ihm ein bißchen Gesellschaft zu leisten.

Gibt es einen »echteren« Vater? Gibt es einen »echteren« Sohn?

Daher ist wohl auch der Augenblick gekommen, das zu tun, was er als die letzte Geste der Befreiung ansieht: die Niederschrift von Maria Stellas weit zurückliegender Geschichte. Es ist eine ganz kurze Erzählung nur und sie trägt den Titel *Der vertauschte Sohn (Il figlio cambiato)*, die mit anderen Erzählungen in einem Band 1925 erschienen ist. In ihr gibt es ein erzählendes Ich, einen Skeptiker, der den herzzerreißenden Schmerz einer Mutter miterlebt, die vergebens von anderen Müttern zu trösten versucht wird, die blind an diese magischen Künste glauben. Die Erzählung fährt fort mit der Mutter, die sich voller Verzweiflung zu einer Hexe begibt, Vanna Scoma, um Nachrichten über den anderen Sohn zu erhalten, den richtigen, echten, ihren Sohn, der ihr weggenommen wurde. Die Hexe versichert ihr, daß es dem anderen Sohn gutgehe und es ihm auch weiterhin gutgehen werde, wenn sie den behinderten Sohn gut behandle, der ihr anstelle des anderen zurückgelassen wurde. Was die Mutter auch tut, und hin und wieder kam, *nicht mehr gefragt, nicht mehr gesucht,* im Lauf der Zeit *Vanna Scoma, um ihr Nachrichten zu überbringen und etwas Eßbares aus ihr herauszuholen: angenehme Nachrichten, daß ihr Sohn schön und gesund aufwachse und daß er glücklich sei.*

Don Stefano Pirandello stirbt in Rom, in der Wohnung des Sohnes Luigi, im Juni 1924:

Luigi kümmert sich selbst um die Einzelheiten der Trauerzeremonien, die mit einer gewissen Feierlichkeit durchgeführt werden sollen, dabei liegen die vier Garibaldi-Medaillen des Vaters deutlich sichtbar aus. Er wird auf dem Friedhof des Verano in der Familiengruft beigesetzt, neben seinem Schwager Rocco Ricci Gramitto, seinem Waffengefährten. Erst beim Tod des Vaters versöhnt sich Luigi wieder mit seiner Schwester Lina, schuldig – in seinen Augen –, da sie Don Stefano Unrecht angetan hat.

Die griechische Vase

Eines Tages – Luigi war schon einigermaßen groß – hatte Don Stefano eine wunderschöne griechische Vase mit nach Hause gebracht, die er von einem Bauern gekauft hatte. Der hatte sie völlig unversehrt gefunden, als er auf den Feldern im Umland von Girgenti grub. Eine außerordentlich schöne Vase, in die Luigi sich auf der Stelle verliebte. Don Stefano versprach ihm, daß er sie ihm eines Tages schenken würde. Doch sie kam erst nach dem Tod von Don Stefano in Rom an, in den ersten Julitagen des Jahres 1924. In diese Vase wird später Luigis Asche bewahrt werden.

Die Veränderung

Gleich nach Don Stefanos Tod beobachten die Verwandten, daß in Luigis Wesen offenkundig etwas vor sich geht. Er reagiert gereizter, er verschließt sich mehr, oft verbringt er seine Nächte wach und geht nervös umher. In der unteren Etage nimmt man wahr, daß er sich ruhelos bewegt, gelegentlich hören sie ihn laut mit einem nicht existenten Gesprächspartner diskutieren. Redet er mit dem Vater? Erklärt er ihm, warum er so lange geglaubt hat, ein vertauschter Sohn gewesen zu sein?

Seine Nichte Pina schreibt an ihre Verwandten, die in Viareggio ihre Ferien verbringen:

»Onkel Luigi ist skeptisch geworden, bitter und zutiefst verärgert über das Leben … er findet nie Ruhe und hält sich nicht einmal die überaus großen Befriedigungen vor Augen, die ihm seine Kunst beschert. Verwundert nehmen wir in der Familie auf der oberen Etage die ständigen Aufgeregtheiten wahr, die quälend und wechselhaft sind …«

Renata Marsili Antonetti, deren Großmutter Lina, Luigis Schwester, war, bemerkt zu diesem Brief Pinas:

»Hier haben wir die erste, hellsichtige Nachricht über Pirandellos Veränderung nach dem Tod seines Vaters.«

Die Wiederholung: Lietta

Um die Zustimmung ihres Vaters für eine Eheschließung zu bekommen, mußte Lietta einwilligen, daß ihr zukünftiger Ehemann sich einem sehr genauen Wunsch Luigis unterwarf, worauf er sein Ehrenwort als Offizier und Gentleman geben mußte: der Aufenthalt in Chile sollte ziemlich kurz sein.

Ich habe Dich einem Ehrenmann anvertraut, der mir sein geradezu heiliges Wort verpfändet hat, daß er alles tun werde, um Dich baldmöglichst wieder nach Italien zurückzubringen.

Nur daß Manuel Aguirres Lage in Chile nicht mehr gut ist, zu Hause verdient er nicht so viel, wie er in Italien verdient hatte. Er muß sich eine zusätzliche Arbeit suchen. Luigi hilft ihnen, indem er ihnen monatlich einen Betrag mit den Zinserträgen aus der Mitgift überweist und ihnen, auf Anforderung, weitere beachtliche Beträge zukommen läßt.

Seine lamentierenden, verzweifelten Rufe nach einer Rückkehr der Tochter, sein tägliches *Ich sterbe, wenn Du nicht zurückkommst,* helfen Lietta psychologisch ganz sicher nicht in dem heiklen Augenblick, in dem sie dabei ist, selbst eine Familie in einem fremden Land zu gründen. Pirandellos Taubheit für Liettas Unbehagen ist total: die so viel beschworene Vaterliebe läuft Gefahr, sich als maßloser Egoismus herauszustellen (und vielleicht ist sie es auch).

Um die Situation auszugleichen und auch, weil er auf der Suche nach Arbeit ist, kommt Manuel Aguirre die Idee, die Ländereien zu bestellen, die Luigis Frau in Sizilien hat, und dort eine Viehzucht aufzubauen.

Der erste Teil von Luigis Antwort ist enthusiastisch:

... aber sicher! Ich vertraue ihm alle, alle an, wenn er will, damit er alles versuchen kann, was er will, zu seiner ausschließlichen Gunst und seinem Nutzen.

Doch gleich darauf macht er Lietta einen Vorschlag, den sie ihrem Mann mitteilen soll, und dieser Vorschlag verbirgt, objektiv gesehen, eine Falle. In der römischen Campagna, schreibt er, gibt es einen gewissen General im Ruhestand, Perugino Bartoli, der landwirtschaftliche Besitzungen und Viehzucht hat. Sollte Manuel *es leidig sein, nach Sizilien zu gehen*, könnte Luigi das notwendige Kapital auftreiben, damit der Schwiegersohn eine geschäftliche Partnerschaft mit dem General eingehen könne.

Nach Sizilien zu gehen, ist Manuel keineswegs leidig, Luigi dagegen sehr. Sizilien ist weit, zwar nicht so weit wie Chile, doch immer noch weit genug, zumal er doch *meine Lillinetta ... wieder hier haben will; hier, bei Deinem Papa, der ohne Dich nicht mehr leben kann, noch zu leben weiß!*

Offenkundig will Manuel seiner Frau und auch sich selbst die obsessive Präsenz Luigis ersparen. Und so fragt er wieder nach den Ländereien in Sizilien, die, so antwortet Luigi, etwa neunundzwanzig Hektar ausmachen. Doch Luigi hat in Liettas Brief Manuels halbe Absicht herausgelesen, Ländereien in Chile zu pachten. Und das löst seine furiose Reaktion aus.

Er hat mir versprochen, sogar noch wenige Augenblicke vor der Abreise von Genua, daß er Dich nach einem Jahr, nach eineinhalb Jahren wieder nach Italien zurückbringen würde, womit er das Ehrenwort bekräftigen wollte, das er mir gegeben hatte, als er um Deine Hand anhielt, und aufgrund dessen ich, ich wiederhole es, der Hochzeit zugestimmt habe. Es wäre ein unbilliger Verrat, den ich in keiner Weise tolerieren könnte, wenn er jetzt auch nur eine Sekunde daran dächte, nicht zu seinem Wort zu stehen. Ich sage es noch einmal, ich kann und will das nicht glauben.

In diesem Brief bietet Pirandello noch einmal die Ländereien in Sizilien an (angesichts der chilenischen Lösung ist dies immer noch vorzuziehen!), kommt auch noch einmal auf die Möglichkeit zurück, ein Landgut in der Campagna von Latium zu kaufen, und fügt den neuen Vorschlag bei, Ländereien in der Maremma zu erwerben.

Doch bald darauf ereignet sich etwas, das wesentlich schwerwiegender ist als die Auseinandersetzung um zu kaufende Ländereien. Pirandello erfährt, daß seine Tochter sich im Augenblick der Entbindung in äußerst schwierigen finanziellen Nöten befunden hat und ihr Ehemann dies damit begründete, daß der Schwiegervater einen Teil der Mitgiftzinsen nicht überwiesen habe.

Pirandello drückt als Antwort seinen inneren Zustand mit drei Worten aus: Pein, Fassungslosigkeit, Empörung. Und macht klar:

Aber Du sollst wissen, meine Lillinetta, daß meine Empörung durch Tatsachen und genaue Daten gerechtfertigt ist, die ich besitze – und die ich Dir zukommen lassen kann, wann immer Du willst –, aus denen ganz eindeutig hervorgeht, daß Dein Mann – aus Geiz oder aus anderen Gründen, die ich nicht kenne – mir ein Martyrium auferlegen wollte, das bis zu dem Tag nicht mehr aufhören wird, an dem Du zu mir zurückgekehrt sein wirst; mit diesem schönen Gewinn auch für ihn geht der Verlust jeglichen Vertrauens von meiner Seite einher. Ich kenne, Sendung für Sendung, jeden Geldbetrag, den er bekommen hat, ich weiß, was er wirklich für die Reise ausgegeben hat (und nicht, was er mir vorgelogen und Dich glauben gemacht hat), ich weiß, wieviel er hier in Rom effektiv ausgegeben hat; und ich habe die Gewißheit (es sei denn, er hat das Geld beim Spielen verloren oder es weggeworfen), daß er absichtlich – ich wiederhole, ich weiß nicht, ob aus Geiz oder aus anderen Gründen – die Grausamkeit besessen hat, Dich, mein Töchterchen, dahin zu treiben, Deinem fernen Vater, der ihm doch so viele Beweise seines Wohlwollens und seiner Aufmerksamkeit hat zukommen lassen, das Martyrium aufzubürden, Dich in einem fremden Land in der Hand eines Menschen zu wissen, der dies braucht, der Dir keine Hilfe geben konnte – und dies, ohne daß dies stimmt.

Dann schreibt er, nachdem er Lietta den Gedanken eingetrichtert hat, daß ihr Mann ein Geizhals ist, ein Lügner, Spieler und Verschwender, Worte, die sich hart an der Grenze des Anstands bewegen:

… selbst wenn ich für Deinen Unterhalt aufkommen müßte und für

den des Jungen, *Du mußt so schnell wie möglich zurückkommen, wenn Du nicht willst, daß ich verrückt werde oder an der Qual sterbe, die Dein Mann mir aufgeladen hat.*

Das ist eine Aufforderung, die eheliche Gemeinschaft aufzukündigen, was sicher nicht die beste Art ist, die Situation zu glätten. Außerdem berücksichtigt Luigi, wie gewohnt, das Unbehagen seiner Tochter in keiner Weise, die gerade erst entbunden hat und sich zwischen zwei Feuern befindet.

Da geht Manuel Aguirre zum Gegenangriff über, indem er an seinen Schwiegervater direkt schreibt und ihm Vorhaltungen wegen der verspäteten Überweisungen der Mitgiftzinsen macht und die Aufstellung anderer außerordentlicher Ausgaben präsentiert, für die er hatte aufkommen müssen. Luigi antwortet tags darauf, am 26. Juni, und zwar an die Tochter.

Ich habe keine Nachrichten mehr von Dir! Dieser Herr schreibt mir und redet von Geld, ohne ein Wort über Dich zu verlieren … Er redet von Geld, das noch nicht eintrifft … Nebenbei, *um mir die Rechnung für die Ausgaben für die Ärzte, die Hebamme, der Krankenschwestern aufzulisten,* nebenbei *spricht er mir von zwei Operationen, eine bei Dir, eine bei dem Kind, um* los piernos *bei ihm wieder zusammenzufügen, und so weiter und spricht dann von* guastos, *so, als müßte ich die* guastos *bezahlen und als käme es nur darauf an … Was ist dieser Herr nur für ein Wesen? Was für ein Ungeheuer an Verantwortungslosigkeit oder an Dummheit?*

Anlaß für diese Auseinandersetzungen ist ein Umstand: Liettas Mitgift von zweihunderttausend Lire ist für den Augenblick in Wirklichkeit nur nominal und bezieht sich auf das Geld, das Pirandello vom Verleger Bemporad erhalten soll. Er überweist also an die Tochter einen monatlichen Zinsbetrag von tausend Lire, die auf fünfhundert zurückgehen, einerseits, weil Luigi mehr nicht leisten kann, andererseits, weil sie als Tilgung beträchtlicher Vorschüsse gelten, die er auf ihre Bitten hin außerordentlich großzügig überwiesen hat. In dieser Situation können Mißverständnisse und Doppeldeutigkeiten häufig vorkommen. Probleme ergaben sich über neuntausend Lire für Kleider von Lietta, die Luigi nicht bezahlt hat, und über andere Gebühren, auf die der Schwiegersohn Anspruch zu haben glaubt.

Don Stefano, von Altersschwachsinn befallen, weiß sicher nichts über die verseuchte Beziehung zwischen seinem Sohn und dessen Schwiegersohn wegen einer Frage der Mitgift: würde er es begreifen, würde er wahrscheinlich mit seinem zahnlosen Mund in schallendes Gelächter ausbrechen. Es wiederholt sich das, was vor langer Zeit schon einmal passiert ist, nur daß sich an Calogero Portolanos Stelle Luigi Pirandello befindet und an Luigi Pirandellos Stelle Manuel Aguirre.

Maria Luisa Aguirre D'Amico, Liettas Tochter, die Luigis Briefe an ihre Mutter gesammelt und veröffentlicht hat, schreibt: »Lietta und Manuel kehrten Anfang 1925 nach Italien zurück … Lietta fand ihren Vater verändert vor, anders als sie ihn in den Briefen wahrgenommen hatte. Die folgenden Monate brachten weitere Veränderungen mit sich: Da war die Vorbereitung und das Abenteuer mit dem Teatro d'Arte, da war die Begegnung mit Marta Abba. Lietta konnte mit dieser neuen Realität nicht fertig werden.

Es kam zu Zwistigkeiten, es kam zu schweren finanziellen Auseinandersetzungen zwischen ihrem Vater und ihrem Mann. Lietta blieb nur übrig, sich nach Chile zu flüchten. Zwischen den Vater und der Tochter traten Jahre des Schweigens.«

Auch das eine höhnische Wiederholung. Wie vor vielen, inzwischen weit zurückliegenden Jahren das Schweigen zwischen Luigi und seinem Vater eingetreten war, so tritt jetzt das gleiche Schweigen zwischen Lietta und dem Vater ein.

Lietta kehrt später nach Italien zurück und hat eine der beiden Töchter bei sich, die jüngere bleibt beim Vater in Chile zurück. Sie findet Luigi in einer anderen Gemütsverfassung vor: der Vater, der ihr noch einige Jahre zuvor die Aufkündigung der ehelichen Gemeinschaft anempfohlen hatte, ist nicht mehr derselbe. Im Grunde will er, daß Lietta wieder nach Chile zurückkehrt.

Sie hat einen Ausländer geheiratet, sie kann nicht erwarten, in Italien zu bleiben, wenn ihr Mann es nicht will und sie zurückruft. Wenn sie glaubt, dazu berechtigt zu sein, soll sie die Trennung verlangen, die andere

Tochter und den Unterhalt. Doch so, auf der Seite des Unrechts verharren, das sollte sie wirklich nicht. Und dann muß man sehen, ob die Fehler ihres Mannes von der Art sind, daß sie, nur um den Mädchen eine Familie und ein Heim zu erhalten, sie nicht vergeben kann. Meine Mutter vergab, obwohl sie wußte, daß ihr Gatte eine Tochter von einer anderen Frau hatte.

Mit diesem letzten Satz, der daran erinnert, was für eine Bedeutung Don Stefanos Ehebruch für sein Leben hatte, schlägt Pirandello ein für allemal vor der Tochter die Türe zu. Seine persönliche Geschichte läßt ihn alles in einem anderen Licht sehen.

Bald darauf reist Lietta wieder nach Chile ab. Sie sieht ihren Vater in Buenos Aires wieder, doch zwischen ihnen kehrt lastend das Schweigen der Briefe zurück.

Der Vater hilft ihr, mit den Töchtern dann noch einmal nach Italien zurückzukehren. Am 13. Oktober 1936 wartet er auf sie bei der Ankunft des Schiffes.

Keine zwei Monate später stirbt Pirandello.

Die Wiederholung: Fausto

Du weißt doch, wie Fausto ist, schreibt Pirandello in einem seiner Briefe an Lietta. Ja, wie ist Fausto eigentlich?

Fausto ist ein junger Mann von wenigen Worten, er neigt dazu, sich in sich selbst zu verschließen und einem ganz eigenen Leben nachzuhängen. Er hatte das Humanistische Gymnasium wegen seiner Einberufung und auch wegen seiner Krankheit abbrechen müssen, und so nimmt er nach dem Krieg wegen seiner Neigung zur Malerei (was den Vater mit Freude erfüllt) Unterricht bei Lipinsky. Danach schreibt er sich an der Akademie für Aktmalerei ein. Dort folgt er dem Unterricht von Felice Carena. Die ersten »ausstellbaren« Bilder gehen auf eben das Jahr 1923 zurück. Luigi hat ihm ein kleines Atelier gemietet, er bezahlt ihm die Modelle, die sich zeitweilig abwechseln, zwei am Tag. In einem Brief vom 11. Juni 1922 spricht Luigi folgendermaßen über ein Bild von Fausto:

Es ist ein großes Bild mit fünf Figuren: wenn es einmal fertig sein wird, was ich hoffe, wird es für Fausto eine schöne, starke Bestätigung sein, denn das Bild ist schön und stellt etwas dar. *Es sind drei junge Frauen, nackt, bei einem Wasserspiegel, überrascht, verwirrt, entsetzt von der Erscheinung des Gespenstes des Alters, die ganz einfach eine alte Frau ist, ebenfalls nackt, und sich anschickt, zum Wasser hinabzusteigen, indessen aber unter ihnen weilt wie ein drohender Pilaster; hinter der Alten ist ein verwundert dreinblickendes kleines Mädchen: der Hintergrund besteht aus Bäumen. Diese kurze Andeutung wird Dir ausreichen, Dir das Bild vorzustellen.*

Die Unterstreichung des ›bedeutet‹ stammt von Pirandello. Aus der Sichtweise des neunzehnten Jahrhunderts betrachtet, dem Pirandello verbunden ist, stellt das Bild in der Tat das dar, was er seiner Tochter erzählt, eine Anekdote. Doch in dieser erzählerischen Betrachtung der Malerei liegt bereits der Keim für die kommende Divergenz zwischen Fausto und seinem Vater. Pirandello redet nicht über Farben, über Materialien, über Volumen, er nimmt nicht einmal von Ferne die Suche Faustos wahr, der in dieser Zeit unter dem Einfluß von Cézanne und des Expressionismus steht.

Seit den frühesten Malversuchen Faustos versucht Luigi, ihm seine ganz persönliche Weise, ein Bild zu malen, aufzuzwingen. Von Luigi sind keine Versuche oder Skizzen erhalten, sondern nur eindeutig fertig gemalte Bilder, und das nicht, weil Pirandello die vorausgehenden Versuche vernichtet hat. Er war in der Lage, ein Bild innerhalb von zweieinhalb Stunden fertigzustellen, und begriff daher nicht das Zögern, die Zweifel, die Überlegungen, die nur halb ausgeführten Leinwände seines Sohnes.

Übrigens gibt es eine bezeichnende Episode, die sogar auf den Juli 1919 zurückgeht. Während eines Ferienaufenthalts der Pirandellos in Viareggio mit ihren Freunden Frateili wollte Fausto ein Porträt von Signora Frateili anfertigen. Signora Frateili saß geduldig einige Tage lang Modell, und schließlich war das Porträt fertig. Doch Fausto war nicht zufrieden damit, und mit einem Spachtelschlag zerstörte er es. Luigi, der dabei war, ärgerte sich:

»Was soll das? Hast du Signora Frateili etwa so lange Zeit für nichts und wieder nichts bemüht?«

Er ließ sich von Fausto eine Holzplatte und Farben geben und machte das Porträt in zwei Stunden. Zufrieden zeigte er es herum, ohne auch nur im geringsten an die Demütigung zu denken, die er seinem Sohn zufügte. Vielleicht glaubte Luigi, bei einem dieser Malwettstreite zu sein, die er in der Vergangenheit mit seinem Freund Ugo Fleres ausgetragen hatte.

Scheu, eigenbrötlerisch, qualvoll suchend, begreift Fausto auf der Stelle, welche Gefahr die Einmischung seines Vaters in seine Kunst mit sich bringt, und entzieht sich dem gekonnt *(Du weißt ja, wie Fausto ist)*.

Ende 1927 begibt sich Fausto mit Capogrossi nach Paris. Dort bleibt er drei Jahre, vertieft seine Beobachtung von Picasso und Cézanne und besucht die Gruppe der Italiener, zu der unter anderem Severini und de Chirico, Campigli und Savinio gehören.

Am 5. August 1928 wird in Paris sein Sohn Pier Luigi geboren. Er bemerkt in einer Art Tagebuch:

»… der Sohn ist geboren: er wirkt nun wirklich gewalttätig … Ich habe im Atelier geweint über dieses freudige Ereignis, denn die wichtige Funktion eines Vaters war für mich neu: was sie bedeutet, worauf es ankommt, wie sie gesehen und gelöst werden muß. Und weil das mit Malerei gar nichts zu tun hat, habe ich von mir ein unnützes Bild mit Gefühl geschaffen, vor dem Spiegel.«

Eifersüchtig auf sein Leben, teilt er niemandem ein Wort mit. Luigi erfährt nur zufällig von einem Freund, daß Fausto einen Hausstand gegründet hat und daß es ein Kind gibt, einen Jungen. Sein ganzes Leben lang wird Fausto für ihn der vielgeliebte Fremdling bleiben. Was hat er nur getan, daß der Sohn sich so fern von ihm hält?

Er ist ebenfalls eine Wiederholung, eine schmerzliche, eine Wiederholung dessen, was zwischen ihm und Don Stefano vorgefallen war, nur daß es hier nicht um Auseinandersetzungen oder Dramatisches ging. *Du weißt doch, wie Fausto ist.* Und Maria Luisa Aguirre D'Amico schreibt über Fausto:

»Ihm Vorhaltungen über seine Entscheidungen zu machen war,

wie wenn man ihn daran hindern würde zu arbeiten. Und sein Leben identifizierte sich in seiner Arbeit. Er wollte nicht von ihr abgelenkt werden.«

Und sein Vater hielt ihm seine Entscheidungen vor, sobald sich eine Gelegenheit dazu bot. Am 1. Juni 1928 schreibt Pirandello von Pordenone aus an seinen Sohn in Paris:

Es ist eigentümlich, wie Du, der Du das, was in Dir vorgeht, so gut erkennen und ausdrücken kannst, dann nicht den Weg findest, um aus diesen bedrückenden Geistesverfassungen herauszukommen. Warum schaust Du, wenn Du zu malen beginnst, mit den Augen der anderen, Du, der Du so gute Augen hast, um in Dich hineinzusehen? Du mußt Dich von jeder quälenden Sorge um Modernität frei machen und aufhören, so zu malen, wie heute alle malen, nämlich häßlich. In Venedig habe ich Maler des zwanzigsten Jahrhunderts gesehen: Grauenvolles auf der einen Seite und fader Akademismus auf der anderen. Und alle gleich. Das ist wirklich eine scheußliche Verirrung, deren Ende noch nicht abzusehen ist. Um wieder unschuldig zu werden, kritzeln sie wie kleine Kinder, um sich als Wissende darzustellen, kopieren sie kalt und töricht. Keinerlei Aufrichtigkeit. Nichtiges Bemühen. Abscheu vor aller Natürlichkeit, vor jeder spontanen Hingabe. Und niemand denkt, daß der einzige moderne Maler, der wirklich etwas geschaffen hat, das er selbst ist, Spadini war, und zwar aus dem einzigen und überaus einfachen Grund: irgendwann wollte er einfach nichts mehr wissen und gab sich nur der Freude am Malen dessen hin, wie er sah, und dessen, was er sah. Einen anderen Weg, eine andere Gesundheit als diese gibt es nicht. Wenn Deine Ernsthaftigkeit die ist, auf Deine sehr eigene Weise zu denken, wie Du es so einzigartig in Deinen Briefen auszudrücken verstehst, nun, dann male diese Deine Gedanken, dann wirst Du aufrichtig sein und Dich ausdrücken: etwas wirst Du ausdrücken.

Die kritische Überwachung tötet die Kunst. Die moderne Kunstkritik ist tödlich. Ihr habt sie alle im Blut. Man muß sich von ihr befreien. Dich so verunsichert zu sehen, so unzufrieden, macht mir großen Kummer.

Eigentlich hatte Fausto seinem Vater einige Phasen seiner Suche in der Malerei mitgeteilt, eine qualvoll authentische und keineswegs leichte Suche. Dieser Gemüts- und Geistesverfassung gegenüber erklärt sich Pirandello für unzuständig, ja er geht sogar so weit, ihn mit dem Begriff »unzufrieden« abzutun. Und die Aufforderung, es Spadini gleichzutun, ist für einen jungen Maler, der sich zu Picasso befragt, an der Grenze zur Beleidigung. Luigi fordert seinen Sohn auf, an eine *spontane Hingabe* zu glauben: genau das Gegenteil dessen, was er als Schriftsteller und Bühnenautor zu tun pflegt.

Ein völliges Unverständnis, das dem gleichkommt, das Don Stefano ihm gegenüber gezeigt hat. Fausto ist es, der mit viel Höflichkeit und Ironie unterstreicht, wie grundlegend verschieden Vater und Sohn sind. Er erzählt von einem Tag, an dem Luigi ihn auf dem Land besuchen kommt, wo Fausto, seine Frau und der Kleine in einem »Saustall von dumpfer, mit Grün verstopfter Bruchbude« wohnten. Luigi schaut umher, sieht, daß kein Bild in Arbeit ist, und fragt: »Was machst du?« Als Antwort lud Fausto ihn ein, ihm durch einen abschüssigen Kastanienwald zu folgen »und dann halsbrecherisch runter durch einen Haselnußhain voller Gestrüpp von strengem, tiefem Grün, bis wir zu dem Durcheinander zwischen dem Schilffeld und dem Bachbett gingen«. Schließlich kommen sie an, und Luigi ist außer Atem.

»Aber wir waren angekommen und setzten uns auf die Steine im Plätschern des zwischen den großen geschliffenen Kieseln hinschießenden, schwappenden Wassers und im Rauschen der unzähligen Schilfpflanzen, deren Blätter kolbenartig herunterhingen und wie Monstranzen zugespitzt waren. Ich zeigte ihm schweigend die Siebenschläferfamilien, die über die gewundenen Äste der Haselnußbüsche liefen, ihren Schabernack, ihr Nachlaufen und Nagen und heimliches Knabbern, dann den Flug der Amseln im Schilf, der sich beim ersten Anruf beschwichtigte, ich zeigte ihm die Tränke der lauernden, schnell davonjagenden Steinmarder, das Herumhantieren der Frösche mit ihren gespreizten Schenkeln auf den Blättern unter dem Wasser und wie sie sich ihres schleimigen Rufs entledigten, fast als würden sie unmäßig, hochmütig schimpfen.

Mein Vater sah sich das an, dann sah er mich an, um die Verbindung zwischen mir und diesen Dingen herzustellen. Doch dann mußte der Zauber dieses unaussprechlichen Zustands in ihn eingedrungen sein. Es war die Atmosphäre einer unbestimmten Lage, mit etwas Schrecken, doch kaum so befremdlich, als würde man sich in einem Abenteuer verlieren, aus dem die Rückkehr vielleicht abstrus oder problematisch hätte erscheinen können. Leicht hingegen, sich an so viel zartes Grün aus dem sich neigenden Schilffeld zu klammern, das einer alten fernen Metamorphose gehorchte. Doch schon, daß wir zwei waren, uns ansahen, hielt uns am Rande einer uns gemeinsamen Vernunft zurück, die uns bewußt machte. Er sagte leise, als er sich schüttelte: ›Dumme Natur‹ und nickte. ›Ist doch dumm!‹ und berauschte sich.

Später kehrten wir, uns bei der Hand haltend, zurück. Er wird wohl gedacht haben, daß ich ein gutmütiger Müßiggänger mit wenigen Wünschen sei.«

Die Wiederholung: Stefano

Von den beiden Jungen ist Stefano derjenige, der von Luigi mehr geliebt wird, während Fausto die Liebe seiner Mutter Antonietta erhält. Stefano spürt schon bald seine theatralische Sendung als Bühnenautor, später wird auch er Lyriker, womit er den umgekehrten Weg des Vaters einschlägt, der in seinen Anfängen Lyriker war. Stefano spürt gleich die Last eines Namens, der ihn in unmittelbare Konfrontation mit dem Vater stellen würde: als Pseudonym wählt er den Namen Stefano Landi. Sicher ist es nicht Luigis Absicht, doch allein durch seine Existenz zwingt er den Sohn, seinen Namen zu ändern. Ich will hier zur Gänze eines von Stefanos Gedichten aus dem Band *Le forme (Formen)* abdrucken, der 1942 vom Verlag Bompiani veröffentlicht wurde. Das Gedicht heißt *Giro (Kreisen)*.

Ich sehe, wir fühlen uns
wie auf jehin lebendig
(oh, anders zu fühlen, das ist schon sterben)
auch wie von jeher geboren
(gemeinsam wohl mit der Welt)
und bei dieser Wahrheit des Fühlens
(der Verstand wird lächeln)
ist's schön zu sehen, wo die Vernunft bleibt.
Das Herz laßt es richten.

Sohn ich von je. Und, mein Sohn,
das ist wahr!
für mich bist du von jeher geboren.
... So seien's die Deinen für dich.
Vater ich von je. Und, mein Vater,
ja, das ist wahr!
Mir bist du auf jehin lebendig.
... So sei's dein Vater auch dir.

Wie von jeher geboren, sind wir Söhne.
Wie auf jehin lebendig, sind wir Väter.
Und deshalb ist's wohl, daß der Mensch ist.

Dränge dich an den Sohn, dränge dich an den Vater,
Vater bleibst du und Sohn.
                              Und die Welt ist ein Kreisen,
das wiederkehrt, innen.
                              Ein Atemzug,
und es vollzieht eine Umkehr.
                              Sicher ist es
ein Kreisen klarer und dunkler Gedanken,
das sich nie unterbricht.
Nie kann man einstellen
das Kreisen der Dinge in uns.
      Sterben?

Das geht nicht.

Und Werden auch nicht.

In Wahrheit,

wie von jeher geboren,

wie auf jehin lebendig,

sind wir hier.

Stefanos Haltung ist von Anfang an klar: »Sohn ich von je.«

Er fängt an, als Journalist tätig zu sein, mit wechselndem Glück, was ganz sicher nicht auf die Qualität seiner Arbeit zurückzuführen ist, die er auszufüllen verstand, sondern auf die wirtschaftliche Situation der Zeitungen, für die er tätig ist. Und er schreibt rastlos unter dem liebevoll wachsamen und dem liebevoll sperrigen Blick des Vaters. Stefano debütiert im Mai 1923 in Rom mit einem Theaterstück, *Die Kinder,* das im Teatro degli Italiani auf die Bühne gebracht wird, doch Luigi schreibt darüber in seinen Briefen an Lietta mit keiner Silbe. Einen Monat später wird ein weiteres Theaterstück von ihm in dem prestigeträchtigen Teatro Argentina aufgeführt.

Stefanuccio wird Dir geschrieben haben – sein Haus mit zwei Etagen wird im Argentina aufgeführt. Ich werde es auf die Bühne bringen in Niccodemis Auftrag, der abgereist ist, wie ich Dir schon sagte.

Im folgenden Brief berichtet er Lietta dann über den Abend: *Stefano hat für nichts mehr Zeit. Wer weiß, wie lange er Dir schon nicht mehr geschrieben hat! Er hat Dir nicht einmal über den umstrittenen Ausgang seines Stücks* Haus mit zwei Etagen *geschrieben, das an zwei Abenden im Teatro Argentina wiederholt wurde. Du kannst Dir nicht vorstellen, wie ich gelitten habe! Das Publikum zeigte von Anfang an seine Abneigung, indem es meckerte und lachte. Trotzdem hatte der dritte Akt die Macht, alle Übelgesinnten zum Schweigen zu bringen und sich großartig zu behaupten; und zwar so sehr, daß das Stück zum Ende mit sieben Ovationen bedacht wurde. Kurz, ein Schlachtenabend. Und auch, wenn Stefano nicht ganz siegreich war, so ist er doch mit Ehre daraus hervorgegangen.*

Manchmal, wie etwa bei der Inszenierung von *Die Nackten klei-*

den, ersetzt Stefano den Vater bei der Vorbereitung der Schauspieler, weil er *auch noch die geheimsten Absichten* des Stücks kennt: sicher aber wäre es ihm nie in den Sinn gekommen, in das Stück einzugreifen und auch nur einen einzigen Satz zu verändern. Dazu war sein Respekt vor Luigis geschriebenem Text zu groß. Hingegen war das nicht ebenso sicher im Fall des *Hauses mit zwei Etagen*: zu stark war Luigis Persönlichkeit als Regisseur, um sich nicht über die Figur des Autors zu stülpen.

Fausto Maria Martini, ein Kritiker und Bühnenautor und auch Freund sowohl von Luigi als auch von Stefano Pirandello, rezensierte am folgenden Tag das Stück in seiner Zeitung.

Nach Anerkennung der künstlerischen Absichten Stefanos wegen »eines vortrefflichen Aktes der Poesie« – gemeint ist das Stück *I bambini* (Die Kinder) –, äußert Martini sein Bedauern darüber, daß er dies nicht auch für das *Haus mit zwei Etagen* tun könne, weil er ein großes Auseinanderklaffen zwischen Absicht und Realisierung beobachtet, auch wenn er dem Autor »ein höchst anerkennenswertes Bemühen« bescheinigt, »nicht die üblichen Wege zu gehen und uns um jeden Preis eine originelle Betrachtungsweise zu enthüllen«.

In einem Haus mit zwei Etagen, das ein Meister der Architektur, Federico Assalente, für sich gebaut hat, wohnt auf der einen Federico mit seiner Frau Evelina, und auf der anderen wohnen die drei Kinder des Ehepaares, Piero, Lidia und Fabio. Doch zwischen den beiden Etagen gibt es keinerlei Kommunikation: die beiden nicht mehr ganz jungen Eltern leben isoliert in ihrer Welt einer sehr exklusiven Passion, während die drei Kinder sich selbst überlassen sind und alle Dramen ihres Alters durchleben. Doch eines Tages stirbt Evelina, nachdem sie ihren Gatten vergeblich gebeten hat, »die Kinder mit dem Herzen eines Vaters« zu betrachten, und die Familie bricht auseinander. Zurück bleibt Fabio, der Federico in einer dramatischen Szene an die Aufforderung der Verstorbenen erinnert, doch wieder Vater zu werden. Die beiden machen sich schließlich die Liebe der verstorbenen Evelina streitig, der Gattin und der Mutter. Daraufhin nimmt Fabio sich das Leben, um aus dem »nicht vom Spielplan abzusetzenden, grauenhaften Schauspiel seines Körpers zwischen dem Vater und dem heraufbeschworenen Bild der Mutter« wegzugehen.

Stefanos Anspielungen auf bestimmte autobiografische Situationen sind klar, auch wenn sie hier übertragen und adaptiert sind. Doch gelingt die dramaturgische Operation nach Martinis Ansicht deshalb nicht, weil Landi nicht den Mut oder die Fähigkeit hat, »die enthüllende Kraft dieser versuchten lyrischen Interpretation eines vertrauten Mittels bis zum äußersten zu treiben, er hat ihr eine Art dialektischer Ausarbeitung in der Manier Pirandellos übergestülpt, die darauf abzielt, den Zuschauern zu vermitteln, welche der Figuren jeweils in den kritischsten Augenblicken des Dramas sich selbst und den anderen erscheint. Doch hat er nicht die vollständige Verschmelzung der beiden unterschiedlichen Techniken erreicht (wieviel nobler ist in künstlerischer Hinsicht doch die, die vor seinem Genie zuerst aufgeleuchtet ist!).«

In den letzten Zeilen scheint Martinis Bedauern darüber durch, daß Stefano, der Dichter Landi, der Lyriker Landi sich den »dialektischen Ausarbeitungen« Pirandellos gebeugt hat und dadurch in »eine Art Ambiguität stürzt, die der Aussage des Stücks außerordentlich schadet«.

Dreizehn Jahre lang läßt Stefano nichts mehr von sich aufführen. Er gründet Theatertruppen, wird Regieassistent von Renato Simoni, schreibt einen Roman, der 1935 den angesehenen Literaturpreis Premio Viareggio erhält. Im Januar 1936 inszeniert die Schauspieltruppe Tòfano-Maltagliati-Cervi in Turin endlich ein neues Stück von Stefano mit dem vielsagenden Titel *Un padre ci vuole (Vater vonnöten)*, ein reifes Werk mit bitterer Ironie, das die einzigartige Beziehung zwischen einem Vater und seinem Sohn behandelt. Auch hier fehlt es nicht an autobiografischen Bezügen. Witzig und geistreich ließ Alberto Savinio, der sehr genau wußte, wie sehr Stefano der »aufdringlichen Bedeutung« Luigis hörig war, in einer seiner literarischen Arbeiten erkennen, daß für den Autor »kein Vater vonnöten« (Sciascia) war.

Luigi stirbt im Dezember desselben Jahres.

1942 läßt Stefano sein wohl schönstes, klarsichtigstes, erschütterndstes Stück aufführen. Auch hier ist die Hauptfigur ein Vater, der verzweifelt, der tragisch versucht, seinen behinderten Sohn ein normales Leben führen zu lassen.

Solange Luigi Pirandello lebt, läßt er seinen Sohn Stefano die Livree eines jüngeren Alter ego anziehen. Und mit der Ergebenheit eines Sohnes trägt Stefano sie, und es wird ihm schließlich nahezu unmöglich, sie für immer abzulegen. Und es gibt Augenblicke, in denen er sich ziemlich niedergeschlagen fühlt. Sciascia schreibt dazu:

»Unruhig also ihre Beziehungen: wie ja übrigens – aus Gründen, die wir als ›mütterlich‹ bezeichnen können – auch die Beziehungen zwischen Luigi Pirandello und seinem Vater waren. Und gelegentlich, so scheint es, vermischten sich diese unruhigen Beziehungen unter dem – ganz und gar sizilianischen – Vorwand der ›Sache‹; gelegentlich wurden sie völlig pirandellianisch. Bei vom Vater firmierten Artikeln hat man den begründeten Verdacht, daß sie vom Sohn geschrieben wurden, wie etwa der im höchsten Maß pirandellianische, den die Zeitschrift ›Occidente‹ 1933 mit dem Titel *Ich spreche nicht von mir* veröffentlicht hat. Was für den Vater ein Spiel gewesen sein wird, ein Vergnügen; aber – abgesehen von dem finanziellen Motiv – wohl weniger für den Sohn.«

Ein Spiel? Ein Vergnügen? Das glauben wir wirklich nicht. Und auch nicht Genugtuung oder Befriedigung. Eine in den Augen des Vaters völlig natürliche Sache. Denn Luigi ist es auf durch und durch sizilianische Weise gelungen, dafür zu sorgen, daß der Sohn völlig und gänzlich »cosa sua« ist, sein Fleisch und Blut. Was Don Stefano nach einigen Versuchen nicht gelungen ist. Stefano Landi wußte, trotz seines anderen Nachnamens, vom Augenblick seiner Geburt an ganz klar, daß er kein vertauschter Sohn war.

Als Pirandello an dem Werk zu arbeiten beginnt, das zu seinen bedeutendsten zählt, auch wenn es unvollendet geblieben ist, *Die Riesen vom Berge*, nimmt er wieder das Motiv vom vertauschten Sohn auf (diese Geschichte nennt er inzwischen ausschließlich »Märchen«, und indem er es in Versform setzt, unterstreicht er nur seinen Märchencharakter) und gibt vor, es sei das Werk eines Dichters, der sich das Leben genommen hat (der vertauschte Sohn-Luigi stirbt als Selbstmörder, unserer Ansicht nach, in den *Sechs Personen*). Es ist ein Werk, über das die Gräfin Ilse, die Hauptfigur der *Riesen*, die dem Dichter ihr ganzes Leben geweiht hat, einige Verse im Verlauf der Begegnung mit den Scalognatis spricht (dies ein »sprechender« Name, der ›Unglücksbringer‹, ›Unglücksrabe‹ bedeutet); weitere Verse werden in der Szene gesagt, die sich im Zimmer der Erscheinungen in der Villa der Scalognatis abspielt; die Gräfin selber wird von den Dienern der Riesen gerade in dem Augenblick in Stücke gerissen, als sie die erste Szene des *Märchens* rezitiert. Vielleicht hatte Luigi nicht die Absicht, mehr von dem *Märchen* zu schreiben: diese erste Szene genügte ihm völlig für die Funktion, die es in den *Riesen* haben sollte.

Doch 1932 machte er daraus ein Libretto für eine Oper mit der Musik von Gian Francesco Malipiero.

Wie die Dinge in diesem Fall gelaufen sind, darüber gibt es unterschiedliche und auch widersprüchliche Darstellungen. Einige sagen, Malipiero habe Pirandello über den gemeinsamen Freund Mario Labroca gedrängt und Pirandello habe schließlich zugestimmt, nur um sich den aufdringlichen Malipiero vom Hals zu schaffen. Malipieros Darstellung ist anders. Er behauptet, Mario Labroca habe ihn wissen lassen, daß Pirandello ein Libretto für ihn habe und daß er einer Begegnung recht zögerlich zugestimmt habe. Die Erzählung, die Pirandello ihm dann von der Handlung gemacht hatte, hat ihn gleichgültig gelassen, »doch die Lektüre des ersten Aktes, des einzigen ausgeführten, weil er in die *Riesen vom Berge* eingefügt war, begeisterte mich dermaßen, daß ich in der

Lage war, den zweiten und dritten Akt (>die zugefügten<) zu assimilieren«.

Wir glauben, daß in Wahrheit hinter dieser ganzen Geschichte Mario Labroca stand, daß die Idee, Pirandello ein Libretto schreiben zu lassen, von ihm stammte, und daß er mit den beiden sehr gekonnt umging und so schließlich das erreichte, was er im Sinn hatte.

Als Malipiero das gesamte Libretto in der Hand hat, merkt er, daß Pirandello vergessen hatte, die Liste der Personen aufzuschreiben. Er bittet ihn darum und bekommt eine Antwort, die zumindest vordergründig seltsam ist. Pirandello weigert sich nämlich, diese einfache Arbeit durchzuführen und gebraucht zu seiner Rechtfertigung Worte, die einen leicht aggressiven Ton haben. Er schreibt, allein schon die Tatsache, daß er seinen Blick auf das *Märchen* senkt, stelle *eine schwere Gefahr* dar.

Die Gefahr nämlich, daß sich meine Phantasie wieder entzündet und mich dazu bringt, statt einfach die Liste der Personen zu erstellen, mich wieder an die Arbeit zu machen, zu feilen, zu verändern ... und wer weiß? Alles wegzuschmeißen und wieder neu anzufangen ... Ich bitte Dich, die Möglichkeit einer schweren Gefahr von mir zu nehmen ...

Besteht die schwere Gefahr wirklich darin, das Libretto neu zu schreiben, es zu korrigieren? Oder hat Pirandello ganz einfach keine Lust mehr, noch einmal Hand an eine Geschichte zu legen, die sein Leben gezeichnet hatte? Ist das »Märchen« also immer noch so lebendig und schmerzend, vor allem dann, wenn es sich um einen langen Irrtum gehandelt hat, um eine Kinderphantasie, die sich qualvoll in Wahrheit verwandelte?

Das Märchen vom vertauschten Sohn (La favola del figlio cambiato), mit der Musik von Malipiero, wurde in Deutschland aufgeführt und errang bei dieser Gelegenheit einen großen Erfolg. Kurz darauf wurde die Oper auf einer anderen deutschen Bühne aufgeführt, aber gleich verboten, weil sie als »subversiv und nicht in Übereinstimmung mit den Leitlinien des deutschen Volkes« beurteilt wurde. Was hat der gerade an die Macht gekommene Nationalsozialismus nur so Subversives darin erblickt? Vielleicht, daß ein unflätiger Trottel, wie Pirandello den vertauscht geglaubten Sohn dargestellt hat, König eines Landes im Norden werden konnte, anstelle eines großen, schönen, blonden Königs, in dem sich die arische Rasse erkannte?

In Rom wurde sie im Königlichen Opernhaus in Anwesenheit Mussolinis und anderer ranghoher Politiker des Faschismus am Abend des 24. März 1934 aufgeführt. Doch das *Märchen* fiel spektakulär durch, und zwar aufgrund einer sehr genau geplanten politischen Sabotage von seiten einiger gewalttätiger Faschisten. Irgendwann während der Aufführung stand Mussolini auf und ging entrüstet. Das galt selbstverständlich dem Autor. Seit langem hatte sich Pirandello, der die geringschätzige Tat begangen hatte, unmittelbar nach dem Verbrechen an Matteotti den Parteiausweis der Faschisten zu beantragen, vom Faschismus entfernt. Als er nach der Verleihung des Nobelpreises für Literatur von Stockholm nach Rom zurückkehrt, trifft er nicht einen einzigen ranghohen Politiker zu seiner Begrüßung am Bahnhof in Rom. Über den unseligen Abend in der römischen Oper sagt er später:

Die billige, brutale Beleidigung, die man verübt hatte, hält mich sogar von den Riesen vom Berge *ab, in denen man über das Märchen spricht und ein paar Verse zitiert. Das, was möglicherweise mein bedeutendstes Bühnenwerk ist, liegt seit damals herum ...*

Wir glauben, daß die Gründe, weshalb *Die Riesen* nicht zu Ende geschrieben wurde, andere und wesentlich komplexere sind. Irgend jemand hat sogar geschrieben, daß dieses Werk dazu bestimmt war, unvollendet zu bleiben: die billige, brutale Beleidigung gab es zwar, das ist richtig, und sicherlich hatte sie Pirandello getroffen, aber er war ein Mann und Schriftsteller, der angesichts von Grimassen und Kränkungen zu starken Reaktionen fähig war: erinnern wir uns, daß er sich am Abend der Uraufführung der *Sechs Personen* an die Rampe stellte, um sich für die Pfiffe und Schmährufe zu bedanken. Doch keiner von denen, die da pfiffen, wußte etwas über den Wert, den die *Sechs Personen* für Pirandello persönlich hatten. Das gleiche ereignete sich für das *Märchen*, das ein solches Gewicht in Pirandellos geheimstem Leben gehabt hatte.

Lächelnde Glückseligkeit

Im Sommer 1936 wird Luigi Pirandello in die Jury des Literatur-preises Premio Viareggio berufen (und es wird ihm gelingen, als Sieger den Namen von Riccardo Bacchelli durchzusetzen, der von den strenggläubigen Faschisten bekämpft wurde). Seine Nichte Linuccia erinnert sich in einem Brief folgendermaßen an Luigi:

»Onkel Luigi ist für den Premio Viareggio gekommen und wurde regelrecht gefeiert ... Er war ziemlich unbeschwert und beinahe lebhaft: wir haben ein wenig von der Vertrautheit von einst wiedergefunden, und es waren Stunden voller Trost ...«

Auch Raul Radice, Schriftsteller, Journalist und Theaterkriti-ker, sieht Pirandello in diesem Sommer 1936, wenige Monate vor seinem Tod, in Viareggio: »... er saß regungslos da und still, mit reglosem Blick auf den Wein im Glas und einer lächelnden Glück-seligkeit auf den dünnen Lippen ...«

Dieser Flash hat die Unmittelbarkeit und die Fähigkeit der Ent-hüllung, die die Bilder bestimmter bedeutender Fotografen haben. Er, der alte Herr, hat ein nur eben angedeutetes Lächeln auf den dünnen Lippen. Es ist nicht mehr das ironische, hämische Lächeln, das er in der Vergangenheit so oft aufgesetzt hatte, nein, es ist ein von der Glückseligkeit besänftigtes Lächeln, das Lächeln dessen, der, da die Stunde der Abschlußbilanz gekommen ist, weiß, ausge-glichene Konten vorweisen zu können. Bevor er diesen Ausgleich erreichte, hat er einen außerordentlich hohen Preis zahlen müssen: die Leugnung, die verzweifelte Ablehnung des eigenen Blutes. Doch als die Stunde der uneingeschränkten Anerkennung seiner selbst als Sohn, die Stunde der Wiedervereinigung kam, hatte er nicht mehr gezögert: er hatte alles getan, was getan werden mußte, er ist dem Weg des wiedergefundenen Vaters gefolgt, indem er sei-nen Fuß den schon vorgezeichneten Spuren anpaßte, auch wenn diese Spuren oftmals zu Irrtümern führten. Er hat, bewußt wie unbewußt, die gleiche Gewalt ausgeübt wie Don Stefano, keine physische freilich, doch eine für seine Frau und seine Kinder ebenso zerstörerische. Die Überlagerung seiner Gestalt mit der des Vaters war beinahe total, selten die nicht deckungsgleichen Ränder. Jetzt ist er alleine, er hat alles gegeben, was er als Mensch und Familienvater geben konnte, niemand kann ihm vorwerfen, er hätte sich geschont, er hat sogar auf die Liebe verzichtet, die als Geschenk zu ihm kam, wenn man möglicherweise nicht mehr in der Lage ist zu lieben. Alleine, vor einem Glas Wein. Wie Don Stefano in seinen letzten Lebenstagen im Garten des römischen Hauses, in der Sonne, die ihr Möglichstes tat, um seinen Blutkreislauf zu erwärmen.

Und die Welt ist ein Kreisen,
das wiederkehrt, innen.
Ein Atemzug,
und es vollzieht eine Umkehr.
Sicher ist es
ein Kreisen klarer und dunkler Gedanken,
das sich nie unterbricht.
Nie kann man einstellen
das Kreisen der Dinge in uns.

Corrado Alvaro gibt uns ein Zeugnis, das sich auf dieselbe Zeit bezieht: »Das Spiel ist gespielt. Was geschrieben ist, ist geschrieben. Ich meine, einen ähnlichen Augenblick bei Pirandello wahrzunehmen.«

Wir könnten wohl hinzufügen: Was gelebt wurde, wurde gelebt. Jetzt beglücken, besänftigen, versöhnen der Wein, die Sonne, die Trägheit des Körpers auf dem Stuhl.

Ich habe immer alles erkannt.

Das schreibt er in einem Artikel, und er meint damit nicht nur die Städte, die Länder, die er gesehen hat, die Männer und Frauen, denen er begegnet ist.

Was ist denn wahr? Doch nichts

… Was ist denn wahr? Doch nichts!
Und doch kann alles wahr sein.
Glaubt es nur einen Augenblick,
und danach nicht mehr, und dann wieder,
und danach immer oder auch für immer nie mehr.
Die Wahrheit kennt nur Gott.
Die der Menschen gilt nur,
wenn sie an die glauben, die
sie fühlen. Heute so
und morgen anders …

Ich habe noch einmal einen Teil der vorletzten Passage des *Märchens* zitiert. Hier spricht der echte Sohn beziehungsweise der, der sich am Ende als solcher erkennt.

Ich muß um Entschuldigung bitten

»Ich muß meine Kinder um Entschuldigung bitten, daß ich sie mit mir verwechselt habe. Ich habe sie behandelt, wie ich mich selbst behandelt habe: und ich weiß jetzt – das verstehe ich spät –, daß ich mich immer schlecht behandelt habe.«

Doch diese Worte hat nicht Luigi Pirandello geschrieben. Fausto, sein Sohn hat sie geschrieben und sie seinen eigenen Kindern zugedacht.

Der Sarazenen-Ölbaum

Stefano erzählt, daß sein Vater die vorletzte Nacht seines Lebens äußerst unruhig verbracht hat. Am nächsten Morgen erklärte er seinem Sohn, daß er im Kopf den dritten Akt der *Riesen* geschrieben habe, den, den er nicht rechtzeitig mehr schreiben konnte.

»Ich erfuhr von ihm an diesem Morgen nur dies: daß er einen Sarazenen-Ölbaum gefunden hatte. ›Es gibt‹, sagte er mir lächelnd, ›einen Sarazenen-Ölbaum, einen großen, in der Mitte der Bühne: damit habe ich alles gelöst.‹ Und weil ich nicht richtig verstanden hatte, fügte er hinzu: ›Um die Plane daran zu spannen‹ … Auf diese Weise verstand ich, daß er sich, vielleicht schon seit einigen Tagen, mit der Lösung dieser Detailfrage beschäftigte. Er war sehr zufrieden, daß ihm der Baum eingefallen war.«

Das Schema des dritten Aktes hatte er bereits in Zügen festgelegt, so daß Stefano es abschrieb, und es ist das, an das sich alle Regisseure gehalten haben, die die *Riesen* auf die Bühne gebracht haben. In diesem Schema wird die Plane, vor der die Aufführung des *Märchens* stattfindet, an einem Seil zwischen dem Olivenbaum und der Fassade des Hauses aufgespannt, in dem die Riesen wohnen. Die Aufführung sollte vor den Dienern der Riesen stattfinden, die sich mit einem gigantischen Bankett auf dem Vorplatz beschäftigten. Nun ist klar, daß es für einen Regisseur wie Pirandello ein Leichtes gewesen wäre, etwas auf die Bühne zu stellen, woran er das eine Ende des Seils hätte befestigen können, um die Plane zu halten. Weil die Diener der Riesen Arbeiter für große Arbeiten waren, hätte sich auf dem Vorplatz durchaus ein Kran befinden können, auch Holzstämme für Gerüste oder für das Stützen von Zelten und Beleuchtungskörpern für die Hochzeit der Riesen. Nein, Pirandello denkt an einen Sarazenen-Ölbaum. Und man muß sich immer vergegenwärtigen, daß es auf der Bühne des von Pirandello selbst geschriebenen ersten Akts einen anderen Baum gibt.

Etwas erhöht, etwa in Bühnenmitte, eine vom Alter ziemlich mitgenommene Zypresse, deren Stamm einer Bohnenstange und deren Wipfel einer Lampenbürste ähneln.

Wenn es nun also im ersten Akt eine Zypresse ist, ein typischer Friedhofsbaum, Baum des Hades (»rechts vom Brunnen wirst du eine Zypresse finden« … heißt es häufig in den orphischen Gesängen), was bedeutet es dann, daß Pirandello im dritten Akt alles mit einem Olivenbaum auflöst? Die Wahl ist nicht zufällig, und diese Wahl macht ihn sehr zufrieden. Zu Recht schreibt Sciascia:

»Das war nicht nur eine ›Detailfrage‹, wie der Sohn dazu bemerkt, eine szenische Auflösung für dieses Theaterstück, das Pirandello nicht vollendet hat: es war eine Auflösung, die eine Bedeutung hatte, eine Katharsis, die sein gesamtes Werk, sein gesamtes Leben definierte und abschloß. Der Sarazenen-Ölbaum als Symbol für einen Ort, als Symbol für sein Gedächtnis, für das große, umfassende Gedächtnis. Wir könnten wohl auch sagen: für die Mnemosyne, die Mutter aller Musen und der Pirandellos in besonderem Maß, für eine Mnemosyne, die an diesem ›Ort der Metamorphosen‹ sich in einen Olivenbaum verwandelt hat: erdig-verbunden, tief wurzelnd, frei rauschend …«

Und wenn die Plane zerrissen wird, wenn die Gräfin Ilse ermordet und zerfleischt wird von *den armen fanatischen Dienern des Lebens*, wenn der Graf schreit, daß die Poesie in der Welt zerstört worden sei, wenn sie alle weggegangen sind und Ilses toten Körper auf dem Fuhrwerk mit sich genommen haben, mit dem sie angekommen sind, wird der Ölbaum da bleiben, in der Mitte der Bühne, und in seinem einheitlich geschlossenen Körper die Vergangenheit, die Gegenwart und die noch zu erleidende Zukunft symbolisieren.

… In Wahrheit,
wie von jeher geboren,
wie auf jehin lebendig,
           sind wir hier.

(Gerade als ich diese Seiten schrieb, kehrte ich für ein paar Tage in meinen Heimatort zurück, nach Porto Empedocle. Nach vielen, vielen Jahren überkam mich die Lust, von oben her die Scala dei Turchi, die Türkentreppe, zu sehen, einen Hügel aus hellem Mergel, der langsam zum Meer hin abfällt. Aber inzwischen war dort ein Restaurant gebaut worden, das den Blick versperrte. Der sehr freundliche Sohn des Eigentümers ließ mich eintreten, obwohl das Restaurant geschlossen war. Und gleich sah ich einen riesigen Sarazenen-Ölbaum »mit krummem, verdrehtem Stamm, mit dunk-

len Rissen, als würde er gefoltert und man könnte fast sein Stöh-
nen hören« (Sciascia). Ich wunderte mich, daß einer von ihnen
überlebt haben sollte. Da erklärte mir der junge Mann, daß dieser
Olivenbaum aus einem Ort im Inneren der Insel dort hingebracht
worden sei, daß er mit größter Sorgfalt und der Hilfe eines Bota-
nikers verpflanzt worden sei. Stolz sagte er mir, daß der Olivenbaum angegangen sei und zeigte auf die neuen zarten Triebe mit
silbergrünen Blättern.

»Wer weiß, wie alt der wohl ist!« sagte ich.

»Das wissen wir«, sagte der junge Mann, »der Botaniker hat eine
Bohrung gemacht.«

Er wollte damit sagen, daß aus dem tiefsten Inneren des Bau-
mes eine Probe entnommen worden war, die für die Untersuchung ausreichte.

»Also, wie alt ist er?« fragte ich.

»Eintausendzweihundert«, antwortete mir der junge Mann.)

Anmerkungen

Die Originaltexte von Luigi Pirandello werden zitiert nach der Ausgabe *Gesammelte Werke in sechzehn Bänden,* hrsg. von Michael Rössner, Berlin, Propyläen, 1997–2001. Übersetzt aus dem Italienischen von Michael Rössner, Hans Hinterhäuser, Franz Rauhut, Georg Richert, Piero Rismondo und anderen. Diese Ausgabe ist im folgenden als ›GW‹ gekennzeichnet.

S. 20: aus *Autobiographisches Fragment,* GW a. a. o., Bd. 16, S. 15

S. 20/21: aus *Erster Entwurf zu ›Informationen über meinen unfreiwilligen Aufenthalt auf der Erde‹,* GW Bd. 16, S. 40/41

S. 21/22: aus der Novelle *Ein Tag,* GW Bd. 11, S. 257

S. 22: aus der Novelle *Der andere Sohn,* GW Bd. 8, S. 38

S. 31: aus dem Roman *Die Ausgestoßene,* GW Bd. 5, S. 31

S. 33/34: aus *DieAlten und die Jungen,* GW Bd. 14, S. 38/39

S. 35: aus der Novelle *Die Tote und die Lebende,* GW Bd. 8, S. 351–364

S. 35 (Mitte): aus der Novelle *Der böse Geist,* GW Bd. 8, S. 26/27

S. 35 (unten): aus der Novelle *Das Fräulein Boccarmé,* GW Bd. 8, S. 95

S. 35/36 (unten): aus der Novelle *Der Lebensretter,* GW Bd. 8, S. 246

S. 37–39: aus *Die Alten und die Jungen,* GW Bd. 14, S. 197–199

S. 43–45: aus *Das Märchen vom vertauschten Sohn,* GW Bd. 2, S. 425/426

S. 47–52: aus der Novelle *Die kleine Madonnenstatue,* GW Bd. 7, S. 362–368

S. 59/60: aus der Novelle *Die Pein, so zu leben,* GW Bd. 4, S. 396

S. 60/61: aus der Novelle *Der große Verblichene,* GW Bd. 4, S. 284/285

Außerdem nennt Andrea Camilleri folgende Biographien und Bücher über Pirandello:

Borsellino, N., *Ritratto di Pirandello,* Roma-Bari, Laterza, 1983

Gardair, J.-M., *Pirandello e il suo doppio,* Roma, Abete, 1977

Landi, S., *Le forme,* Milano, Bompiani, 1942

Lauretta, E., *Luigi Pirandello,* Milano, Mursia, 1980

Macchia, G., *Pirandello o la stanza della tortura,* Milano, Mondadori, 1981

Marsili Antonetti, R., *Luigi Pirandello intimo,* Roma, Gangemi, 1998

Nardelli, F. V., *L'uomo segreto,* Milano, Mondadori, 1932

Pirandello, F., *Piccole impertinenze* (a cura di M. L. Aguirre D'Amico), Palermo, Sellerio, 1987

Pirandello-Martoglio, *Carteggio inedito* (a cura di S. Zappulla Muscará), Milano, Pan Editrice, 1980

Piroué, G., *Pirandello,* Palermo, Sellerio, 1975

Providenti, E., *Archeologie pirandelliane,* Catania, Maimone, 1990

Sciascia, L., *Alfabeto pirandelliano,* Milano, Adelphi, 1989

Sciascia, L., *Pirandello e la Sicilia,* Caltanissetta, Salvatore Sciascia Editore, 1961

Andrea Camilleri
Der unschickliche Antrag
Roman
Aus dem Italienischen von Moshe Kahn
Band 15053

Wie der simple Antrag auf ein Telefon im Jahr 1891 in
Sizilien zum Auslöser für zahllose Wirren, Intrigen, Morde
und Liebesdramen wird, so daß am Ende halb Sizilien in den
Fall verwickelt ist, davon erzählt dieser höchst komische
Roman von Andrea Camilleri, dem Erfolgsautor aus Italien.

»Die dringende Empfehlung, Camilleri zu lesen,
ist alles andere als ein unschicklicher Antrag.«
Die Welt

»Camilleri ist geistreich,
weise und absolut unterhaltsam.«
Aspekte, ZDF

Fischer Taschenbuch Verlag

fi 15053 / 1

Andrea Camilleri
Die Mühlen des Herrn
Roman
Aus dem Italienischen von Moshe Kahn
Band 15125

In Camilleris berühmt-berüchtigtem Sizilien soll ein neuer
Inspekteur aus Rom die fiskalischen Einnahmen aus den
Mühlenbetrieben kontrollieren. Die Suche nach den Draht-
ziehern einer umfassenden Steuerhinterziehung erweist
sich als hochexplosiv. Ein gerissener Mafiosi, ein eifriger
Inspekteur, ein gieriger Pfarrer und eine schöne Witwe:
ein jeder will etwas anderes. Doch alle verwickeln sich in
einem Netz aus Korruption, mafiosen Intrigen, Sprach-
und Liebesverwirrungen.

»Spannend und zwerchfellerschütternd komisch.«

»Andrea Camilleri – ›Italiens neuestes Erzählwunder –
ein großer Fabulierer und begnadeter Erzähler
vor dem Herrn‹.«
Focus

Fischer Taschenbuch Verlag

Luigi Malerba
König Ohneschuh
Roman
Aus dem Italienischen von Iris Schnebel-Kaschnitz
Band 14305

Luigi Malerba inszeniert die alte Geschichte von Mann und Frau, vom Kampf der Geschlechter noch einmal neu: als raffinierten Ehekrieg eines legendären Paares - Odysseus und Penelope. Nach zwanzigjähriger Abwesenheit von Ithaka will der listenreiche Odysseus erst einmal vorsichtig das Terrain erkunden, bevor er sich zu erkennen gibt. Als Bettler verkleidet, gedenkt er Penelope auf die Probe zu stellen. Keiner erkennt ihn, nur eine weiß, wer da vor ihr steht. Penelope sieht in der Maskerade den Affront und spielt – zur Strafe – das von Odysseus eingefädelte Spiel mit. Eine Tragikomödie aus List und Täuschung, aus weiblicher Taktik und männlicher Lüge hebt an, wie sie nur Luigi Malerba erfinden kann.

Fischer Taschenbuch Verlag

fi 715 / 5

Franco Ferrucci
Die Schöpfung
Das Leben Gottes von ihm selbst erzählt
Aus dem Italienischen
von Herbert Schlüter und Stefan Richter
Band 15138

»Für lange Zeit vergesse ich, daß ich Gott bin.« So beginnt
eine der ungewöhnlichsten Autobiographien, in der niemand anders als Gott persönlich die Geschichte der Erde
und die des Menschen in der Welt erzählt. Ein Gott, der
weder allmächtig, noch allwissend, noch unfehlbar ist. Diese
Autobiographie Gottes ist eines jener Bücher, das zweitau-
send Jahre abendländischer Kultur auf unübertroffene
Weise neu erzählt, voll wundersamer Einfälle, mit Witz
und Ironie. Gott schrieb seine Memoiren und Franco
Ferrucci führte ihm die Feder.

Fischer Taschenbuch Verlag

Natalia Ginzburg
Familienlexikon
Aus dem Italienischen von Alice Vollenweider
Band 14529

»Das Porträt einer denkwürdigen Familie
voll couragierter Exzentriker und das in einer Zeit,
in der es Courage brauchte.«
Neue Zürcher Zeitung

In Episoden, Anekdoten und Momentaufnahmen aus dem
Alltag einer italienisch-jüdischen Familie schildert Natalia
Ginzburg ihr Turiner Elternhaus und dessen Freundeskreis
in den 30er und 40er Jahren. Das »Familienlexikon« gehört
zu den Meisterwerken der italienischen Nachkriegsliteratur.

Fischer Taschenbuch Verlag

fi 14529 / 1